**Inteligencia Artificial Avanzada
Conceptos, métodos y aplicaciones**

LUIS TEJADA

Índice

Introducción

La inteligencia artificial (IA) es un campo apasionante que ha revolucionado la forma en que interactuamos con la tecnología y cómo abordamos una amplia variedad de problemas en diversas áreas. Este campo se centra en la creación de sistemas y agentes inteligentes que pueden aprender, razonar y tomar decisiones de manera autónoma, imitando en cierta medida las capacidades humanas. A lo largo de este libro, exploraremos los aspectos clave de la IA y cómo está transformando nuestro mundo.

La IA tiene como objetivo principal la creación de sistemas que puedan realizar tareas que, de lo contrario, requerirían la inteligencia humana. Estos sistemas pueden clasificarse en agentes inteligentes, que son entidades que perciben su entorno, toman decisiones y actúan en consecuencia. Los agentes inteligentes se dividen en diferentes categorías según sus características y capacidades.

Uno de los desafíos fundamentales en IA es la resolución de problemas, que implica encontrar soluciones óptimas o adecuadas en un espacio de búsqueda. Para abordar estos problemas, se utilizan algoritmos de búsqueda como el de profundidad, anchura, costo uniforme, A* y otros.

La optimización también es un componente esencial de la IA, donde se busca encontrar el máximo o mínimo de una función. Aquí, se emplean técnicas como el descenso de gradiente y el recocido simulado.

El aprendizaje automático es un subcampo crítico de la IA que se enfoca en capacitar a las máquinas para aprender de datos y tomar decisiones basadas en ellos. Existen diversos tipos de aprendizaje, como el supervisado, el no supervisado y el por refuerzo.

El aprendizaje profundo, una rama del aprendizaje automático, ha ganado gran relevancia debido a su capacidad para resolver problemas complejos, especialmente en visión artificial y procesamiento de lenguaje natural.

Las redes neuronales son una parte fundamental de la IA y se utilizan para resolver una variedad de problemas. Se diseñan, entrenan y evalúan para tareas específicas.

Los algoritmos genéticos son otra técnica en IA que se aplica a problemas de optimización, búsqueda y evolución.

El procesamiento del lenguaje natural y la visión artificial son áreas en constante crecimiento en la IA, con aplicaciones que van desde el análisis de texto hasta el reconocimiento de objetos en imágenes.

La IA encuentra aplicaciones en diversos campos, como la medicina, la industria, la investigación, la educación y el entretenimiento.

Sin embargo, la IA también enfrenta desafíos y limitaciones, como la ética y la regulación, que deben abordarse para garantizar un uso responsable.

Exploraremos estas facetas de la IA y cómo esta tecnología está moldeando nuestro futuro. Desde álgebra lineal hasta marketing y procesamiento de lenguaje natural, la IA está en todas partes y promete un futuro lleno de posibilidades emocionantes, pero también plantea preguntas importantes sobre su impacto y responsabilidad.

1.la inteligencia artificial y cuáles son sus objetivos

La inteligencia artificial (IA) es un campo de la informática que se centra en la creación de sistemas y programas informáticos capaces de realizar tareas que, si fueran realizadas por un ser humano, requerirían de inteligencia. Estas tareas incluyen el procesamiento de información, la toma de decisiones, el aprendizaje, la resolución de problemas y la percepción de su entorno. La IA busca emular o reproducir la inteligencia humana en máquinas y sistemas computacionales.

Los objetivos principales de la inteligencia artificial son:

Aprendizaje y adaptación: Uno de los principales objetivos de la IA es la capacidad de aprender a partir de datos y experiencias previas. Esto implica la capacidad de mejorar su rendimiento a medida que se le proporciona más información, lo que se conoce como aprendizaje automático o machine learning.

Automatización: La IA busca automatizar tareas y procesos que normalmente requerirían la intervención humana. Esto puede incluir la automatización de tareas repetitivas, como clasificar correos electrónicos, procesar datos o realizar análisis complejos.

Toma de decisiones: Otra meta importante es permitir que los sistemas de IA tomen decisiones basadas en datos y análisis. Esto puede aplicarse en una amplia variedad de campos, desde la gestión de inventarios en empresas hasta la toma de decisiones médicas en el diagnóstico de enfermedades.

Interacción natural: La IA también busca permitir la comunicación y la interacción más natural entre las personas y las máquinas. Esto incluye el procesamiento del lenguaje natural para comprender y generar texto, voz o incluso gestos.

Visión y percepción: Los sistemas de IA pueden estar diseñados para ver y comprender su entorno, lo que se conoce como visión por computadora. Esto se aplica en aplicaciones como reconocimiento facial, conducción autónoma de vehículos y análisis de imágenes médicas.

Resolución de problemas complejos: La IA se utiliza para abordar problemas complejos que requieren un alto grado de procesamiento de datos y cálculos, como la predicción del clima, la optimización de rutas de transporte o la búsqueda de soluciones en la investigación científica.

Mejora de la eficiencia y la productividad: La IA se utiliza en diversas industrias para mejorar la eficiencia operativa, reducir costos y aumentar la productividad. Esto incluye la automatización de procesos industriales, la optimización de la cadena de suministro y la personalización de productos y servicios.

Asistencia en la toma de decisiones: En áreas como la medicina, la finanzas y la gestión empresarial, la IA puede proporcionar análisis de datos y recomendaciones que ayuden a las personas a tomar decisiones más informadas y precisas.

Exploración y descubrimiento: La IA también se utiliza en la exploración y el descubrimiento, como en la búsqueda de nuevos medicamentos, el análisis de datos astronómicos o la detección de patrones en grandes conjuntos de datos.

La inteligencia artificial tiene como objetivo principal mejorar la capacidad de las máquinas para realizar tareas que requieren inteligencia humana, lo que implica una amplia gama de aplicaciones en diversos campos con el fin de facilitar la vida cotidiana, impulsar la innovación y abordar problemas complejos en la sociedad y la ciencia.

La inteligencia artificial (IA) es un campo de la informática que se centra en la creación de sistemas y programas informáticos capaces de realizar tareas que, si fueran realizadas por un ser humano, requerirían de inteligencia. Estas tareas incluyen el procesamiento de información, la toma de decisiones, el aprendizaje, la resolución de problemas y la percepción de su entorno. La IA busca emular o reproducir la inteligencia humana en máquinas y sistemas computacionales.

Los objetivos principales de la inteligencia artificial son:

Aprendizaje y adaptación: Uno de los principales objetivos de la IA es la capacidad de aprender a partir de datos y experiencias previas. Esto implica la capacidad de mejorar su rendimiento a medida que se le proporciona más información, lo que se conoce como aprendizaje automático o machine learning. El aprendizaje automático es una rama de la IA que se ocupa de diseñar algoritmos y modelos que puedan aprender por sí mismos a partir de los datos, sin necesidad de una programación explícita. El aprendizaje automático se puede dividir en diferentes tipos según el tipo de datos o el tipo de retroalimentación que se utilice, como el aprendizaje supervisado, el aprendizaje no supervisado, el aprendizaje por refuerzo o el aprendizaje semi-supervisado.

Automatización: La IA busca automatizar tareas y procesos que normalmente requerirían la intervención humana. Esto puede incluir la automatización de tareas repetitivas, como clasificar correos electrónicos, procesar datos o realizar análisis complejos. La automatización se puede lograr mediante el uso de agentes inteligentes, que son sistemas que pueden percibir su entorno y actuar en consecuencia para lograr sus objetivos. Los agentes inteligentes se pueden clasificar según su grado de racionalidad, autonomía, reactividad o proactividad.

Toma de decisiones: Otra meta importante es permitir que los sistemas de IA tomen decisiones basadas en datos y análisis. Esto puede aplicarse en una amplia variedad de campos, desde la gestión de inventarios en empresas hasta la toma de decisiones médicas en el diagnóstico de enfermedades. La toma de decisiones se puede realizar mediante el uso de técnicas como la búsqueda heurística, que consiste en encontrar soluciones aproximadas a problemas complejos mediante el uso de reglas o criterios simplificados; o la optimización, que consiste en encontrar el máximo o mínimo de una función objetivo sujeta a ciertas restricciones.

Interacción natural: La IA también busca permitir la comunicación y la interacción más natural entre las personas y las máquinas. Esto incluye el procesamiento del lenguaje natural para comprender y generar texto, voz o incluso gestos. El procesamiento del lenguaje natural es una rama de la IA que se ocupa de analizar, interpretar y producir lenguaje humano mediante el uso de técnicas como el análisis sintáctico, semántico o pragmático; la generación de texto; la traducción automática; el resumen automático; la extracción de información; el reconocimiento del habla; la síntesis del habla; o el reconocimiento del gesto.

Visión y percepción: Los sistemas de IA pueden estar diseñados para ver y comprender su entorno, lo que se conoce como visión por computadora. Esto se aplica en aplicaciones como reconocimiento facial, conducción autónoma de vehículos y análisis de imágenes médicas. La visión por computadora es una rama de la IA que se ocupa de procesar imágenes o videos mediante el uso de técnicas como la detección de bordes, segmentación, reconocimiento de objetos, rostros, gestos o escenas; seguimiento; restauración; realce; o fusión.

Resolución de problemas complejos: La IA se utiliza para abordar problemas complejos que requieren un alto grado de procesamiento de datos y cálculos, como la predicción del clima, la optimización de rutas de transporte o la búsqueda de soluciones en la investigación científica. La resolución de problemas complejos se puede realizar mediante el uso de técnicas como el aprendizaje profundo, que consiste en utilizar redes neuronales artificiales con múltiples capas ocultas que pueden aprender representaciones abstractas y complejas de los datos; o los algoritmos genéticos, que consisten en utilizar mecanismos inspirados en la evolución biológica para generar y seleccionar soluciones candidatas a un problema.

Mejora de la eficiencia y la productividad: La IA se utiliza en diversas industrias para mejorar la eficiencia operativa, reducir costos y aumentar la productividad. Esto incluye la automatización de procesos industriales, la optimización de la cadena de suministro y la personalización de productos y servicios. La mejora de la eficiencia y la productividad se puede lograr mediante el uso de técnicas como el análisis de datos, que consiste en extraer información útil y relevante a partir de grandes volúmenes de datos mediante el uso de métodos estadísticos, matemáticos o computacionales; o el sistema experto, que consiste en un sistema que emula el razonamiento humano de un experto en un dominio específico mediante el uso de reglas o hechos.

Asistencia en la toma de decisiones: En áreas como la medicina, la finanzas y la gestión empresarial, la IA puede proporcionar análisis de datos y recomendaciones que ayuden a las personas a tomar decisiones más informadas y precisas. La asistencia en la toma de decisiones se puede lograr mediante el uso de técnicas como el sistema de apoyo a la decisión, que consiste en un sistema que combina datos, modelos y criterios para generar alternativas y evaluarlas según los objetivos del usuario; o el sistema de recomendación, que consiste en un sistema que sugiere productos, servicios o información al usuario según sus preferencias o necesidades.

Exploración y descubrimiento: La IA también se utiliza en la exploración y el descubrimiento, como en la búsqueda de nuevos medicamentos, el análisis de datos astronómicos o la detección de patrones en grandes conjuntos de datos. La exploración y el descubrimiento se pueden realizar mediante el uso de técnicas como el aprendizaje no supervisado, que consiste en encontrar estructuras o patrones ocultos en los datos sin tener una retroalimentación externa; o el aprendizaje por refuerzo, que consiste en aprender a partir de las consecuencias de las acciones mediante una recompensa o una penalización.

2.Los agentes inteligentes y cómo se clasifican según sus características

Los agentes inteligentes son entidades computacionales, programas informáticos o sistemas que tienen la capacidad de interactuar con su entorno, tomar decisiones y llevar a cabo acciones para alcanzar objetivos específicos de manera autónoma. Estos agentes son una parte fundamental de la inteligencia artificial y desempeñan un papel central en la resolución de problemas, la toma de decisiones y la automatización de tareas en una amplia variedad de aplicaciones.

La clasificación de los agentes inteligentes se basa en sus características y capacidades específicas. A continuación, se describen las principales categorías en las que se pueden clasificar los agentes inteligentes:

Agentes Reactivos: Estos agentes toman decisiones basadas en la percepción inmediata de su entorno sin mantener una representación interna completa del mismo. Responden a estímulos específicos y están diseñados para reaccionar a situaciones predefinidas. Los agentes reactivos son eficientes en tareas de respuesta rápida, pero pueden no ser adecuados para situaciones que requieran planificación a largo plazo o adaptación a cambios no previstos. Los agentes reactivos son un tipo de agentes inteligentes que responden a la situación actual basándose en un conjunto de reglas predefinidas. No tienen memoria, por lo que no pueden aprender de su experiencia. Su comportamiento se basa en la relación entre condiciones y acciones, es decir, si se cumple una determinada condición, el agente ejecuta una acción correspondiente. Por ejemplo, un agente reactivo simple podría ser un robot aspirador que se mueve por el suelo y cambia de dirección cuando detecta un obstáculo. Este tipo de agentes son los más sencillos y rápidos, pero también los más limitados y predecibles.

Agentes Basados en Objetivos: Los agentes basados en objetivos tienen una representación interna de sus metas y objetivos, y planifican sus acciones con el fin de alcanzarlos. Utilizan información sobre el estado actual del entorno y evalúan las consecuencias de diferentes acciones para tomar decisiones. Estos agentes son adecuados para problemas que requieren planificación y toma de decisiones deliberadas. Son un tipo de agentes inteligentes que tienen un conjunto de metas o propósitos que quieren alcanzar, y que eligen las acciones que les acercan más a sus metas. Estos agentes no solo reaccionan al entorno, sino que también tienen un modelo interno del mismo y pueden predecir las consecuencias de sus acciones. Los agentes basados en objetivos pueden planificar una secuencia de acciones que les permita satisfacer sus metas de forma eficiente y racional. Un ejemplo de un agente basado en objetivos podría ser un robot que tiene como meta limpiar una habitación y que decide qué objetos recoger y dónde colocarlos según su modelo del entorno y sus preferencias.

Agentes Basados en Conocimiento: Estos agentes utilizan una base de conocimiento previamente adquirida para tomar decisiones. Su representación interna incluye reglas, hechos o modelos que les permiten razonar y resolver problemas de manera lógica. Los sistemas expertos son un ejemplo de agentes basados en conocimiento que se utilizan en campos como la medicina y la ingeniería. Los agentes basados en conocimiento son un tipo de agentes inteligentes que utilizan una base de conocimiento para representar y razonar sobre el mundo que les rodea.

Estos agentes pueden inferir nuevas informaciones a partir de las que ya tienen, y pueden actualizar su base de conocimiento cuando perciben cambios en el entorno o aprenden algo nuevo. Los agentes basados en conocimiento se basan en dos componentes principales: un módulo de representación del conocimiento, que se encarga de codificar el conocimiento mediante un lenguaje formal, como la lógica proposicional o la lógica de predicados; y un módulo de inferencia, que se encarga de aplicar reglas o mecanismos de razonamiento para deducir nuevas conclusiones o acciones a partir del conocimiento existente. Un ejemplo de un agente basado en conocimiento podría ser un sistema experto que tiene una base de conocimiento sobre un dominio específico, como la medicina o el derecho, y que puede responder a consultas o dar recomendaciones sobre ese dominio.

Agentes Basados en Aprendizaje: Los agentes basados en aprendizaje incorporan la capacidad de aprender y adaptarse a partir de la experiencia. Utilizan técnicas de aprendizaje automático para mejorar su rendimiento con el tiempo a medida que interactúan con el entorno y reciben retroalimentación. Esto les permite ajustar sus estrategias y comportamientos en función de los datos recopilados. Los agentes basados en aprendizaje son un tipo de agentes inteligentes que pueden mejorar su comportamiento a partir de la experiencia y la retroalimentación. Estos agentes no solo tienen metas y conocimientos, sino que también tienen la capacidad de modificarlos según los resultados de sus acciones. Los agentes basados en aprendizaje se basan en técnicas como el aprendizaje por refuerzo, que consiste en aprender a partir de las consecuencias de las acciones mediante una recompensa o una penalización; o el aprendizaje profundo, que consiste en utilizar redes neuronales artificiales con múltiples capas ocultas que pueden aprender representaciones abstractas y complejas de los datos. Un ejemplo de un agente basado en aprendizaje podría ser un agente que juega al ajedrez y que mejora su estrategia a medida que juega contra otros oponentes.

Agentes Autónomos: Estos agentes tienen un alto grado de autonomía y son capaces de operar de manera independiente durante largos períodos de tiempo. Pueden tomar decisiones sin intervención humana y gestionar sus propios recursos. Los vehículos autónomos, como los coches sin conductor, son un ejemplo de agentes autónomos.Los agentes autónomos son sistemas de inteligencia artificial que pueden funcionar de manera independiente, sin intervención humana directa.

Estos agentes son capaces de tomar decisiones, aprender y adaptarse a situaciones cambiantes. Los agentes autónomos pueden tener diferentes grados de autonomía, desde los que solo siguen reglas predefinidas hasta los que pueden planificar, razonar y crear sus propias metas. Los agentes autónomos se pueden aplicar en diversos campos y sectores, como la robótica, la medicina, la industria, la educación o el entretenimiento. Algunos ejemplos de agentes autónomos son los robots aspiradores, los vehículos autónomos, los asistentes virtuales o los videojuegos. Los agentes autónomos presentan ventajas como la mejora de la eficiencia, la productividad, la seguridad y la innovación. Sin embargo, también plantean desafíos como la ética, la legalidad, la privacidad y la responsabilidad.

Agentes Sociales: Los agentes sociales están diseñados para interactuar y colaborar con otros agentes, ya sean humanos o artificiales, en entornos sociales.Pueden ser utilizados en aplicaciones como sistemas de recomendación, juegos en línea y simulaciones de comportamiento humano. Los agentes sociales son un tipo de agentes inteligentes que pueden interactuar con otros agentes, ya sean humanos o artificiales, de forma cooperativa o competitiva. Estos agentes tienen la capacidad de comunicarse, negociar, persuadir, influir y colaborar con otros agentes, teniendo en cuenta sus propios intereses y los de los demás. Los agentes sociales pueden tener diferentes grados de sociabilidad, desde los que solo siguen normas sociales preestablecidas hasta los que pueden expresar emociones, personalidad y empatía. Los agentes sociales se pueden aplicar en diversos campos y sectores, como la educación, la salud, el ocio, el comercio o la política. Algunos ejemplos de agentes sociales son los chatbots, los avatares virtuales, los asistentes personales o los videojuegos. Los agentes sociales presentan ventajas como la mejora de la interacción, la satisfacción, la motivación y el aprendizaje de los usuarios.

Agentes Híbridos: Algunos agentes combinan características de varias de las categorías mencionadas anteriormente. Por ejemplo, un agente híbrido podría ser reactivo en ciertas situaciones y basado en objetivos en otras, dependiendo de la complejidad de la tarea o del contexto.Los agentes híbridos son un tipo de agentes inteligentes que combinan las características de los agentes reactivos y los agentes deliberativos. Los agentes reactivos son aquellos que responden a la situación actual basándose en un conjunto de reglas predefinidas, sin tener memoria ni capacidad de aprendizaje. Los agentes deliberativos son aquellos que tienen memoria y pueden utilizar experiencias pasadas para tomar decisiones, razonar sobre sus objetivos y planificar acciones para alcanzarlos. Los agentes híbridos pueden reaccionar ante la situación actual y, al mismo tiempo, utilizar experiencias pasadas para tomar decisiones. De esta forma pueden adaptarse mejora entornos dinámicos y complejos donde se requiere tanto rapidez como flexibilidad.

Un ejemplo de un agente híbrido podría ser un robot que tiene como objetivo limpiar una habitación y que puede reaccionar ante obstáculos o cambios en el entorno, pero también puede planificar una ruta óptima y aprender de sus errores. . La clasificación de los agentes inteligentes se basa en las capacidades que poseen para interactuar con su entorno, tomar decisiones y adaptarse a diferentes situaciones. Estas categorías proporcionan una base sólida para comprender y diseñar sistemas de inteligencia artificial que aborden una amplia variedad de aplicaciones en la vida cotidiana, la industria y la ciencia.

La clasificación de los agentes inteligentes se basa en las capacidades que poseen para interactuar con su entorno, tomar decisiones y adaptarse a diferentes situaciones. Estas categorías proporcionan una base sólida para comprender y diseñar sistemas de inteligencia artificial que aborden una amplia variedad de aplicaciones en la vida cotidiana, la industria y la ciencia.

3. Los problemas de búsqueda y cómo se pueden resolver mediante algoritmos como el de profundidad, anchura, costo uniforme, A*, etc.

Los problemas de búsqueda son un tipo fundamental de problema en la inteligencia artificial y la informática en general. Estos problemas implican encontrar una solución a partir de un estado inicial, siguiendo una serie de acciones o movimientos, hasta llegar a un estado objetivo que cumpla con ciertas condiciones. Los algoritmos de búsqueda son herramientas esenciales para resolver este tipo de problemas y encontrar la secuencia de acciones que conducen a la solución.

A continuación, se describen algunos algoritmos de búsqueda comunes y cómo se utilizan para abordar problemas de búsqueda:

Búsqueda en Anchura (Breadth-First Search, BFS): Este algoritmo explora todos los nodos vecinos antes de avanzar a los nodos vecinos de esos nodos. BFS es completo y garantiza encontrar la solución más cercana en términos de número de acciones, pero puede requerir una cantidad significativa de memoria y puede ser lento en grafos grandes o complejos.La búsqueda en anchura (Breadth-First Search, BFS) es un algoritmo que permite recorrer o buscar elementos en un grafo, como un árbol o una red.

El algoritmo empieza por un nodo de origen y explora todos los nodos vecinos a ese nivel, antes de pasar al siguiente nivel. De esta forma, encuentra los caminos más cortos desde el origen a todos los demás nodos, en términos del número de aristas que los conectan. La búsqueda en anchura tiene muchas aplicaciones, como encontrar el camino más corto entre dos puntos, resolver laberintos, jugar a los seis grados de Kevin Bacon o implementar agentes inteligentes.

Para realizar la búsqueda en anchura, se necesita una estructura de datos llamada cola, que permite almacenar y extraer los nodos por orden de llegada. El algoritmo funciona de la siguiente manera:

Se marca el nodo de origen como visitado y se le asigna una distancia de cero.

Se añade el nodo de origen a la cola.

Mientras la cola no esté vacía, se repite lo siguiente:

Se extrae el primer nodo de la cola y se le llama nodo actual.

Se recorren todos los nodos adyacentes al nodo actual que no hayan sido visitados.

Se marca cada nodo adyacente como visitado y se le asigna una distancia igual a la del nodo actual más uno.

Se añade cada nodo adyacente a la cola.

Al finalizar el algoritmo, se habrán visitado todos los nodos alcanzables desde el origen y se habrán calculado sus distancias mínimas.

Aquí tienes un ejemplo de cómo se aplica la búsqueda en anchura a un grafo:

En este ejemplo, el nodo A es el origen y los nodos se exploran siguiendo el orden alfabético. Los números indican el orden en que se visitan los nodos y las distancias desde el origen. Por ejemplo, el nodo B se visita en el segundo lugar y tiene una distancia de uno desde el origen. El nodo H se visita en el último lugar y tiene una distancia de cuatro desde el origen.

Búsqueda en Profundidad (Depth-First Search, DFS): DFS, por otro lado, se adentra profundamente en el árbol de búsqueda antes de retroceder. Es menos eficiente en términos de encontrar la solución óptima en cuanto a la cantidad de acciones, pero puede ser más eficiente en términos de memoria. Puede quedarse atascado en bucles si no se toman precauciones.La búsqueda en profundidad (Depth-First Search, DFS) es un algoritmo que permite recorrer o buscar elementos en un grafo, como un árbol o una red. El algoritmo empieza por un nodo de origen y explora todos los nodos que se encuentran en una misma rama, siguiendo una dirección determinada, hasta llegar a un nodo sin sucesores o ya visitado. Entonces, retrocede y explora otra rama, repitiendo el mismo proceso hasta que no queden más nodos por visitar. De esta forma, encuentra los caminos más largos desde el origen a todos los demás nodos, en términos del número de aristas que los conectan. La búsqueda en profundidad tiene muchas aplicaciones, como encontrar ciclos en un grafo, ordenar topológicamente un grafo acíclico dirigido, generar laberintos o implementar agentes inteligentes. Para realizar la búsqueda en profundidad, se necesita una estructura de datos llamada pila, que permite almacenar y extraer los nodos por orden inverso de llegada. El algoritmo funciona de la siguiente manera:

*Se marca el nodo de origen como visitado y se le asigna una marca de tiempo de entrada.
*Se añade el nodo de origen a la pila.
*Mientras la pila no esté vacía, se repite lo siguiente:
Se extrae el último nodo de la pila y se le llama nodo actual.
Se recorren todos los nodos adyacentes al nodo actual que no hayan sido visitados.
Se marca cada nodo adyacente como visitado y se le asigna una marca de tiempo de entrada.
Se añade cada nodo adyacente a la pila.

Al finalizar el algoritmo, se habrán visitado todos los nodos alcanzables desde el origen y se habrán calculado sus marcas de tiempo de entrada y salida.

Aquí tienes un ejemplo de cómo se aplica la búsqueda en profundidad a un grafo:

En este ejemplo, el nodo A es el origen y los nodos se exploran siguiendo el orden alfabético. Los números indican el orden en que se visitan los nodos y las marcas de tiempo de entrada y salida. Por ejemplo, el nodo B se visita en el segundo lugar y tiene una marca de tiempo de entrada de 2 y una marca de tiempo de salida de 9. El nodo H se visita en el último lugar y tiene una marca de tiempo de entrada de 16 y una marca de tiempo de salida de 17.

Búsqueda de Costo Uniforme (Uniform Cost Search, UCS): UCS es un algoritmo que expande los nodos de acuerdo con el costo acumulado para llegar a ellos desde el nodo inicial. Garantiza encontrar la solución de menor costo, siempre y cuando los costos sean no negativos. La búsqueda de costo uniforme (Uniform Cost Search, UCS) es un algoritmo que permite encontrar el camino de menor costo entre un nodo origen y un nodo destino en un grafo ponderado, es decir, un grafo donde cada arista tiene un valor numérico asociado que representa el costo de atravesarla. El algoritmo empieza por el nodo origen y explora los nodos vecinos según el orden de menor a mayor costo desde el origen. El algoritmo continúa explorando los nodos de menor costo hasta que encuentra el nodo destino o hasta que no hay más nodos por explorar. El algoritmo garantiza que el camino encontrado es óptimo, es decir, que no hay otro camino con menor costo entre el origen y el destino.

Para implementar la búsqueda de costo uniforme, se necesita una estructura de datos llamada cola de prioridad, que permite almacenar y extraer los nodos según su prioridad, que en este caso es el costo desde el origen. El algoritmo funciona de la siguiente manera:

Se marca el nodo origen como visitado y se le asigna un costo de cero.

Se añade el nodo origen a la cola de prioridad.

Mientras la cola de prioridad no esté vacía, se repite lo siguiente:

Se extrae el nodo de menor costo de la cola de prioridad y se le llama nodo actual.

Si el nodo actual es el nodo destino, se devuelve el camino y el costo encontrados.

Si no, se recorren todos los nodos adyacentes al nodo actual que no hayan sido visitados.

Se marca cada nodo adyacente como visitado y se le asigna un costo igual al costo del nodo actual más el costo de la arista que los conecta.

Se añade cada nodo adyacente a la cola de prioridad.

Aquí tienes un ejemplo de cómo se aplica la búsqueda de costo uniforme a un grafo:

En este ejemplo, el nodo A es el origen y el nodo G es el destino. Los números en las aristas representan los costos. Los números en los nodos representan el orden en que se visitan y el costo desde el origen. Por ejemplo, el nodo B se visita en segundo lugar y tiene un costo de 2 desde el origen. El nodo G se visita en séptimo lugar y tiene un costo de 8 desde el origen. El camino óptimo encontrado es A-B-D-G con un costo total de 8.

Búsqueda A (A-Star): A* combina la búsqueda de costo uniforme con una heurística que estima el costo restante para llegar al estado objetivo. Es uno de los algoritmos más populares para resolver problemas de búsqueda, ya que puede encontrar soluciones eficientes en términos de costo y es completo si la heurística es admisible y consistente.La búsqueda A (A-Star) es un algoritmo que permite encontrar el camino de menor costo entre un nodo origen y un nodo destino en un grafo ponderado, es decir, un grafo donde cada arista tiene un valor numérico asociado que representa el costo de atravesarla. El algoritmo combina dos factores para elegir el mejor nodo a explorar en cada paso: el costo real desde el origen hasta el nodo actual y el costo estimado desde el nodo actual hasta el destino. El algoritmo garantiza que el camino encontrado es óptimo, es decir, que no hay otro camino con menor costo entre el origen y el destino, siempre y cuando la función que estima el costo sea admisible, es decir, que no sobrestime el costo real.

Para implementar la búsqueda A, se necesita una estructura de datos llamada cola de prioridad, que permite almacenar y extraer los nodos según su prioridad, que en este caso es la suma del costo real y el costo estimado. El algoritmo funciona de la siguiente manera:

Se marca el nodo origen como visitado y se le asigna un costo real de cero y un costo estimado según una función heurística.

Se añade el nodo origen a la cola de prioridad.

Mientras la cola de prioridad no esté vacía, se repite lo siguiente:

Se extrae el nodo de menor prioridad de la cola de prioridad y se le llama nodo actual.

Si el nodo actual es el nodo destino, se devuelve el camino y el costo encontrados.

Si no, se recorren todos los nodos adyacentes al nodo actual que no hayan sido visitados.

Se marca cada nodo adyacente como visitado y se le asigna un costo real igual al costo real del nodo actual más el costo de la arista que los conecta y un costo estimado según la función heurística.

Se añade cada nodo adyacente a la cola de prioridad.

Aquí tienes un ejemplo de cómo se aplica la búsqueda A a un grafo:

En este ejemplo, el nodo S es el origen y el nodo G es el destino. Los números en las aristas representan los costos reales. Los números en los nodos representan los costos estimados según una función heurística basada en la distancia euclidiana. Los números en los paréntesis representan las prioridades de los nodos según la suma del costo real y el costo estimado. Por ejemplo, el nodo A tiene un costo real de 1.5, un costo estimado de 3.7 y una prioridad de 5.2. El camino óptimo encontrado es S-A-B-G con un costo total de 7.

Búsqueda Greedy Mejor Primero (Greedy Best-First Search): Este algoritmo selecciona el nodo que parece estar más cerca del objetivo según la heurística, sin considerar el costo acumulado hasta ese punto. No garantiza la solución óptima, pero puede ser rápido en ciertos casos.La búsqueda Greedy Mejor Primero (Greedy Best-First Search) es un algoritmo que permite encontrar el camino más prometedor entre un nodo origen y un nodo destino en un grafo ponderado, es decir, un grafo donde cada arista tiene un valor numérico asociado que representa el costo de atravesarla. El algoritmo empieza por el nodo origen y explora los nodos vecinos según el orden de menor a mayor costo estimado desde el nodo actual hasta el destino.

El algoritmo continúa explorando los nodos de menor costo estimado hasta que encuentra el nodo destino o hasta que no hay más nodos por explorar. El algoritmo no garantiza que el camino encontrado sea óptimo, es decir, que no haya otro camino con menor costo real entre el origen y el destino.

Para implementar la búsqueda Greedy Mejor Primero, se necesita una estructura de datos llamada cola de prioridad, que permite almacenar y extraer los nodos según su prioridad, que en este caso es el costo estimado. El algoritmo funciona de la siguiente manera:

Se marca el nodo origen como visitado y se le asigna un costo estimado según una función heurística.

Se añade el nodo origen a la cola de prioridad.

Mientras la cola de prioridad no esté vacía, se repite lo siguiente:

Se extrae el nodo de menor prioridad de la cola de prioridad y se le llama nodo actual.

Si el nodo actual es el nodo destino, se devuelve el camino y el costo encontrados.

Si no, se recorren todos los nodos adyacentes al nodo actual que no hayan sido visitados.

Se marca cada nodo adyacente como visitado y se le asigna un costo estimado según la función heurística.

Se añade cada nodo adyacente a la cola de prioridad.

Aquí tienes un ejemplo de cómo se aplica la búsqueda Greedy Mejor Primero a un grafo:

En este ejemplo, el nodo A es el origen y el nodo G es el destino. Los números en las aristas representan los costos reales. Los números en los nodos representan los costos estimados según una función heurística basada en la distancia euclidiana. Los números en los paréntesis representan las prioridades de los nodos según el costo estimado. Por ejemplo, el nodo B tiene un costo real de 2, un costo estimado de 3 y una prioridad de 3. El camino encontrado es A-B-D-G con un costo total de 8.

La elección del algoritmo de búsqueda depende de la naturaleza del problema y los recursos disponibles. Algunos problemas pueden requerir la búsqueda de soluciones óptimas, mientras que en otros, encontrar una solución en un tiempo razonable es más importante que la optimización. Además, la elección de la heurística en el caso de A* y otros algoritmos informados puede tener un gran impacto en la eficiencia de la búsqueda.

En resumen, los problemas de búsqueda son fundamentales en la resolución de problemas en inteligencia artificial y se pueden abordar mediante una variedad de algoritmos de búsqueda, cada uno con sus propias características y aplicaciones específicas.

El aprendizaje automático, también conocido como machine learning en inglés, es una rama de la inteligencia artificial que se centra en desarrollar algoritmos y modelos que permiten a las computadoras aprender y mejorar su rendimiento en tareas específicas a través de la experiencia y la exposición a datos. En lugar de programar explícitamente reglas o instrucciones para realizar una tarea, se entrenan modelos de aprendizaje automático para que puedan aprender de manera autónoma a partir de ejemplos y datos.

4.La optimización y qué técnicas se pueden usar para   encontrar el máximo o mínimo de una función, como   el descenso de gradiente, el recocido simulado, etc.

La optimización es un campo fundamental en las matemáticas y la ciencia de la computación que se ocupa de encontrar el máximo o mínimo de una función, también conocidos como puntos críticos. Estos puntos críticos pueden representar, por ejemplo, el valor máximo de una función objetivo en un problema de maximización o el valor mínimo en un problema de minimización. Aquí te presento algunas técnicas comunes de optimización que se utilizan para encontrar estos puntos críticos:

Descenso de Gradiente:

El descenso de gradiente es una técnica de optimización que se utiliza para encontrar el mínimo de una función. Se basa en calcular iterativamente el gradiente de la función (la dirección de mayor cambio) y dar pasos en la dirección opuesta para acercarse al mínimo.

Existen variantes del descenso de gradiente, como el descenso de gradiente estocástico (SGD) y el descenso de gradiente por lotes, que se adaptan a diferentes tipos de problemas.

Explica una técnica de optimización llamada descenso de gradiente, que se usa para encontrar el valor mínimo de una función. La idea es calcular la dirección en la que la función cambia más rápido (el gradiente) y moverse en sentido contrario a esa dirección para acercarse al mínimo. El texto también menciona que hay diferentes formas de aplicar el descenso de gradiente, dependiendo del tipo de problema que se quiera resolver. Por ejemplo, el descenso de gradiente estocástico (SGD) y el descenso de gradiente por lotes son dos variantes que se usan en el aprendizaje automático.

Recocido Simulado:

El recocido simulado es una técnica de optimización inspirada en la metalurgia del acero. Consiste en explorar el espacio de soluciones de manera aleatoria y, con el tiempo, reducir gradualmente la probabilidad de aceptar soluciones peores para escapar de mínimos locales.

El recocido simulado utiliza una temperatura que controla la probabilidad de aceptar soluciones subóptimas. A medida que disminuye la temperatura, la búsqueda se vuelve más determinista.

Es una técnica de optimización llamada recocido simulado, que se inspira en el proceso de recocido de los metales.

El recocido de los metales consiste en calentar y enfriar lentamente el material para mejorar sus propiedades físicas y eliminar defectos. El calor permite que los átomos se muevan de sus posiciones iniciales, que pueden ser mínimos locales de energía, y el enfriamiento lento favorece que se reordenen en configuraciones con menor energía, que son mínimos globales.

El recocido simulado aplica esta idea a problemas de optimización, donde se busca encontrar el mínimo o máximo de una función objetivo en un espacio de soluciones grande y complejo. Explora el espacio de soluciones de forma aleatoria, aceptando soluciones peores que la actual con cierta probabilidad que depende de una temperatura. La temperatura se va reduciendo gradualmente, haciendo que la búsqueda sea más selectiva y se acerque al óptimo global.

Algoritmos Genéticos:

Los algoritmos genéticos son técnicas de optimización inspiradas en la evolución biológica. Utilizan conceptos como la selección, la mutación y la reproducción para generar una población de soluciones y mejorarlas a lo largo de generaciones.

Estos algoritmos son útiles en problemas de optimización global y pueden explorar múltiples soluciones candidatas simultáneamente.una técnica de inteligencia artificial llamada algoritmos genéticos, que se basa en imitar el proceso de evolución biológica para encontrar soluciones óptimas a problemas complejos.

Los algoritmos genéticos trabajan con una población de soluciones, que se representan como cadenas de símbolos llamadas cromosomas. Cada cromosoma codifica una posible solución al problema y tiene asociado un valor de aptitud, que mide qué tan buena es esa solución.

Los algoritmos genéticos aplican operadores genéticos, como la selección, la mutación y la reproducción, para generar nuevas soluciones a partir de las existentes. La selección elige los mejores cromosomas para que pasen a la siguiente generación. La mutación altera aleatoriamente algunos símbolos de los cromosomas. La reproducción combina partes de dos cromosomas para crear uno nuevo.

Estos operadores genéticos permiten que la población de soluciones evolucione a lo largo de varias generaciones, mejorando su aptitud y acercándose al óptimo global del problema. Los algoritmos genéticos son útiles en problemas de optimización global, donde hay muchas soluciones posibles y se busca la mejor. También pueden explorar múltiples soluciones candidatas simultáneamente, evitando quedarse atrapados en óptimos locales.

Métodos de Optimización Cuadrática:

Estos métodos se utilizan en problemas de optimización convexa y cuadrática, donde la función objetivo es convexa o cuadrática. Ejemplos incluyen el método de Newton y el método de Levenberg-Marquardt.algunos métodos de optimización cuadrática, que son técnicas matemáticas para encontrar el máximo o mínimo de una función que tiene forma de parábola o de cuenco.

La función objetivo es la función que se quiere optimizar, y puede ser convexa o cóncava. Una función es convexa si su gráfica está siempre por encima de la recta que une dos puntos cualesquiera de la misma. Una función es cóncava si su gráfica está siempre por debajo de esa recta.

El texto menciona dos ejemplos de métodos de optimización cuadrática: el método de Newton y el método de Levenberg-Marquardt. Estos métodos usan información de la derivada primera y segunda de la función objetivo para encontrar la dirección y el tamaño del paso que acercan a la solución óptima.

El método de Newton es un método iterativo que parte de un punto inicial y calcula el siguiente punto usando la fórmula: $x_{(n+1)} = x_n - f'(x_n)/f''(x_n)$, donde f' y f'' son la primera y segunda derivada de la función objetivo, respectivamente. Este método converge rápidamente cuando el punto inicial está cerca del óptimo, pero puede fallar o diverger cuando está lejos o cuando la función no es suficientemente suave.

El método de Levenberg-Marquardt es una variante del método de Newton que introduce un parámetro que regula el tamaño del paso. Este método es más robusto que el método de Newton, ya que puede manejar funciones no lineales y no convexas, pero requiere más cálculos por iteración.

Programación Lineal y Entera:

La programación lineal y entera se utiliza en problemas de optimización donde las restricciones y la función objetivo son lineales o enteras, respectivamente. Algunos solucionadores populares incluyen el Simplex para programación lineal y el Branch and Bound para programación entera.

La programación lineal y entera son dos tipos de problemas de optimización matemática, que consisten en maximizar o minimizar una función objetivo sujeta a restricciones.

La diferencia entre ambos tipos es que en la programación lineal, las variables de decisión pueden tomar cualquier valor real, mientras que en la programación entera, las variables de decisión deben ser números enteros.

El texto menciona algunos solucionadores populares para cada tipo de problema, como el método Simplex para la programación lineal y el método Branch and Bound para la programación entera. Estos son algoritmos que buscan encontrar la solución óptima de forma sistemática.

Algoritmos de Enjambre de Partículas:

Estos algoritmos se inspiran en el comportamiento de enjambres de partículas, como aves o peces, para buscar soluciones óptimas. Las partículas se mueven en el espacio de búsqueda siguiendo el mejor resultado encontrado hasta el momento. Estos algoritmos son una técnica de optimización que se inspira en el comportamiento de los enjambres de partículas, como aves o peces, para buscar soluciones óptimas a un problema. Las partículas se mueven en el espacio de búsqueda siguiendo el mejor resultado encontrado hasta el momento, que puede ser el mejor resultado local o global.

El movimiento de cada partícula depende de su posición, velocidad y aceleración, que se actualizan según unas reglas matemáticas. El objetivo es que el enjambre converja rápidamente hacia las mejores soluciones. Para evaluar y comparar los algoritmos de enjambre con otros métodos de optimización, se pueden utilizar diferentes criterios, como la precisión, la velocidad, la robustez, la diversidad o la complejidad. También se pueden emplear diferentes funciones de prueba o problemas reales para medir el desempeño de los algoritmos. En algunos casos, los algoritmos de enjambre pueden superar a otros métodos, mientras que en otros casos pueden ser inferiores o equivalentes. Por lo tanto, no existe un método que sea el mejor para todos los problemas, sino que depende de las características y requerimientos de cada caso.

Optimización Bayesiana:

La optimización bayesiana es una técnica que combina modelos probabilísticos y búsqueda de funciones para encontrar el mínimo de una función de manera eficiente. Es útil cuando la función objetivo es costosa de evaluar.La optimización bayesiana se basa en el principio de que se puede aprender de los datos anteriores para mejorar las decisiones futuras. En este caso, los datos son las evaluaciones previas de la función objetivo, que se supone que es una función desconocida y compleja que depende de algunos parámetros.

Los modelos probabilísticos son modelos matemáticos que describen la incertidumbre sobre la función objetivo y los parámetros. Estos modelos se actualizan con los datos mediante el teorema de Bayes, que calcula la probabilidad posterior de la función y los parámetros dados los datos. Un ejemplo común de modelo probabilístico es el proceso gaussiano, que asume que la función objetivo tiene una distribución normal multivariante.

La búsqueda de funciones es un método para elegir el siguiente punto donde evaluar la función objetivo, basándose en la información proporcionada por el modelo probabilístico. El objetivo es encontrar el punto que maximice una función de adquisición, que mide el beneficio esperado de evaluar ese punto. La función de adquisición debe equilibrar la exploración (probar puntos donde hay mucha incertidumbre) y la explotación (probar puntos donde se espera un buen resultado).

La eficiencia se refiere a que la optimización bayesiana puede encontrar el mínimo de la función objetivo con menos evaluaciones que otros métodos, lo que reduce el tiempo y el coste computacional. Esto es especialmente importante cuando la función objetivo es costosa de evaluar, por ejemplo, si implica entrenar un modelo complejo o realizar un experimento físico.

Algoritmos de Búsqueda Aleatoria:

Aunque no son los más eficientes, los algoritmos de búsqueda aleatoria a menudo se utilizan como enfoque inicial para explorar el espacio de búsqueda antes de aplicar técnicas más sofisticadas.Los algoritmos de búsqueda aleatoria son una familia de métodos de optimización numérica que no requieren el cálculo del gradiente de la función objetivo y, por lo tanto, se pueden aplicar a funciones que no son continuas ni diferenciables. Estos métodos también se conocen como métodos de búsqueda directa, sin derivadas o de caja negra.

La idea básica de estos algoritmos es generar soluciones candidatas de forma aleatoria en el espacio de búsqueda y evaluar su calidad según la función objetivo. Se conserva la mejor solución encontrada hasta el momento y se repite el proceso hasta alcanzar un criterio de parada, como un número máximo de iteraciones o una tolerancia deseada.

Estos algoritmos tienen la ventaja de ser simples y fáciles de implementar, y no necesitan información adicional sobre la función objetivo. Además, pueden explorar el espacio de búsqueda de forma diversa y escapar de óptimos locales.

Sin embargo, estos algoritmos también tienen desventajas, como su baja eficiencia y su falta de memoria. Al generar soluciones al azar, pueden desperdiciar tiempo y recursos en regiones poco prometedoras del espacio de búsqueda. Además, al no guardar información sobre las soluciones anteriores, pueden repetir soluciones ya evaluadas o ignorar regiones con potencial.

Por estas razones, los algoritmos de búsqueda aleatoria suelen utilizarse como punto de partida para explorar el espacio de búsqueda antes de aplicar técnicas más sofisticadas que aprovechen la información obtenida. Estas técnicas pueden ser métodos basados en gradientes, métodos basados en poblaciones o métodos híbridos.

La elección de la técnica de optimización depende en gran medida del tipo de función objetivo, la presencia de restricciones y otros factores específicos del problema. A menudo, se requiere experiencia y experimentación para determinar cuál es la técnica más adecuada en un contexto particular.

5.¿Qué es el aprendizaje automático y qué tipos de aprendizaje existen?

Existen varios tipos de aprendizaje automático, que se pueden clasificar principalmente en tres categorías:

Aprendizaje Supervisado:

En el aprendizaje supervisado, el modelo se entrena utilizando un conjunto de datos etiquetado, que consiste en pares de entrada y salida. El objetivo es aprender una función que mapee las entradas a las salidas correctas. Por ejemplo, en la clasificación de correos electrónicos como spam o no spam, se proporciona al modelo un conjunto de correos electrónicos etiquetados y se entrena para predecir la etiqueta correcta para nuevos correos electrónicos no etiquetados. El aprendizaje supervisado es una rama del machine learning que utiliza conjuntos de datos etiquetados para entrenar algoritmos que clasifican datos o predicen resultados con precisión.

Los conjuntos de datos etiquetados son aquellos que contienen tanto las entradas como las salidas correctas, lo que permite al algoritmo aprender la relación entre ellas. El aprendizaje supervisado se puede dividir en dos tipos de problemas: clasificación y regresión. La clasificación consiste en asignar datos a categorías predefinidas, como spam o no spam. La regresión consiste en estimar valores numéricos continuos, como el precio de una casa. Algunos de los algoritmos más utilizados en el aprendizaje supervisado son las redes neuronales, las máquinas de vectores de soporte, los árboles de decisión, el k vecinos más cercanos y el bosque aleatorio.

Aprendizaje No Supervisado:

En el aprendizaje no supervisado, el modelo se entrena en datos no etiquetados y busca encontrar patrones, estructuras o relaciones dentro de los datos. No hay una respuesta correcta o incorrecta, y el objetivo puede ser la agrupación (clustering) de datos similares o la reducción de la dimensionalidad. Un ejemplo es el análisis de componentes principales (PCA) para reducir la dimensionalidad de datos.El aprendizaje no supervisado es una rama del machine learning que utiliza algoritmos para analizar y agrupar conjuntos de datos no etiquetados. Estos algoritmos descubren patrones ocultos o agrupaciones de datos sin necesidad de intervención humana.

El aprendizaje no supervisado se puede utilizar para explorar datos desconocidos, revelar relaciones entre variables, reducir la dimensionalidad de los datos, comprimir datos, segmentar clientes, reconocer imágenes y más. El aprendizaje no supervisado se puede dividir en tres tipos de problemas: agrupamiento, asociación y reducción de dimensionalidad. A continuación, te explico brevemente cada uno de ellos:

Agrupamiento: Consiste en dividir los datos en grupos o clústeres según sus similitudes o diferencias. Cada clúster contiene datos que son más parecidos entre sí que con los de otros clústeres. Algunos de los algoritmos más utilizados para el agrupamiento son el K-means, el análisis de agrupamiento jerárquico, el DBSCAN y el algoritmo de las expectativas-maximización (EM).

Asociación: Consiste en encontrar reglas o patrones que relacionen los datos entre sí. Estas reglas pueden indicar qué elementos suelen aparecer juntos o qué eventos suelen ocurrir secuencialmente. Un ejemplo de algoritmo de asociación es el Apriori, que se usa para el análisis de la cesta de la compra.

Reducción de dimensionalidad: Consiste en transformar los datos de alta dimensión en datos de baja dimensión, preservando la mayor cantidad posible de información relevante. Esto permite simplificar los datos, eliminar el ruido, mejorar la visualización y facilitar el procesamiento posterior. Algunos ejemplos de algoritmos de reducción de dimensionalidad son el análisis de componentes principales (PCA), el análisis discriminante lineal (LDA) y el autoencoder.

Aprendizaje por Refuerzo:

En el aprendizaje por refuerzo, un agente aprende a tomar decisiones secuenciales para maximizar una recompensa acumulativa a lo largo del tiempo. El agente interactúa con un entorno y toma acciones que afectan el estado del entorno. El objetivo es aprender una política que optimice las acciones para obtener la mayor recompensa posible.

El aprendizaje por refuerzo es una rama del aprendizaje automático que se inspira en la psicología conductista y que busca que un agente de software aprenda a tomar las mejores acciones posibles en un entorno dado, maximizando una recompensa o minimizando una penalización. El agente no recibe instrucciones explícitas sobre qué hacer, sino que explora el entorno por sí mismo y aprende de sus propios aciertos y errores. El aprendizaje por refuerzo se puede aplicar a diversos problemas, como la navegación autónoma, el diseño de materiales, los tratamientos médicos, los juegos, etc. Algunos ejemplos de algoritmos de aprendizaje por refuerzo son el Q-learning, el SARSA, el actor-crítico y el policy gradient. Ejemplos incluyen juegos, robótica y aplicaciones de control.

Además de estos tipos principales, también existen otras categorías de aprendizaje automático, como:

Aprendizaje Semisupervisado:

Combina elementos de aprendizaje supervisado y no supervisado, utilizando datos etiquetados y no etiquetados para mejorar el rendimiento del modelo.

Aprendizaje Profundo (Deep Learning):

Implica el uso de redes neuronales artificiales profundas con múltiples capas para aprender automáticamente representaciones jerárquicas de datos. Es especialmente eficaz en tareas como visión por computadora y procesamiento de lenguaje natural.

Aprendizaje por Transferencia:

Se basa en el conocimiento adquirido en una tarea para mejorar el rendimiento en otra tarea relacionada.

Cada tipo de aprendizaje automático tiene sus propias aplicaciones y desafíos, y la elección del enfoque depende de la naturaleza de los datos y el problema que se esté abordando.

6.¿Qué es el aprendizaje profundo y qué ventajas tiene sobre el aprendizaje tradicional?

El aprendizaje profundo, también conocido como deep learning en inglés, es una subdisciplina del aprendizaje automático (machine learning) que se basa en la construcción y entrenamiento de redes neuronales artificiales profundas. Estas redes neuronales están diseñadas para imitar el funcionamiento del cerebro humano y son capaces de aprender automáticamente a partir de datos, identificando patrones y realizando tareas específicas sin necesidad de programación explícita. A continuación, se explican algunas de las características clave del aprendizaje profundo y sus ventajas sobre el aprendizaje tradicional:

Representación jerárquica de características: En el aprendizaje profundo, las redes neuronales consisten en múltiples capas de unidades interconectadas, lo que permite aprender características cada vez más abstractas y complejas a medida que se profundiza en la red. Esto facilita la extracción de representaciones jerárquicas de datos, lo que puede ser beneficioso para tareas de procesamiento de información compleja. La representación jerárquica de características es un concepto clave en el aprendizaje profundo, que se refiere a la forma en que los algoritmos de esta rama del machine learning pueden extraer y combinar características de alto nivel a partir de datos brutos, como imágenes, sonidos o textos. Estas características de alto nivel son más abstractas y semánticas que las características de bajo nivel, que son más simples y directas. Por ejemplo, en el caso de las imágenes, las características de bajo nivel podrían ser los píxeles, los bordes o los colores, mientras que las características de alto nivel podrían ser las formas, los objetos o las escenas.

La representación jerárquica de características se basa en la idea de que los datos complejos se pueden descomponer en capas o niveles de representación, cada uno de los cuales contiene información más relevante y menos redundante que el anterior. Así, los algoritmos de aprendizaje profundo pueden aprender a detectar y combinar las características más importantes de cada nivel para formar representaciones más generales y robustas en los niveles superiores. Esto permite que el aprendizaje profundo pueda resolver problemas difíciles que requieren una comprensión profunda de los datos, como el reconocimiento facial, la traducción automática o la generación de texto.

Un ejemplo de representación jerárquica de características es el que utilizan las redes neuronales convolucionales (CNN), que son un tipo de algoritmo de aprendizaje profundo muy usado para el análisis de imágenes. Las CNN están formadas por varias capas de neuronas artificiales que realizan operaciones matemáticas sobre los datos de entrada. Cada capa recibe la salida de la capa anterior y aplica una serie de filtros o kernels que extraen características específicas de los datos. Estos filtros se van ajustando durante el proceso de entrenamiento para optimizar el rendimiento del algoritmo. Así, las primeras capas suelen detectar características simples como bordes o ángulos, mientras que las últimas capas suelen detectar características complejas como caras o animales.

Capacidad para manejar datos no estructurados: El aprendizaje profundo se ha destacado en tareas que involucran datos no estructurados, como imágenes, audio, texto y video. Las redes neuronales profundas pueden aprender automáticamente características relevantes en estos tipos de datos, lo que ha llevado a avances significativos en el reconocimiento de imágenes, procesamiento de lenguaje natural, visión por computadora y más.El aprendizaje profundo es una rama del aprendizaje automático que se basa en redes neuronales artificiales con muchas capas para aprender de grandes cantidades de datos. Una de las ventajas del aprendizaje profundo es su capacidad para manejar datos no estructurados, es decir, datos que no tienen un formato predefinido o fijo, como imágenes, textos, sonidos o videos. Estos tipos de datos representan la mayor parte de la información disponible en el mundo digital, pero son difíciles de procesar y analizar con métodos tradicionales.

El aprendizaje profundo puede manejar datos no estructurados porque no requiere que los científicos de datos o los expertos extraigan manualmente las características o los atributos relevantes de los datos brutos. En cambio, el aprendizaje profundo utiliza algoritmos que aprenden automáticamente a extraer y combinar las características más importantes de cada nivel de representación, formando así una representación jerárquica de características. Esto permite que el aprendizaje profundo pueda reconocer patrones complejos y abstractos en los datos, como las emociones, los objetos o los eventos.
El aprendizaje profundo se utiliza para diversas aplicaciones que implican el análisis de datos no estructurados, como la visión artificial, el reconocimiento del habla, el procesamiento del lenguaje natural y los motores de recomendación.

Rendimiento superior en tareas específicas: En comparación con métodos tradicionales de aprendizaje automático, el aprendizaje profundo a menudo logra un rendimiento superior en una amplia gama de tareas, como la clasificación de imágenes, el procesamiento del lenguaje natural, la traducción automática y el reconocimiento de voz.

El aprendizaje profundo es una técnica de aprendizaje automático que utiliza redes neuronales artificiales con múltiples capas de procesamiento para extraer y combinar características de alto nivel a partir de datos brutos. El aprendizaje profundo tiene la ventaja de que no requiere una extracción manual de características, sino que las aprende automáticamente a partir de los datos. Además, el aprendizaje profundo puede mejorar su rendimiento a medida que dispone de más datos, lo que le permite reconocer patrones complejos y abstractos en los datos.

En comparación con los métodos tradicionales de aprendizaje automático, el aprendizaje profundo suele lograr un rendimiento superior en tareas específicas que implican el análisis de datos no estructurados, como imágenes, textos, sonidos o videos. Estas tareas incluyen la visión por computador, el reconocimiento del habla, la traducción automática, la robótica y otras.

Sin embargo, el aprendizaje profundo también tiene sus limitaciones y desafíos, como la necesidad de disponer de grandes cantidades de datos etiquetados, la complejidad computacional y el consumo energético de los algoritmos, la dificultad para interpretar y explicar los resultados y la vulnerabilidad a los ataques adversarios. Por lo tanto, el aprendizaje profundo no es una solución mágica para todos los problemas, sino una herramienta poderosa que debe usarse con criterio y precaución.

Escalabilidad y generalización: Las redes neuronales profundas pueden manejar grandes conjuntos de datos y aprender representaciones que generalizan bien a datos nuevos, lo que es esencial en aplicaciones del mundo real. A medida que se dispone de más datos y recursos computacionales, es posible mejorar el rendimiento de los modelos de aprendizaje profundo.

La escalabilidad y la generalización son dos conceptos importantes en el aprendizaje profundo que se refieren a la capacidad de las redes neuronales profundas para manejar grandes conjuntos de datos y aprender representaciones que se adaptan bien a datos nuevos o desconocidos. A continuación, se explican brevemente estos conceptos y sus implicaciones:

La escalabilidad es la propiedad de un sistema o un algoritmo de poder aumentar su rendimiento o su capacidad al aumentar los recursos disponibles, como los datos, la memoria o el procesamiento. En el aprendizaje profundo, la escalabilidad se refiere a la capacidad de las redes neuronales profundas de mejorar su precisión y su complejidad a medida que se entrenan con más datos. Esto permite que el aprendizaje profundo pueda aprovechar el gran volumen de datos no estructurados que se generan en el mundo digital, como imágenes, textos, sonidos o videos.

La generalización es la propiedad de un modelo o un algoritmo de poder producir resultados correctos o adecuados para datos que no ha visto antes, es decir, que no forman parte del conjunto de entrenamiento. En el aprendizaje profundo, la generalización se refiere a la capacidad de las redes neuronales profundas de aprender representaciones jerárquicas y abstractas de los datos, lo que les permite reconocer patrones y características comunes en diferentes tipos de datos. Esto permite que el aprendizaje profundo pueda resolver problemas complejos que requieren una comprensión profunda de los datos, como la visión por computador, el procesamiento del lenguaje natural, la traducción automática y más.

La escalabilidad y la generalización son ventajas del aprendizaje profundo sobre los métodos tradicionales de aprendizaje automático, pero también suponen desafíos y limitaciones. Por ejemplo, para lograr una buena escalabilidad y generalización, se requieren grandes cantidades de datos etiquetados, lo que puede ser costoso y difícil de obtener. Además, las redes neuronales profundas pueden sufrir problemas como el sobreajuste, el subajuste o la falta de interpretabilidad, lo que puede afectar a su rendimiento y a su fiabilidad. Por lo tanto, es necesario aplicar técnicas y criterios adecuados para diseñar, entrenar y evaluar los modelos de aprendizaje profundo.

Automatización del proceso de extracción de características: En el aprendizaje tradicional, a menudo se requiere un esfuerzo significativo en la ingeniería de características, es decir, en la identificación y selección de características relevantes para una tarea específica. El aprendizaje profundo puede eliminar en gran medida la necesidad de este proceso, ya que puede aprender automáticamente las características adecuadas.

La automatización del proceso de extracción de características es una de las ventajas del aprendizaje profundo sobre los métodos tradicionales de aprendizaje automático. En el aprendizaje profundo, las redes neuronales profundas pueden aprender automáticamente las características relevantes a partir de los datos brutos, sin necesidad de una extracción manual de características. . Las redes neuronales profundas pueden realizar una extracción automatizada de características que hace que los modelos de aprendizaje profundo sean perfectos y precisos para tareas de visión artificial como la clasificación de objetos._

Sin embargo, el aprendizaje profundo también tiene desafíos y limitaciones, como la necesidad de grandes cantidades de datos de entrenamiento, la complejidad computacional y la dificultad para interpretar los modelos resultantes. La elección entre el aprendizaje profundo y el aprendizaje tradicional depende en gran medida de la tarea específica y de los recursos disponibles, pero en muchos casos, el aprendizaje profundo ha demostrado ser una herramienta poderosa para abordar problemas complejos de manera efectiva.

7.¿Qué son las redes neuronales y cómo se pueden diseñar, entrenar y evaluar para resolver diferentes problemas?

Las redes neuronales son un tipo de modelo de aprendizaje automático (machine learning) inspirado en la estructura y funcionamiento del cerebro humano. Están compuestas por capas de nodos interconectados, llamados neuronas artificiales o unidades, que procesan información y aprenden a realizar tareas específicas mediante el ajuste de los pesos de las conexiones entre ellas. Estas redes son utilizadas en una amplia variedad de aplicaciones, como reconocimiento de imágenes, procesamiento de lenguaje natural, juegos, conducción autónoma, y más.

Aquí hay una descripción general de cómo se diseñan, entrenan y evalúan las redes neuronales para resolver diferentes problemas:

Diseño de la red neuronal:

Elección de la arquitectura: Determinar la estructura de la red, que incluye el número de capas y la cantidad de neuronas en cada capa. Esto depende en gran medida del tipo de problema que se va a resolver.

Funciones de activación: Seleccionar las funciones de activación para cada neurona, como la función ReLU (Rectified Linear Unit) o la sigmoide, que ayudan a la red a aprender relaciones no lineales en los datos.

Conexiones y topología: Establecer cómo se conectan las neuronas entre sí. En las redes neuronales convolucionales (CNN), por ejemplo, se utilizan capas convolucionales para procesar datos de imágenes de manera eficiente.

El diseño de una red neuronal es un proceso que implica tomar varias decisiones sobre la arquitectura, los parámetros y el entrenamiento de la red. Algunos de los aspectos que se deben considerar son los siguientes:

El tipo de red neuronal: Existen diferentes tipos de redes neuronales, como las redes neuronales artificiales (ANN), las redes neuronales convolucionales (CNN), las redes neuronales recurrentes (RNN) y las redes generativas antagónicas (GAN). Cada tipo tiene sus propias características, ventajas y desventajas, y se adapta mejor a ciertas tareas o tipos de datos. Por ejemplo, las CNN son muy eficaces para el análisis de imágenes, las RNN para el procesamiento del lenguaje natural y las GAN para la síntesis de imágenes.

El número y el tamaño de las capas: Una red neuronal se compone de una capa de entrada, una o más capas ocultas y una capa de salida. Cada capa contiene un número de unidades o neuronas que procesan los datos. El número y el tamaño de las capas influyen en la capacidad y la complejidad de la red. Una red con más capas o más neuronas por capa puede aprender representaciones más abstractas y complejas, pero también puede ser más propensa al sobreajuste o al subajuste, y requerir más recursos computacionales.

La función de activación: La función de activación es la que determina la salida de cada neurona en función de su entrada. Existen diferentes funciones de activación, como la sigmoide, la tangente hiperbólica, la ReLU o la softmax. Cada función tiene sus propios beneficios e inconvenientes, y se puede elegir según el tipo de problema o el rango de valores que se quiera obtener. Por ejemplo, la sigmoide se usa a menudo para problemas de clasificación binaria, la softmax para problemas de clasificación multiclase y la ReLU para evitar el problema del desvanecimiento del gradiente.

Los pesos y los sesgos: Los pesos y los sesgos son los parámetros que se ajustan durante el entrenamiento de la red neuronal. Los pesos son los valores que multiplican las entradas de cada neurona, y los sesgos son los valores que se suman a las entradas ponderadas. Los pesos y los sesgos determinan la importancia relativa de cada entrada y la tendencia o el desplazamiento de cada neurona. Los pesos y los sesgos se pueden inicializar aleatoriamente o con algún criterio específico, y se pueden actualizar mediante diferentes algoritmos de optimización, como el descenso del gradiente, el momento o el Adam.

La función de pérdida: La función de pérdida es la que mide el error o la diferencia entre la salida esperada y la salida real de la red neuronal. La función de pérdida se usa para evaluar el rendimiento de la red y para ajustar los pesos y los sesgos mediante el cálculo del gradiente. Existen diferentes funciones de pérdida, como la entropía cruzada, el error cuadrático medio o la divergencia KL. La elección de la función de pérdida depende del tipo de problema y del objetivo que se quiera alcanzar. Por ejemplo, la entropía cruzada se usa a menudo para problemas de clasificación, el error cuadrático medio para problemas de regresión y la divergencia KL para problemas de generación.

Obtener un conjunto de datos etiquetado que contenga ejemplos de entrada y las salidas deseadas para el problema en cuestión.

Inicializar los pesos de la red de manera aleatoria o utilizando técnicas específicas, como Xavier o He, para evitar problemas de convergencia.

Propagación hacia adelante (forward propagation): Calcular las salidas de la red para un conjunto de datos de entrada.

Cálculo de la pérdida (loss): Comparar las salidas de la red con las salidas deseadas y calcular la pérdida que representa la diferencia entre ellas.

Retropropagación (backpropagation): Utilizar algoritmos de optimización, como el descenso de gradiente, para ajustar los pesos de la red de manera que se minimice la pérdida.

Repetir el proceso de propagación hacia adelante, cálculo de pérdida y retropropagación durante múltiples épocas hasta que la red converja y la pérdida sea lo suficientemente baja.

El entrenamiento de una red neuronal es el proceso de ajustar los parámetros de la red, como los pesos y los sesgos, para que la red pueda aprender a realizar una tarea específica, como clasificar datos o predecir resultados. El entrenamiento de una red neuronal implica los siguientes pasos:

Seleccionar un tipo de red neuronal adecuado para el problema, como una red neuronal artificial, una red neuronal convolucional o una red neuronal recurrente.

Inicializar los parámetros de la red con valores aleatorios o con algún criterio específico.

Proporcionar un conjunto de datos de entrenamiento, que contenga ejemplos de entradas y salidas esperadas para la tarea.

Aplicar un algoritmo de optimización, como el descenso del gradiente, para actualizar los parámetros de la red en función del error o la pérdida que se produce entre la salida real y la salida esperada de la red.

Repetir el proceso hasta que el error o la pérdida se reduzca lo suficiente o se alcance un criterio de parada.

El entrenamiento de una red neuronal es un proceso complejo y desafiante, que requiere tomar varias decisiones sobre el diseño, los parámetros y el algoritmo de la red. Además, el entrenamiento de una red neuronal puede verse afectado por problemas como el sobreajuste, el subajuste, el desvanecimiento del gradiente o la falta de interpretabilidad. Por lo tanto, es necesario aplicar técnicas y criterios adecuados para diseñar, entrenar y evaluar los modelos de aprendizaje profundo.

Separar el conjunto de datos en un conjunto de entrenamiento y un conjunto de prueba. La red se entrena en el conjunto de entrenamiento y se evalúa en el conjunto de prueba para medir su rendimiento generalización.

Utilizar métricas apropiadas para el problema, como precisión, pérdida, F1-score, o cualquier otra métrica relevante, para evaluar el rendimiento de la red en el conjunto de prueba.

Si el rendimiento no es satisfactorio, ajustar los hiperparámetros de la red, como la tasa de aprendizaje o la arquitectura, y volver a entrenar hasta obtener un rendimiento deseado.

La evaluación de una red neuronal es el proceso de medir el rendimiento y la calidad de la red para una tarea específica, como la clasificación, la regresión o la generación. La evaluación de una red neuronal implica los siguientes pasos:

Seleccionar un conjunto de datos de prueba, que contenga ejemplos de entradas y salidas esperadas que no hayan sido usados para entrenar la red. El conjunto de datos de prueba debe ser representativo del problema y tener una distribución similar al conjunto de datos de entrenamiento.

Aplicar la red neuronal al conjunto de datos de prueba y obtener las salidas predichas por la red para cada entrada.

Comparar las salidas predichas con las salidas esperadas y calcular una medida de error o pérdida que cuantifique la diferencia entre ambas. Existen diferentes medidas de error o pérdida, como el error cuadrático medio, la entropía cruzada o el coeficiente de determinación.

Analizar los resultados obtenidos y determinar si la red neuronal cumple con los criterios de rendimiento y calidad deseados. También se puede identificar las posibles fuentes de error o las limitaciones de la red, como el sobreajuste, el subajuste o la falta de interpretabilidad.

La evaluación de una red neuronal es un proceso importante y desafiante, que requiere tomar varias decisiones sobre el diseño, los parámetros y el algoritmo de la red. Además, la evaluación de una red neuronal puede variar según el tipo de problema, el tipo de red y el objetivo que se quiera alcanzar. Por lo tanto, es necesario aplicar técnicas y criterios adecuados para diseñar, entrenar y evaluar los modelos de aprendizaje profundo.

Este proceso de diseño, entrenamiento y evaluación se repite iterativamente para desarrollar y mejorar modelos de redes neuronales capaces de resolver una variedad de problemas, desde la clasificación de imágenes hasta la traducción automática de idiomas. El éxito en la aplicación de redes neuronales depende en gran medida de la elección adecuada de la arquitectura y los hiperparámetros, así como de la disponibilidad de datos de entrenamiento de alta calidad.

8.¿Qué son los algoritmos genéticos y cómo se pueden aplicar a problemas de optimización, búsqueda o evolución?

Los algoritmos genéticos son una técnica de optimización y búsqueda inspirada en la teoría de la evolución biológica y la genética. Se utilizan para resolver problemas de optimización, búsqueda y evolución, y son especialmente útiles cuando se trata de espacios de búsqueda complejos o cuando no se conoce una solución óptima de antemano. Los algoritmos genéticos son parte de un campo más amplio de algoritmos evolutivos que incluyen otras variantes como programación genética, estrategias evolutivas y programación evolutiva.

A continuación, se describen los elementos clave y el proceso de aplicación de los algoritmos genéticos:

Representación de la solución:

En un algoritmo genético, las soluciones potenciales se representan como cromosomas, que son cadenas de genes o elementos.

Cada gen representa una característica o componente de la solución. La estructura y la codificación de los cromosomas dependen del problema específico.

La representación de la solución es uno de los elementos clave de los algoritmos genéticos, ya que determina cómo se codifica y se manipula la información de cada posible solución al problema. La representación de la solución consiste en dos partes: el genotipo y el fenotipo.

El genotipo es la codificación de la solución en una cadena de símbolos, generalmente binarios, llamada cromosoma. Cada símbolo de la cadena es un gen, que representa una característica o un parámetro de la solución. El genotipo debe ser lo suficientemente expresivo para abarcar todas las posibles soluciones al problema, pero también lo suficientemente compacto para facilitar el proceso de búsqueda y optimización. La elección del genotipo depende del tipo y la complejidad del problema, y puede variar desde una codificación binaria simple hasta una codificación más sofisticada, como la basada en árboles o en gramáticas.

El fenotipo es la decodificación o interpretación del genotipo en una solución concreta al problema. El fenotipo es el que se evalúa con una función objetivo o fitness, que mide la calidad o el ajuste de la solución al problema. El fenotipo debe ser lo suficientemente claro y coherente para reflejar el significado y el valor del genotipo. La elección del fenotipo depende del dominio y el objetivo del problema, y puede variar desde un valor numérico hasta una estructura más compleja, como una imagen o un texto.

El proceso de aplicación de los algoritmos genéticos implica los siguientes pasos:

Se genera una población inicial de individuos (soluciones), usualmente de manera aleatoria. Cada individuo tiene un genotipo (cromosoma) y un fenotipo (solución) asociados.

Se evalúan los individuos de la población con la función fitness, que asigna un valor numérico a cada fenotipo según su calidad o ajuste al problema.

Se seleccionan los mejores individuos para formar una nueva población, utilizando algún método de selección, como el torneo, la ruleta o el elitismo.

Se aplican operadores genéticos a los individuos seleccionados para generar nuevos individuos, utilizando algún método de cruzamiento, como el uniforme, el de un punto o el aritmético, y algún método de mutación, como el bit-flip, el intercambio o el gaussiano.

Se repite el proceso hasta que se cumpla algún criterio de parada, como el número máximo de generaciones, el valor óptimo de fitness o la convergencia de la población.

Población inicial:

Se crea una población inicial de cromosomas de manera aleatoria o mediante algún método heurístico.

Esta población inicial puede ser pequeña o grande, dependiendo de la complejidad del problema. La población inicial es el conjunto de posibles soluciones al problema que se genera al inicio del algoritmo genético. La población inicial puede ser creada de manera aleatoria o mediante algún método heurístico que intente generar soluciones de buena calidad. La población inicial puede ser pequeña o grande, dependiendo de la complejidad del problema y del espacio de búsqueda. Una población inicial pequeña puede acelerar el proceso de búsqueda y optimización, pero también puede limitar la diversidad y la exploración de nuevas soluciones. Una población inicial grande puede aumentar la diversidad y la exploración, pero también puede ralentizar el proceso y aumentar el riesgo de convergencia prematura. Por lo tanto, se debe elegir un tamaño de población inicial adecuado para el problema y el algoritmo genético que se utilice.

Evaluación de la aptitud:

Cada cromosoma en la población se evalúa utilizando una función de aptitud (fitness) que mide qué tan buena es una solución.

La función de aptitud asigna un valor numérico que representa el rendimiento o la calidad de la solución en el contexto del problema. La evaluación de la aptitud es uno de los pasos del proceso de aplicación de los algoritmos genéticos, que son una técnica de optimización inspirada en la evolución biológica. La evaluación de la aptitud consiste en lo siguiente:

Cada cromosoma en la población se evalúa utilizando una función de aptitud (fitness) que mide qué tan buena es una solución al problema. La función de aptitud asigna un valor numérico que representa el rendimiento o la calidad de la solución en el contexto del problema. Por ejemplo, si el problema es maximizar una función matemática, la función de aptitud puede ser el valor de la función para cada cromosoma.

La función de aptitud debe ser adecuada para el problema y el algoritmo genético que se utilice. Debe ser lo suficientemente discriminativa para diferenciar entre buenas y malas soluciones, pero también lo suficientemente diversa para evitar la convergencia prematura a un óptimo local. Además, debe ser lo suficientemente eficiente para calcularse rápidamente para cada cromosoma.

La evaluación de la aptitud se utiliza para seleccionar los mejores individuos para formar la siguiente generación, así como para aplicar los operadores genéticos de cruzamiento y mutación. Los individuos con mayor aptitud tienen más probabilidades de sobrevivir y reproducirse, mientras que los individuos con menor aptitud tienen más probabilidades de desaparecer. Esto simula el proceso de selección natural que ocurre en la naturaleza.

Selección:
Los cromosomas con una mayor aptitud tienen una mayor probabilidad de ser seleccionados para reproducirse y formar la próxima generación.
Diversos métodos de selección, como la selección por ruleta o el torneo, se utilizan para determinar qué cromosomas se eligen. La selección es uno de los pasos del proceso de aplicación de los algoritmos genéticos, que son una técnica de optimización inspirada en la evolución biológica. La selección consiste en lo siguiente:

Los cromosomas con una mayor aptitud tienen una mayor probabilidad de ser seleccionados para reproducirse y formar la próxima generación. Esto simula el proceso de selección natural que ocurre en la naturaleza, donde los individuos más aptos tienen más posibilidades de sobrevivir y transmitir sus genes.

Diversos métodos de selección, como la selección por ruleta o el torneo, se utilizan para determinar qué cromosomas se eligen. Estos métodos pueden variar en su grado de presión selectiva, es decir, en la diferencia de probabilidad entre los mejores y los peores individuos. Una mayor presión selectiva puede acelerar la convergencia, pero también puede reducir la diversidad y la exploración de nuevas soluciones.

La selección se realiza hasta completar el tamaño de la población deseado, que puede ser igual o diferente al tamaño de la población inicial. La selección también puede incluir un mecanismo de elitismo, que consiste en conservar los mejores individuos de la generación anterior sin modificarlos.

Cruce (crossover):
Los cromosomas seleccionados se cruzan para crear nuevos cromosomas, combinando información genética de los padres.
El proceso de cruce simula la recombinación genética en la biología. El cruce (crossover) es uno de los pasos del proceso de aplicación de los algoritmos genéticos, que son una técnica de optimización inspirada en la evolución biológica. El cruce consiste en lo siguiente:
Los cromosomas seleccionados se cruzan para crear nuevos cromosomas, combinando información genética de los padres. El proceso de cruce simula la recombinación genética que ocurre en la biología, donde los descendientes heredan características de ambos progenitores.
Diversos métodos de cruce, como el cruce uniforme, el cruce de un punto o el cruce aritmético, se utilizan para determinar cómo se combinan los genes de los padres. Estos métodos pueden variar en su grado de exploración y explotación, es decir, en la capacidad de generar nuevas soluciones y mejorar las existentes. Un mayor grado de exploración puede aumentar la diversidad y la innovación, pero también puede introducir ruido y pérdida de información. Un mayor grado de explotación puede mejorar la calidad y la convergencia, pero también puede reducir la diversidad y la innovación.
El cruce se aplica con una cierta probabilidad a cada par de cromosomas seleccionados, que puede ser fija o variable. La probabilidad de cruce determina la frecuencia con la que se generan nuevos cromosomas a partir de los existentes.

Mutación:
Ocasionalmente, se aplican operaciones de mutación a algunos cromosomas seleccionados al azar para introducir variabilidad en la población.
La mutación es un proceso de cambio aleatorio en uno o más genes.La mutación es uno de los pasos del proceso de aplicación de los algoritmos

genéticos, que son una técnica de optimización inspirada en la evolución biológica. La mutación consiste en lo siguiente:

Ocasionalmente, se aplican operaciones de mutación a algunos cromosomas seleccionados al azar para introducir variabilidad en la población. La mutación es un proceso de cambio aleatorio en uno o más genes de un cromosoma. La mutación simula las mutaciones genéticas que ocurren en la naturaleza, donde los individuos pueden adquirir características nuevas o diferentes debido a errores en la replicación del ADN.

Diversos métodos de mutación, como el bit-flip, el intercambio o el gaussiano, se utilizan para determinar cómo se alteran los genes de un cromosoma. Estos métodos pueden variar en su grado de intensidad y diversidad, es decir, en la magnitud y la frecuencia de los cambios que se producen. Una mayor intensidad y diversidad puede aumentar la exploración y la innovación, pero también puede introducir ruido y pérdida de información. Una menor intensidad y diversidad puede mejorar la explotación y la convergencia, pero también puede reducir la exploración y la innovación.

La mutación se aplica con una cierta probabilidad a cada cromosoma seleccionado, que puede ser fija o variable. La probabilidad de mutación determina la frecuencia con la que se generan cambios aleatorios en los cromosomas.

Reemplazo de la población:

Los nuevos cromosomas generados mediante el cruce y la mutación reemplazan a la población anterior.

Este proceso se repite durante un número determinado de generaciones o hasta que se cumpla un criterio de parada.El reemplazo de la población es uno de los pasos del proceso de aplicación de los algoritmos genéticos, que son una técnica de optimización inspirada en la evolución biológica. El reemplazo de la población consiste en lo siguiente:

Los nuevos cromosomas generados mediante el cruce y la mutación reemplazan a la población anterior, formando una nueva generación de individuos (soluciones). Este proceso se repite durante un número determinado de generaciones o hasta que se cumpla un criterio de parada, como el valor óptimo de aptitud o la convergencia de la población.

Diversos métodos de reemplazo, como el reemplazo total, el reemplazo generacional o el reemplazo por estado estacionario, se utilizan para determinar cómo se sustituyen los individuos de la población. Estos métodos pueden variar en su grado de preservación y renovación, es decir, en la proporción de individuos que se mantienen o se cambian. Una mayor preservación puede conservar la calidad y la estabilidad de la población, pero también puede limitar la diversidad y la exploración de nuevas soluciones. Una mayor renovación puede aumentar la diversidad y la exploración, pero también puede afectar a la calidad y la estabilidad de la población.

El reemplazo de la población debe estar equilibrado con los otros pasos del algoritmo genético, como la selección, el cruce y la mutación, para lograr una buena convergencia y una buena diversidad en la búsqueda y optimización de soluciones.

Convergencia:

Con el tiempo, la población tiende a evolucionar hacia soluciones que tienen una aptitud cada vez mayor.

El algoritmo genético se detiene cuando se alcanza un criterio de parada predefinido, como un número máximo de generaciones o cuando se encuentra una solución satisfactoria.La convergencia es el objetivo final de los algoritmos genéticos, que es encontrar una solución óptima o satisfactoria al problema que se quiere resolver. La convergencia se produce cuando la población evoluciona hacia soluciones que tienen una aptitud cada vez mayor, es decir, que se ajustan mejor al problema y a la función objetivo. La convergencia implica que la población se vuelve más homogénea y menos diversa, lo que puede ser beneficioso o perjudicial, dependiendo del tipo de problema y del algoritmo genético que se utilice.

El algoritmo genético se detiene cuando se alcanza un criterio de parada predefinido, que puede ser de diferentes tipos, como:

Un número máximo de generaciones: El algoritmo genético se detiene cuando se alcanza un número determinado de iteraciones o ciclos del proceso de selección, cruce, mutación y reemplazo. Este criterio es simple y fácil de implementar, pero no garantiza que se encuentre una solución óptima o satisfactoria.

Un valor óptimo de aptitud: El algoritmo genético se detiene cuando se encuentra una solución que tiene un valor de aptitud igual o superior al valor deseado o esperado. Este criterio es eficaz y preciso, pero puede ser difícil de definir o conocer el valor óptimo de antemano.

Una convergencia de la población: El algoritmo genético se detiene cuando la población se vuelve muy similar o idéntica entre sí, lo que indica que se ha alcanzado un óptimo local o global. Este criterio es intuitivo y natural, pero puede ser difícil de medir o detectar la convergencia.

Los algoritmos genéticos son útiles en una variedad de aplicaciones, como la optimización de rutas de vehículos, la selección de características en aprendizaje automático, el diseño de estructuras, la planificación de horarios y muchos otros problemas de búsqueda y optimización. Su capacidad para explorar soluciones en un espacio de búsqueda amplio y su adaptabilidad los hacen valiosos en situaciones donde otros enfoques pueden ser menos efectivos.

9. El procesamiento del lenguaje natural y qué tareas se pueden realizar con él, como el análisis sintáctico, semántico, pragmático, la generación de texto, la traducción automática, etc.

El Procesamiento del Lenguaje Natural (NLP, por sus siglas en inglés) es una rama de la inteligencia artificial que se enfoca en la interacción entre las computadoras y el lenguaje humano. Su objetivo principal es permitir que las máquinas comprendan, interpreten y generen texto o lenguaje de manera similar a como lo hacen los seres humanos. El NLP involucra una variedad de tareas y técnicas para lograr esta comprensión y generación del lenguaje.

Aquí hay algunas de las tareas principales que se pueden realizar con el procesamiento del lenguaje natural:

Análisis Sintáctico: Esta tarea se enfoca en analizar la estructura gramatical de una oración para determinar la relación entre las palabras y cómo se organizan en la frase. El resultado suele ser un árbol sintáctico que muestra la jerarquía gramatical.El análisis sintáctico es una tarea importante del procesamiento del lenguaje natural que consiste en analizar la estructura gramatical de una oración. Aquí hay algunos puntos clave sobre el análisis sintáctico:

El análisis sintáctico se enfoca en determinar la relación entre las palabras y cómo se organizan en la frase. Por ejemplo, en la oración "El perro mordió al niño", el análisis sintáctico puede identificar que "el perro" es el sujeto, "mordió" es el verbo y "al niño" es el objeto directo.

El resultado del análisis sintáctico suele ser un árbol sintáctico que muestra la jerarquía gramatical de la oración. Cada nodo del árbol representa una unidad sintáctica, como una palabra, una frase o una cláusula. Cada arista del árbol representa una relación sintáctica, como sujeto, objeto, modificador o complemento.

El análisis sintáctico se puede realizar con diferentes métodos y técnicas, como el análisis basado en reglas, el análisis basado en estadísticas o el análisis basado en aprendizaje profundo. Cada método tiene sus propias ventajas y desventajas, y se puede elegir según el tipo y la complejidad de la oración.

El análisis sintáctico es útil para diversas aplicaciones del procesamiento del lenguaje natural, como la traducción automática, el resumen automático, la generación de texto y más. El análisis sintáctico puede ayudar a mejorar la comprensión y la generación del lenguaje al proporcionar información sobre la estructura y el significado de las oraciones.

Análisis Semántico: El análisis semántico se concentra en comprender el significado de las palabras y cómo se relacionan en un contexto. Esto incluye la identificación de sinónimos, antónimos, relaciones de hiperonimia e hiponimia, así como la resolución de la anáfora (identificar a qué se refieren pronombres o frases como "esto" o "eso"). El análisis semántico se concentra en comprender el significado de las palabras y cómo se relacionan en un contexto. El análisis semántico es una tarea importante del procesamiento del lenguaje natural, que es una rama de la inteligencia artificial que se ocupa de analizar e interpretar el lenguaje humano. El análisis semántico puede ayudar a extraer información útil de textos escritos u orales, como opiniones, emociones, intenciones o hechos. El análisis semántico también puede ayudar a generar textos coherentes y relevantes, como resúmenes, traducciones o respuestas.

Para realizar el análisis semántico, se requieren diferentes métodos y técnicas, como el análisis léxico, el análisis sintáctico, el análisis pragmático y el análisis del discurso. Estos métodos se basan en el uso de reglas gramaticales, diccionarios, ontologías, corpus lingüísticos y modelos estadísticos o de aprendizaje profundo. Algunos de los desafíos que plantea el análisis semántico son la ambigüedad, la polisemia, la ironía y la metáfora.

Análisis Pragmático: El análisis pragmático se refiere a la interpretación de la intención detrás del lenguaje. Esto incluye la detección de sarcasmo, ironía, tono, implicaturas conversacionales y otros aspectos que van más allá de la estructura y el significado literal de las palabras.el análisis pragmático se refiere a la interpretación de la intención detrás del lenguaje. El análisis pragmático es una tarea importante del procesamiento del lenguaje natural, que es una rama de la inteligencia artificial que se ocupa de analizar e interpretar el lenguaje humano. El análisis pragmático puede ayudar a extraer información útil de textos escritos u orales, como opiniones, emociones, intenciones o hechos. El análisis pragmático también puede ayudar a generar textos coherentes y relevantes, como resúmenes, traducciones o respuestas.

Para realizar el análisis pragmático, se requieren diferentes métodos y técnicas, como el análisis léxico, el análisis sintáctico, el análisis semántico y el análisis del discurso. Estos métodos se basan en el uso de reglas gramaticales, diccionarios, ontologías, corpus lingüísticos y modelos estadísticos o de aprendizaje profundo. Algunos de los desafíos que plantea el análisis pragmático son la ambigüedad, la polisemia, la ironía y la metáfora.

Generación de Texto: La generación de texto implica la creación automática de texto coherente y significativo. Puede ser utilizado para generar contenido como respuestas automáticas, resúmenes, redacción de informes, y más. La generación de texto implica la creación automática de texto coherente y significativo. La generación de texto es una tarea importante del procesamiento del lenguaje natural, que es una rama de la inteligencia artificial que se ocupa de analizar e interpretar el lenguaje humano. La generación de texto puede ser utilizada para generar contenido como respuestas automáticas, resúmenes, redacción de informes y más

Traducción Automática: La traducción automática se refiere a la tarea de traducir automáticamente un texto de un idioma a otro. Ejemplos populares incluyen servicios como Google Translate. La traducción automática se refiere a la tarea de traducir automáticamente un texto de un idioma a otro. La traducción automática es una aplicación importante del procesamiento del lenguaje natural, que es una rama de la inteligencia artificial que se ocupa de analizar e interpretar el lenguaje humano. La traducción automática puede ayudar a facilitar la comunicación y el acceso a la información entre personas que hablan diferentes idiomas.

La traducción automática se puede realizar con diferentes métodos y técnicas, como la traducción basada en reglas, la traducción basada en estadísticas, la traducción basada en ejemplos o la traducción basada en redes neuronales. Cada método tiene sus propias ventajas y desventajas, y se puede elegir según el tipo y la complejidad de los textos. Algunos de los desafíos que plantea la traducción automática son la ambigüedad, la polisemia, la ironía, la metáfora y las diferencias culturales.

Reconocimiento de Entidades Nombradas (NER): NER implica identificar y clasificar entidades nombradas en un texto, como nombres de personas, lugares, organizaciones, fechas, y otros tipos de información específica.El NER es una tarea importante del procesamiento del lenguaje natural, que es una rama de la inteligencia artificial que se ocupa de analizar e interpretar el lenguaje humano. El NER puede ayudar a extraer información útil de textos escritos u orales, como opiniones, emociones, intenciones o hechos. El NER también puede ayudar a generar textos coherentes y relevantes, como resúmenes, traducciones o respuestas.

Para realizar el NER, se requieren diferentes métodos y técnicas, como el análisis léxico, el análisis sintáctico, el análisis semántico y el análisis del discurso. Estos métodos se basan en el uso de reglas gramaticales, diccionarios, ontologías, corpus lingüísticos y modelos estadísticos o de aprendizaje profundo. Algunos de los desafíos que plantea el NER son la ambigüedad, la polisemia, la ironía y la metáfora.

Clasificación de Texto: Esta tarea consiste en asignar una categoría o etiqueta a un documento o fragmento de texto. Por ejemplo, clasificar correos electrónicos como spam o no spam, o categorizar noticias en diferentes secciones (política, deportes, entretenimiento, etc.).La clasificación de texto es una tarea importante del procesamiento del lenguaje natural, que es una rama de la inteligencia artificial que se ocupa de analizar e interpretar el lenguaje humano. La clasificación de texto puede ayudar a organizar y filtrar grandes cantidades de información textual, como correos electrónicos, noticias, documentos o comentarios. La clasificación de texto también puede ayudar a extraer información útil de textos escritos u orales, como opiniones, emociones, intenciones o hechos.

Para realizar la clasificación de texto, se requieren diferentes métodos y técnicas, como el análisis léxico, el análisis sintáctico, el análisis semántico y el análisis pragmático. Estos métodos se basan en el uso de reglas gramaticales, diccionarios, ontologías, corpus lingüísticos y modelos estadísticos o de aprendizaje profundo. Algunos de los desafíos que plantea la clasificación de texto son la ambigüedad, la polisemia, la ironía y la metáfora.

Análisis de Sentimientos: Se trata de determinar la polaridad de las opiniones expresadas en un texto, es decir, si el texto expresa emociones positivas, negativas o neutrales. Esto es útil en el análisis de opiniones de usuarios en redes sociales o reseñas de productos. El análisis de sentimientos es una aplicación importante del procesamiento del lenguaje natural, que es una rama de la inteligencia artificial que se ocupa de analizar e interpretar el lenguaje humano. El análisis de sentimientos puede ayudar a extraer información útil de textos escritos u orales, como opiniones, emociones, intenciones o hechos.

Para realizar el análisis de sentimientos, se requieren diferentes métodos y técnicas, como el procesamiento del lenguaje natural, el análisis de texto y la ciencia de datos. Estos métodos se basan en el uso de reglas gramaticales, diccionarios, ontologías, corpus lingüísticos y modelos estadísticos o de aprendizaje profundo. Algunos de los desafíos que plantea el análisis de sentimientos son la ambigüedad, la polisemia, la ironía y la metáfora.

El análisis de sentimientos se puede utilizar para diferentes fines, como el análisis de opiniones de usuarios en redes sociales o reseñas de productos. Estos análisis pueden ayudar a las empresas a conocer la percepción y la satisfacción de sus clientes, así como a mejorar sus productos y servicios. También pueden ayudar a los usuarios a tomar decisiones informadas sobre sus compras o preferencias.

Preguntas y Respuestas (Q&A): Los sistemas de NLP pueden responder preguntas formuladas en lenguaje natural a partir de una base de conocimiento o un conjunto de datos específicos.Los sistemas de Q&A son una aplicación importante del procesamiento del lenguaje natural, que es una rama de la inteligencia artificial que se ocupa de analizar e interpretar el lenguaje humano. Los sistemas de Q&A pueden ayudar a proporcionar información útil y relevante a los usuarios que tienen preguntas específicas sobre un tema o un dominio.

Para realizar la tarea de Q&A, se requieren diferentes métodos y técnicas, como el análisis léxico, el análisis sintáctico, el análisis semántico, el análisis pragmático y el análisis del discurso. Estos métodos se basan en el uso de reglas gramaticales, diccionarios, ontologías, corpus lingüísticos y modelos estadísticos o de aprendizaje profundo. Algunos de los desafíos que plantea la tarea de Q&A son la ambigüedad, la polisemia, la ironía y la metáfora.

Los sistemas de Q&A se pueden clasificar según el tipo de fuente de información que utilizan para responder a las preguntas, como:

Q&A basados en bases de conocimiento: Estos sistemas utilizan una base de conocimiento estructurada y organizada que contiene hechos y relaciones sobre un dominio específico.

Q&A basados en documentos: Estos sistemas utilizan un conjunto de documentos no estructurados o semi-estructurados que contienen información sobre un tema o un dominio.

Q&A basados en la web: Estos sistemas utilizan la web como fuente de información, buscando y extrayendo información relevante de páginas web o motores de búsqueda.

Resumen Automático: Generar resúmenes concisos y coherentes de documentos largos o artículos de noticias. El resumen automático es una aplicación del procesamiento del lenguaje natural, que es una rama de la inteligencia artificial que se ocupa de analizar e interpretar el lenguaje humano. El resumen automático consiste en generar resúmenes concisos y coherentes de documentos largos o artículos de noticias, conservando las ideas principales y la información relevante.

Para realizar el resumen automático, se requieren diferentes métodos y técnicas, como el análisis léxico, el análisis sintáctico, el análisis semántico y el análisis del discurso. Estos métodos se basan en el uso de reglas gramaticales, diccionarios, ontologías, corpus lingüísticos y modelos estadísticos o de aprendizaje profundo. Algunos de los desafíos que plantea el resumen automático son la ambigüedad, la polisemia, la ironía y la metáfora.

El resumen automático se puede clasificar según el tipo de método que utiliza para generar los resúmenes, como:

Resumen extractivo: Este método consiste en seleccionar las frases o los fragmentos más importantes del texto original y unirlos para formar un resumen. Este método es simple y rápido, pero puede producir resúmenes redundantes o incoherentes.

Resumen abstractivo: Este método consiste en generar nuevas frases que expresen el contenido del texto original con otras palabras. Este método es más complejo y lento, pero puede producir resúmenes más breves y coherentes.

El resumen automático se puede utilizar para diferentes fines, como el análisis de información, la síntesis de conocimiento o la comprensión lectora.

Estas son solo algunas de las muchas tareas que se pueden realizar con el procesamiento del lenguaje natural. A medida que la tecnología avanza, las aplicaciones del NLP continúan expandiéndose y mejorando, lo que lo convierte en una herramienta poderosa en una variedad de campos, como la atención médica, la atención al cliente, la investigación académica, la automatización de tareas y más.

10. La visión artificial y qué técnicas se pueden usar para procesar imágenes o videos, como la detección de bordes, segmentación, reconocimiento de objetos, rostros, gestos, etc.

La visión artificial, también conocida como visión por computadora o procesamiento de imágenes, es un campo de la inteligencia artificial (IA) que se centra en la automatización del procesamiento y análisis de imágenes y videos para que las computadoras puedan interpretar y comprender el contenido visual de manera similar a como lo hacen los seres humanos. Esta tecnología se utiliza en una amplia variedad de aplicaciones, que van desde la detección de objetos en vehículos autónomos hasta la identificación de enfermedades en imágenes médicas.

A continuación, se presentan algunas de las técnicas y tareas más comunes en visión artificial:

Detección de bordes: Esta técnica consiste en identificar los límites entre diferentes regiones en una imagen. Los bordes representan cambios abruptos en la intensidad de los píxeles y son fundamentales para muchas tareas de procesamiento de imágenes. Los bordes son características visuales que ayudan a percibir y comprender el mundo que nos rodea. Los bordes también facilitan el procesamiento de imágenes, ya que reducen la cantidad de información innecesaria y resaltan los aspectos relevantes. La detección de bordes requiere de técnicas sofisticadas que puedan lidiar con el ruido, la iluminación, la escala, la orientación, la forma y el color de los objetos. La detección de bordes es una tarea fundamental para muchas aplicaciones de IA, como la conducción autónoma, la realidad aumentada, la robótica, el reconocimiento facial, etc.

Segmentación: La segmentación se refiere a la división de una imagen en regiones o segmentos más pequeños, donde cada segmento contiene objetos o partes de objetos que son similares en alguna característica, como el color, la textura o la forma. La segmentación es un paso importante en el procesamiento de imágenes, ya que facilita el análisis y la comprensión de la imagen. La segmentación se puede realizar mediante diferentes métodos y algoritmos, dependiendo del tipo de imagen y del objetivo que se persiga.

Reconocimiento de objetos: Esta tarea implica identificar y etiquetar objetos específicos dentro de una imagen o un video. Puede ser útil en aplicaciones como la detección de automóviles en cámaras de tráfico o la identificación de productos en líneas de producción.. El reconocimiento de objetos es una de las áreas más importantes y desafiantes de la visión por computadora y la inteligencia artificial. El reconocimiento de objetos tiene muchas aplicaciones potenciales en diversos campos, como la seguridad, la medicina, la educación, el entretenimiento, etc.

Para realizar el reconocimiento de objetos, se requieren de algoritmos y modelos que puedan extraer y comparar las características visuales de los objetos, como el color, la forma, la textura, el tamaño, la posición, etc. Estos algoritmos y modelos deben ser capaces de lidiar con las variaciones en la iluminación, la perspectiva, la oclusión, el ruido y la deformación de los objetos. Además, deben ser capaces de reconocer múltiples objetos en una misma escena y clasificarlos en categorías predefinidas o aprendidas.

Reconocimiento de rostros: El reconocimiento facial es una tarea especializada que se utiliza para detectar y reconocer caras humanas en imágenes o videos. Se utiliza en aplicaciones como sistemas de seguridad, autenticación biométrica y etiquetado automático de fotos en redes sociales. El reconocimiento facial es una categoría de la seguridad biométrica, que se basa en las características físicas o biológicas de las personas para verificar o identificar su identidad. El reconocimiento facial tiene muchas aplicaciones potenciales en diversos campos, como la seguridad, la medicina, la educación, el entretenimiento, etc.

Para realizar el reconocimiento facial, se requieren de algoritmos y modelos que puedan extraer y comparar las características visuales de las caras, como la distancia entre los ojos, la forma de la nariz, el contorno de los labios, etc. Estos algoritmos y modelos deben ser capaces de lidiar con las variaciones en la iluminación, la perspectiva, la expresión, el maquillaje, el peinado y los accesorios de las personas. Además, deben ser capaces de reconocer múltiples caras en una misma escena y clasificarlas en categorías predefinidas o aprendidas.

Existen diferentes métodos y técnicas para realizar el reconocimiento facial, que se pueden clasificar en dos grandes grupos: los basados en modelos y los basados en apariencia. Los métodos basados en modelos utilizan representaciones geométricas o estructurales de las caras, como puntos de referencia faciales, modelos 3D o modelos activos de apariencia, para compararlos con las imágenes. Los métodos basados en apariencia utilizan imágenes de ejemplo o plantillas de las caras para realizar la comparación. Dentro de este grupo se encuentran los métodos basados en análisis de componentes principales, análisis discriminante lineal, redes neuronales convolucionales, FaceNet, ArcFace, etc.

Reconocimiento de gestos: Esta técnica se utiliza para identificar y comprender los gestos realizados por personas en imágenes o videos. Puede ser útil en aplicaciones de control de dispositivos por gestos o en sistemas de interacción humano-máquina.El reconocimiento de gestos puede ser útil en aplicaciones de control de dispositivos por gestos o en sistemas de interacción humano-máquina.

Algunas de las ventajas del reconocimiento de gestos son:

Permite una comunicación más natural y fluida entre los usuarios y los dispositivos, sin necesidad de dispositivos mecánicos o táctiles.

Facilita la accesibilidad y la inclusión de personas con discapacidades o limitaciones físicas, como las personas sordas o con problemas de habla.

Amplía las posibilidades de expresión y creatividad de los usuarios, al permitirles usar gestos para crear, modificar o controlar contenidos digitales.

Mejora la experiencia de usuario y el compromiso, al ofrecer una interfaz más intuitiva, dinámica y divertida.

Algunos de los desafíos del reconocimiento de gestos son:

Requiere de algoritmos y modelos avanzados que puedan extraer y comparar las características visuales de los gestos, como la forma, el movimiento, la orientación, etc.

Debe lidiar con las variaciones en la iluminación, el fondo, la oclusión, el ruido y la deformación de los gestos.

Debe ser capaz de reconocer múltiples gestos en una misma escena y clasificarlos en categorías predefinidas o aprendidas.

Debe respetar la privacidad y la seguridad de los usuarios, al evitar el almacenamiento o el uso indebido de sus imágenes o videos.

Clasificación de imágenes: La clasificación de imágenes implica asignar una etiqueta o categoría a una imagen basada en su contenido visual. Puede utilizarse para etiquetar automáticamente imágenes en colecciones grandes o para sistemas de recomendación basados en contenido.La clasificación de imágenes puede utilizarse para etiquetar automáticamente imágenes en colecciones grandes o para sistemas de recomendación basados en contenido.

Algunas de las ventajas de la clasificación de imágenes son:

Permite organizar y buscar imágenes de forma eficiente y rápida, según su temática o su relevancia.

Facilita el análisis y la comprensión de las imágenes, al proporcionar información semántica sobre su contenido.

Mejora la calidad y la precisión de otras tareas de visión artificial, como la detección, el reconocimiento o la segmentación de objetos.

Amplía las posibilidades de creación y generación de contenidos digitales, al permitir la síntesis, la edición o la transformación de imágenes.

Algunos de los desafíos de la clasificación de imágenes son:

Requiere de algoritmos y modelos avanzados que puedan extraer y comparar las características visuales de las imágenes, como el color, la forma, la textura, el tamaño, etc.

Debe lidiar con las variaciones en la iluminación, el fondo, la oclusión, el ruido y la deformación de las imágenes.

Debe ser capaz de reconocer múltiples categorías en una misma imagen y clasificarlas en categorías predefinidas o aprendidas.

Debe respetar la privacidad y la seguridad de los usuarios, al evitar el almacenamiento o el uso indebido de sus imágenes.

Rastreo de objetos: El rastreo de objetos implica seguir el movimiento de un objeto específico en una secuencia de imágenes o un video a medida que se desplaza a través del tiempo. El rastreo de objetos es una tarea importante y desafiante de la visión por computadora y la inteligencia artificial. El rastreo de objetos tiene muchas aplicaciones potenciales en diversos campos, como la seguridad, la medicina, la educación, el entretenimiento, etc.

Para realizar el rastreo de objetos, se requieren de algoritmos y modelos que puedan detectar, localizar y asociar el objeto de interés en cada imagen o cuadro del video. Estos algoritmos y modelos deben ser capaces de lidiar con las variaciones en la iluminación, el fondo, la oclusión, el ruido y la deformación del objeto. Además, deben ser capaces de adaptarse a los cambios en la apariencia, el tamaño, la forma y la orientación del objeto. También deben ser capaces de manejar múltiples objetos en una misma escena y distinguirlos entre sí.

Existen diferentes métodos y técnicas para realizar el rastreo de objetos, que se pueden clasificar en dos grandes grupos: los basados en modelos y los basados en apariencia. Los métodos basados en modelos utilizan representaciones geométricas o estructurales del objeto, como contornos activos, filtros de partículas o filtros de Kalman, para estimar su posición y movimiento. Los métodos basados en apariencia utilizan imágenes de ejemplo o plantillas del objeto para realizar la comparación. Dentro de este grupo se encuentran los métodos basados en correlación, histogramas, redes neuronales convolucionales, SiameseFC, SiamRPN, etc.

Estimación de profundidad: Esta técnica se utiliza para calcular la distancia relativa entre los objetos en una escena a partir de una sola imagen o una secuencia de imágenes. Puede ser fundamental en aplicaciones como la percepción en vehículos autónomos. La estimación de profundidad es una técnica que se utiliza para calcular la distancia relativa entre los objetos en una escena a partir de una sola imagen o una secuencia de imágenes. La estimación de profundidad puede ser fundamental en aplicaciones como la percepción en vehículos autónomos.

Algunas de las ventajas de la estimación de profundidad son:

Permite obtener una representación tridimensional del entorno, lo que facilita la navegación y la planificación de rutas.

Mejora la detección y el reconocimiento de objetos, al proporcionar información sobre su tamaño, forma y posición.

Amplía las posibilidades de creación y generación de contenidos digitales, al permitir la síntesis, la edición o la transformación de imágenes.

Algunos de los desafíos de la estimación de profundidad son:

Requiere de algoritmos y modelos avanzados que puedan inferir la profundidad a partir de pistas visuales, como el desenfoque, la perspectiva, el movimiento, etc.

Debe lidiar con las variaciones en la iluminación, el fondo, la oclusión, el ruido y la deformación de las imágenes.

Debe ser capaz de estimar la profundidad de forma precisa y consistente en diferentes escenarios y condiciones.

Segmentación semántica: Esta tarea va más allá de la segmentación tradicional y asigna etiquetas semánticas a cada píxel en una imagen para identificar los objetos y sus clases. La segmentación semántica es un algoritmo de aprendizaje profundo que se utiliza para reconocer un conjunto de píxeles que conforman distintas categorías, como personas, animales, vehículos, edificios, etc. La segmentación semántica tiene muchas aplicaciones potenciales en diversos campos, como la conducción autónoma, la generación de imágenes médicas, la inspección industrial, etc.

Para realizar la segmentación semántica, se requieren de algoritmos y modelos avanzados que puedan extraer y comparar las características visuales de las imágenes, como el color, la forma, la textura, el tamaño, etc. Estos algoritmos y modelos deben ser capaces de lidiar con las variaciones en la iluminación, el fondo, la oclusión, el ruido y la deformación de las imágenes. Además, deben ser capaces de reconocer múltiples categorías en una misma imagen y clasificarlas en categorías predefinidas o aprendidas.

Existen diferentes métodos y técnicas para realizar la segmentación semántica, que se pueden clasificar en dos grandes grupos: los basados en modelos y los basados en apariencia1. Los métodos basados en modelos utilizan representaciones geométricas o estructurales de los objetos, como contornos activos, filtros de partículas o filtros de Kalman, para estimar su posición y movimiento. Los métodos basados en apariencia utilizan imágenes de ejemplo o plantillas de los objetos para realizar la comparación. Dentro de este grupo se encuentran los métodos basados en correlación1, histogramas, redes neuronales convolucionales, U-Net, etc.

Superresolución: La superresolución se utiliza para mejorar la resolución y la calidad de las imágenes, lo que puede ser útil en aplicaciones como la mejora de imágenes médicas o de vigilancia. La superresolución consiste en reconstruir una imagen de alta resolución a partir de una o más imágenes de baja resolución, utilizando algoritmos y modelos que puedan inferir los detalles perdidos por la difracción, el ruido o la compresión. La superresolución puede ser clasificada en dos tipos: superresolución espacial y superresolución temporal.

La superresolución espacial se refiere a la reconstrucción de una imagen de alta resolución a partir de una sola imagen de baja resolución, utilizando información a priori sobre el dominio de la imagen, como el color, la textura, el borde, etc. La superresolución espacial se puede realizar mediante diferentes métodos y técnicas, como la interpolación, el aprendizaje basado en ejemplos, el aprendizaje profundo, etc.

La superresolución temporal se refiere a la reconstrucción de una imagen de alta resolución a partir de varias imágenes de baja resolución tomadas del mismo escenario en diferentes momentos, utilizando información sobre el movimiento y la alineación de las imágenes. La superresolución temporal se puede realizar mediante diferentes métodos y técnicas, como el registro de imágenes, la fusión de imágenes, el muestreo irregular, etc.

A medida que avanza la investigación en IA y el procesamiento de imágenes, se desarrollan continuamente nuevas técnicas y enfoques para abordar una amplia variedad de problemas visuales.

11. La robótica y qué componentes tiene un robot, como los sensores, los actuadores, los controladores, etc

La robótica es una disciplina que se encarga del diseño, construcción, programación y operación de robots. Un robot es una máquina o dispositivo mecánico que puede realizar tareas autónomamente o bajo control humano, y está compuesto por varios componentes clave que le permiten funcionar de manera efectiva. Los componentes principales de un robot suelen incluir:

Sensores: Los sensores son dispositivos que permiten al robot percibir y recopilar información sobre su entorno. Estos sensores pueden incluir cámaras, micrófonos, sensores de proximidad, sensores de temperatura, sensores de luz, acelerómetros, giroscopios, y muchos otros. Los sensores son esenciales para que el robot pueda tomar decisiones basadas en la información que recopila del mundo exterior. Los sensores pueden medir o detectar diferentes variables físicas o químicas, como la temperatura, la luz, el sonido, el movimiento, la presión, el flujo, la corriente, etc.

Los sensores convierten estas variables en señales eléctricas que pueden ser procesadas por un sistema electrónico o informático. Los sensores son esenciales para el funcionamiento de los robots, ya que les permiten adaptarse a las condiciones cambiantes del entorno y realizar tareas complejas.

Existen diferentes tipos de sensores según el tipo de variable que miden o detectan. Algunos ejemplos de tipos de sensores son:

Sensores de temperatura: son dispositivos que miden la temperatura del medio ambiente o de un objeto. Un ejemplo de sensor de temperatura es un termómetro.

Sensores de luz: son dispositivos que detectan la presencia e intensidad de la luz. Un ejemplo de sensor de luz es una célula fotoeléctrica.

Sensores de proximidad: son dispositivos que detectan la presencia o distancia de un objeto cercano sin contacto físico. Un ejemplo de sensor de proximidad es un sensor ultrasónico.

Sensores de presión: son dispositivos que miden la fuerza ejercida por un fluido o un gas sobre una superficie. Un ejemplo de sensor de presión es un manómetro.

Actuadores: Los actuadores son los componentes que permiten al robot realizar acciones físicas o movimientos. Los actuadores transforman las señales de control en movimientos físicos. Ejemplos de actuadores incluyen motores eléctricos, motores neumáticos, motores hidráulicos, servomotores y otros dispositivos que generan movimiento. Los actuadores son responsables de la locomoción, manipulación de objetos y otras acciones físicas que el robot puede llevar a cabo. Los actuadores pueden transformar energía hidráulica, neumática o eléctrica en fuerza mecánica, lo que facilita la manipulación y el desplazamiento de los robots. Los actuadores son esenciales para el funcionamiento de los robots, ya que les permiten adaptarse a las condiciones cambiantes del entorno y realizar tareas complejas.

Existen diferentes tipos de actuadores según el tipo de energía que utilizan o el tipo de movimiento que generan. Algunos ejemplos de tipos de actuadores son:

Actuadores hidráulicos: son dispositivos que utilizan un fluido a presión para generar una fuerza lineal o rotativa. Un ejemplo de actuador hidráulico es un cilindro hidráulico.

Actuadores neumáticos: son dispositivos que utilizan un gas comprimido para generar una fuerza lineal o rotativa. Un ejemplo de actuador neumático es un pistón neumático.

Actuadores eléctricos: son dispositivos que utilizan la electricidad para generar una fuerza lineal o rotativa. Un ejemplo de actuador eléctrico es un motor eléctrico.

Actuadores mecánicos: son dispositivos que utilizan mecanismos como engranajes, tornillos o palancas para generar una fuerza lineal o rotativa. Un ejemplo de actuador mecánico es un tornillo sin fin.

Controladores: Los controladores son componentes electrónicos y software que gestionan las operaciones del robot. Estos controladores procesan la información de los sensores y generan señales para controlar los actuadores. Los controladores pueden ser hardware dedicado, como microcontroladores o computadoras embebidas, y software especializado que ejecuta algoritmos de control para permitir que el robot tome decisiones y realice tareas de manera autónoma o bajo la supervisión humana.Estás en lo cierto, los controladores son componentes electrónicos y software que gestionan las operaciones del robot. Los controladores pueden recibir las señales de los sensores, procesarlas y enviar las órdenes a los actuadores para realizar las acciones físicas o movimientos del robot. Los controladores son esenciales para el funcionamiento de los robots, ya que les permiten adaptarse a las condiciones cambiantes del entorno y realizar tareas complejas.

Existen diferentes tipos de controladores según el nivel de abstracción, la arquitectura o la tecnología que utilizan. Algunos ejemplos de tipos de controladores son:

Controladores de bajo nivel: son dispositivos que se encargan de controlar directamente los actuadores del robot, como los motores, las válvulas o los relés. Un ejemplo de controlador de bajo nivel es un controlador PID.

Controladores de alto nivel: son dispositivos que se encargan de controlar la lógica y el comportamiento del robot, como la planificación, la navegación o el aprendizaje. Un ejemplo de controlador de alto nivel es un microcontrolador.

Controladores centralizados: son dispositivos que se encargan de controlar todos los aspectos del robot desde una única unidad central. Un ejemplo de controlador centralizado es un ordenador personal.

Controladores distribuidos: son dispositivos que se encargan de controlar diferentes partes del robot desde varias unidades locales. Un ejemplo de controlador distribuido es una red neuronal artificial.

Estructura mecánica: La estructura mecánica es el cuerpo del robot que alberga todos los componentes. Puede variar ampliamente en forma y diseño según la aplicación del robot. Puede ser un brazo robótico, un vehículo terrestre, un dron, un robot humanoide, entre otros. La estructura mecánica debe ser diseñada para permitir que los actuadores realicen movimientos precisos y que los sensores tengan una buena visión o percepción del entorno. La estructura mecánica puede tener diferentes formas y tamaños, dependiendo del tipo y la función del robot. La estructura mecánica debe ser capaz de soportar las cargas y los esfuerzos que se generan durante el movimiento y la operación del robot. Además, debe ser capaz de proteger los componentes internos del robot de posibles daños o interferencias externas.

La estructura mecánica puede estar compuesta por diferentes materiales, como metales, plásticos, madera, fibra de carbono, etc. La elección del material depende de factores como la resistencia, la rigidez, el peso, el costo, la disponibilidad, etc. La estructura mecánica puede estar formada por piezas sólidas o huecas, que se unen mediante soldadura, atornillado, encaje, etc.

La estructura mecánica puede estar inspirada en formas naturales o artificiales, como animales, plantas, humanos, vehículos, etc. La estructura mecánica puede tener un aspecto realista o estilizado, según el propósito y el público del robot. La estructura mecánica puede tener un diseño funcional o estético, según las necesidades y los gustos del usuario.

Alimentación eléctrica: Los robots necesitan una fuente de alimentación para funcionar. Esto puede incluir baterías, cables de alimentación o sistemas de carga inalámbrica, dependiendo de la aplicación y movilidad del robot.Estás en lo cierto, los robots necesitan una fuente de alimentación para funcionar. La fuente de alimentación es el dispositivo que se encarga de transformar la corriente alterna de la línea eléctrica comercial que se recibe en los domicilios en corriente continua o directa; que es la que utilizan los dispositivos electrónicos tales como televisores y computadoras, suministrando los diferentes voltajes requeridos por los componentes, incluyendo usualmente protección frente a eventuales inconvenientes en el suministro eléctrico, como la sobretensión.

Los robots pueden tener diferentes tipos de fuentes de alimentación, dependiendo de sus características y funciones. Algunos ejemplos de tipos de fuentes de alimentación para robots son:

Fuentes de alimentación lineales: son dispositivos que utilizan un transformador, un rectificador, un filtro y un regulador para convertir y estabilizar el voltaje de entrada. Son simples y confiables, pero poco eficientes y pesados.

Fuentes de alimentación conmutadas: son dispositivos que utilizan transistores de potencia para conmutar la corriente de entrada a alta frecuencia y obtener el voltaje deseado. Son más eficientes y compactos que las fuentes lineales, pero más complejos y ruidosos.

Fuentes de alimentación ininterrumpidas: son dispositivos que incorporan una batería o un generador auxiliar para mantener el suministro eléctrico en caso de corte o falla de la red. Son útiles para robots que requieren una alta fiabilidad y seguridad.

Fuentes de alimentación programables: son dispositivos que permiten ajustar el voltaje y la corriente de salida según las necesidades del robot. Son útiles para robots que requieren una alta flexibilidad y adaptabilidad.

Interfaz de usuario: En muchos casos, los robots tienen una interfaz de usuario que permite a los operadores humanos interactuar con el robot, dar comandos, supervisar sus acciones y recibir retroalimentación sobre su estado. Estas interfaces pueden incluir pantallas, joysticks, teclados, micrófonos y otros dispositivos de entrada/salida. La interfaz de usuario es el medio que permite la comunicación entre un usuario y una máquina, equipo, computadora o dispositivo, y comprende todos los puntos de contacto entre el usuario y el equipo.

Existen diferentes tipos de interfaces de usuario según cómo el usuario puede interactuar con el robot. Algunos ejemplos de tipos de interfaces de usuario para robots son:

Interfaz de voz: es una interfaz que permite al usuario dar órdenes o recibir información del robot mediante el lenguaje hablado. Un ejemplo de interfaz de voz es el asistente virtual Alexa.

Interfaz táctil: es una interfaz que permite al usuario manipular o controlar el robot mediante el contacto físico con una pantalla o un panel. Un ejemplo de interfaz táctil es el control remoto del robot Roomba.

Interfaz gestual: es una interfaz que permite al usuario comunicarse o dirigir el robot mediante gestos corporales o faciales. Un ejemplo de interfaz gestual es el robot NAO.

Interfaz gráfica: es una interfaz que permite al usuario visualizar o modificar los parámetros o las funciones del robot mediante elementos visuales como iconos, botones o menús. Un ejemplo de interfaz gráfica es el software RoboDK.

Software de control: El software de control es esencial para programar y operar el robot. Puede incluir sistemas operativos específicos para robots, software de programación, algoritmos de visión por computadora, algoritmos de planificación de movimiento y otros programas que permiten al robot funcionar de manera autónoma o bajo control humano.Estás en lo cierto, el software de control es esencial para programar y operar el robot. El software de control es el conjunto de programas e instrucciones que se encargan de gestionar y coordinar las acciones del robot, según los objetivos y las condiciones del entorno. El software de control puede estar integrado en el propio robot o en un dispositivo externo, como un ordenador o una tableta. El software de control puede tener diferentes niveles de complejidad y autonomía, dependiendo del tipo y la función del robot.

Algunos ejemplos de tipos de software de control para robots son:

Software de control reactivo: es un tipo de software que se basa en reglas simples y predefinidas para responder a los estímulos del entorno. No tiene memoria ni planificación, solo reacciona a las situaciones que se presentan. Un ejemplo de software de control reactivo es el que utiliza el robot Roomba1 para limpiar el suelo.

Software de control deliberativo: es un tipo de software que se basa en modelos internos y externos para planificar y ejecutar las acciones del robot. Tiene memoria y capacidad de razonamiento, pero requiere mucho tiempo y recursos para procesar la información. Un ejemplo de software de control deliberativo es el que utiliza el robot Curiosity para explorar Marte.

Software de control híbrido: es un tipo de software que combina elementos reactivos y deliberativos para lograr un equilibrio entre rapidez y precisión. Tiene memoria y capacidad de adaptación, pero también puede reaccionar a situaciones imprevistas. Un ejemplo de software de control híbrido es el que utiliza el robot NAO para interactuar con las personas.

Los robots están compuestos por una combinación de sensores, actuadores, controladores, estructuras mecánicas y software que les permiten interactuar con su entorno y llevar a cabo tareas específicas de manera autónoma o teleoperada. Estos componentes trabajan en conjunto para lograr la funcionalidad deseada del robot en una amplia variedad de aplicaciones.

12. La inteligencia artificial en diferentes campos o sectores.

La inteligencia artificial (IA) tiene una amplia variedad de aplicaciones en diferentes campos y sectores.

Medicina:

Diagnóstico médico: La IA puede analizar imágenes médicas, como radiografías y resonancias magnéticas, para ayudar en la detección temprana de enfermedades.

Descubrimiento de fármacos: La IA se utiliza para acelerar la identificación de compuestos químicos prometedores para el desarrollo de medicamentos.

Telemedicina: Facilita la atención médica remota y la monitorización de pacientes a través de chatbots y aplicaciones de seguimiento.La inteligencia artificial (IA) tiene una amplia variedad de aplicaciones en diferentes campos y sectores. Uno de ellos es la medicina, donde la IA puede ayudar a mejorar la calidad y la eficiencia de los servicios de salud, así como a impulsar la investigación y el desarrollo de nuevos tratamientos y fármacos. Algunas de las aplicaciones de la IA en medicina son:

Diagnóstico y detección de enfermedades: La IA puede analizar grandes cantidades de datos médicos, como historiales clínicos, pruebas de laboratorio, imágenes radiológicas, etc., para detectar patrones y anomalías que indiquen la presencia o el riesgo de una enfermedad. La IA puede ofrecer diagnósticos más precisos, rápidos y personalizados, lo que puede mejorar el pronóstico y el tratamiento de los pacientes. Por ejemplo, la IA puede ayudar a diagnosticar el cáncer, la diabetes, el alzhéimer, etc.

Atención clínica: La IA puede asistir al personal médico en la toma de decisiones, la prescripción de medicamentos, la monitorización de pacientes, la prevención de errores, etc. La IA puede mejorar la seguridad, la calidad y la eficiencia de la atención clínica, así como reducir los costes y las cargas de trabajo. Por ejemplo, la IA puede ayudar a administrar la anestesia, a realizar cirugías asistidas por robot, a prevenir las infecciones nosocomiales, etc.

Investigación y desarrollo: La IA puede facilitar el descubrimiento y la creación de nuevos fármacos, vacunas, terapias, dispositivos médicos, etc. La IA puede acelerar el proceso de investigación y desarrollo, al reducir el tiempo, el costo y el riesgo de los ensayos clínicos. La IA también puede generar nuevos conocimientos e hipótesis a partir del análisis de datos científicos. Por ejemplo, la IA puede ayudar a desarrollar vacunas contra el COVID-19, a diseñar moléculas con propiedades terapéuticas, a crear órganos artificiales, etc.

Industria y Manufactura:

Automatización de procesos: La IA se utiliza en la robótica y la automatización de líneas de producción para mejorar la eficiencia y la calidad.

Mantenimiento predictivo: Permite predecir cuándo es necesario realizar mantenimiento en maquinaria industrial, reduciendo costos y tiempos de inactividad. La IA se utiliza en la industria y la manufactura para automatizar procesos y predecir el mantenimiento de la maquinaria.

Estas son algunas de las ventajas que ofrece la IA en estos campos:

Automatización de procesos: La IA permite controlar y optimizar las tareas o actividades que se realizan mediante software o robots. Esto puede mejorar la eficiencia, la calidad, la seguridad y la rentabilidad de los procesos industriales y manufactureros. Por ejemplo, la IA puede ayudar a automatizar la producción de piezas, el ensamblaje de productos, el empaquetado, el almacenamiento, el transporte, etc1.

Mantenimiento predictivo: La IA permite analizar los datos operativos y el estado de los equipos para detectar anomalías y posibles defectos que puedan causar fallos o averías. Esto puede reducir los costes y los tiempos de inactividad asociados al mantenimiento correctivo o preventivo. Por ejemplo, la IA puede ayudar a predecir el desgaste de las piezas, el rendimiento de los motores, las condiciones ambientales, etc.

Investigación y Ciencia:

Análisis de datos: La IA ayuda en la interpretación de grandes conjuntos de datos en campos como la genómica, la astrofísica y la investigación climática.

Simulaciones: Se utiliza en modelos y simulaciones para comprender fenómenos complejos, como la simulación de reacciones químicas o el comportamiento de sistemas biológicos.

La IA ayuda en la interpretación de grandes conjuntos de datos en campos como la genómica, la astrofísica y la investigación climática. La IA puede utilizar técnicas como el aprendizaje automático, la minería de datos, la estadística o la visualización para extraer información relevante, descubrir patrones, generar hipótesis o validar resultados. Por ejemplo, la IA puede ayudar a analizar el ADN de diferentes especies1, a detectar ondas gravitacionales2 o a predecir el cambio climático3.

Simulaciones: La IA se utiliza en modelos y simulaciones para comprender fenómenos complejos, como la simulación de reacciones químicas o el comportamiento de sistemas biológicos. La IA puede utilizar técnicas como el modelado matemático, la computación paralela, el aprendizaje profundo o la realidad virtual para crear y ejecutar simulaciones que reproduzcan las condiciones y los procesos del mundo real. Por ejemplo, la IA puede ayudar a simular el plegamiento de proteínas, el desarrollo de embriones o el funcionamiento del cerebro.

Arte y Creatividad:

Generación de arte: La IA puede crear arte visual y musical, así como escribir poesía y literatura.

La IA puede crear arte visual y musical, así como escribir poesía y literatura. La IA puede utilizar técnicas como el aprendizaje profundo, la generación de imágenes, el procesamiento del lenguaje natural o la síntesis de sonido para producir obras de arte originales o inspiradas en otros artistas. Por ejemplo, la IA puede ayudar a crear imágenes a partir de texto, a componer canciones, a escribir cuentos o a imitar estilos pictóricos.

Edición de medios: La IA se utiliza para mejorar la edición de imágenes, video y audio. La IA puede utilizar técnicas como el reconocimiento facial, la segmentación semántica, el reemplazo de fondo o la restauración de color para modificar o mejorar los medios digitales. Por ejemplo, la IA puede ayudar a editar vídeos con facilidad, a mejorar la calidad de las imágenes, a eliminar el ruido del audio o a cambiar el tono de voz.

Educación:

Tutoría personalizada: Los sistemas de IA pueden proporcionar a los estudiantes un aprendizaje personalizado y recomendaciones de contenido.

Evaluación automatizada: Se utiliza para calificar exámenes y tareas de manera eficiente. La IA puede ayudar a los estudiantes a aprender de forma más eficaz y personalizada, adaptándose a su ritmo, nivel y preferencias. Por ejemplo, hay plataformas de aprendizaje en línea que usan algoritmos de IA para recomendar cursos, actividades y recursos según el perfil y el progreso de cada estudiante.

La IA también puede facilitar la labor de los profesores, automatizando tareas como la evaluación, el seguimiento y la retroalimentación. Así, los profesores pueden dedicar más tiempo a la interacción humana y a la orientación pedagógica. Por ejemplo, hay herramientas de IA que pueden calificar exámenes de opción múltiple, ensayos escritos e incluso expresiones matemáticas.

La IA puede contribuir a mejorar la calidad y la equidad de la educación, ofreciendo oportunidades de aprendizaje a personas que no tienen acceso a una educación formal o que enfrentan barreras como el idioma, la discapacidad o la distancia. Por ejemplo, hay aplicaciones de IA que pueden traducir textos y audios en tiempo real, facilitando la comunicación entre estudiantes y profesores de diferentes lenguas.

Entretenimiento:

Videojuegos: La IA se utiliza para crear personajes no jugadores (NPCs) más realistas y desafiantes.

Recomendaciones de contenido: Plataformas de streaming utilizan IA para sugerir películas, series y música a los usuarios. La IA puede mejorar la experiencia de los videojuegos, creando personajes no jugadores (NPCs) que se comportan de forma más natural, inteligente y adaptativa. Por ejemplo, hay videojuegos que usan redes neuronales para generar diálogos, expresiones faciales y movimientos de los NPCs según el contexto y las acciones del jugador.

La IA también puede ayudar a los usuarios a descubrir contenido que les guste, basándose en sus preferencias, hábitos y opiniones. Por ejemplo, hay plataformas de streaming que usan sistemas de recomendación para sugerir películas, series y música a los usuarios, teniendo en cuenta sus calificaciones, comentarios y patrones de consumo.

Finanzas:

Predicción de mercados: La IA se utiliza para analizar patrones en los mercados financieros y hacer predicciones.

Detección de fraudes: Ayuda a identificar transacciones sospechosas y actividades fraudulentas en las tarjetas de crédito y cuentas bancarias.

La IA puede ayudar a los inversores y analistas a predecir el comportamiento de los mercados financieros, utilizando técnicas de aprendizaje automático para procesar grandes cantidades de datos históricos, noticias, redes sociales y otros indicadores. Por ejemplo, hay empresas que usan IA para generar señales de trading, pronósticos de precios y estrategias de inversión.

La IA también puede ayudar a prevenir y detectar fraudes, utilizando algoritmos de detección de anomalías para identificar transacciones sospechosas y actividades fraudulentas en las tarjetas de crédito y cuentas bancarias. Por ejemplo, hay bancos que usan IA para monitorizar el comportamiento de los clientes, alertar sobre posibles fraudes y bloquear operaciones fraudulentas.

Transporte:

Vehículos autónomos: La IA juega un papel fundamental en el desarrollo de vehículos sin conductor.

Gestión del tráfico: Ayuda a optimizar el flujo de tráfico en las ciudades y mejorar la seguridad vial.

La IA puede contribuir al desarrollo de vehículos autónomos, que son capaces de conducir sin intervención humana, utilizando sensores, cámaras y algoritmos de visión artificial, reconocimiento de objetos y planificación de rutas. Por ejemplo, hay empresas como Tesla, Waymo y Uber que están trabajando en proyectos de vehículos autónomos.

La IA también puede ayudar a mejorar la gestión del tráfico en las ciudades, utilizando técnicas de análisis de datos, optimización y simulación para controlar los semáforos, las señales y las cámaras de tráfico, reducir la congestión y mejorar la seguridad vial. Por ejemplo, hay ciudades como Barcelona, Singapur y Nueva York que están implementando sistemas inteligentes de gestión del tráfico.

Servicios al Cliente:

Chatbots y asistentes virtuales: Proporcionan soporte al cliente las 24 horas del día, los 7 días de la semana, en línea.La IA puede mejorar la calidad y la eficiencia de los servicios al cliente, utilizando chatbots y asistentes virtuales que pueden interactuar con los clientes en línea, resolver sus dudas, ofrecerles información y sugerencias, y derivarlos a agentes humanos si es necesario. Por ejemplo, hay empresas como Amazon, Apple y Microsoft que usan chatbots y asistentes virtuales para atender a sus clientes.

La IA también puede ayudar a los agentes humanos a brindar un mejor servicio al cliente, utilizando sistemas de análisis de voz y texto que pueden detectar el estado de ánimo, la intención y la satisfacción de los clientes, y proporcionar a los agentes consejos, respuestas y soluciones. Por ejemplo, hay empresas como IBM, Google y Salesforce que usan sistemas de análisis de voz y texto para mejorar los servicios al cliente.

Agricultura:

Agricultura de precisión: La IA se utiliza para optimizar el uso de recursos, como el riego y los fertilizantes, en la agricultura. La IA puede ayudar a mejorar la productividad y la sostenibilidad de la agricultura, utilizando técnicas de agricultura de precisión que permiten optimizar el uso de recursos, como el riego y los fertilizantes, en función de las condiciones del suelo, el clima y las necesidades de los cultivos. Por ejemplo, hay empresas como Microsoft, IBM y Google que usan sensores, drones, satélites e inteligencia artificial para ofrecer soluciones de agricultura de precisión.

La IA también puede ayudar a prevenir y controlar plagas y enfermedades en los cultivos, utilizando sistemas de visión artificial y reconocimiento de patrones que pueden detectar e identificar síntomas de estrés biótico y abiótico en las plantas. Por ejemplo, hay aplicaciones como Plantix, AgroPestAlert y PlantVillage que usan inteligencia artificial para diagnosticar y tratar problemas fitosanitarios.

13.Desafíos y limitaciones que tiene la inteligencia artificial y cómo se pueden superar o mitigar

La inteligencia artificial (IA) ha avanzado significativamente en las últimas décadas, pero aún enfrenta varios desafíos y limitaciones. Aquí hay una lista de algunos de los principales desafíos y cómo se pueden superar o mitigar:

Falta de comprensión profunda: Aunque las redes neuronales y otros enfoques de IA pueden realizar tareas específicas, a menudo carecen de una comprensión real de los datos. Esto significa que pueden cometer errores inesperados.

Superación/mitigación: Investigación en IA explicable y transparente para mejorar la comprensión de los modelos y desarrollar sistemas que puedan justificar sus decisiones.

. Esto significa que los sistemas de IA pueden realizar tareas específicas, pero no entienden realmente el significado o el contexto de los datos que procesan. Por ejemplo, un sistema de IA puede reconocer objetos en una imagen, pero no sabe qué son esos objetos o para qué sirven. Esto puede llevar a errores inesperados o absurdos.

Algunas posibles formas de superar o mitigar este desafío son:

Investigar en técnicas de IA explicable y transparente, que permitan entender mejor cómo funcionan los modelos de IA y cómo llegan a sus decisiones.

Incorporar conocimiento previo y razonamiento lógico en los sistemas de IA, para que puedan inferir información adicional y resolver ambigüedades.

Combinar diferentes modalidades de datos, como texto, imagen y sonido, para crear sistemas de IA más ricos y completos.

Diseñar sistemas de IA que puedan interactuar con humanos y aprender de ellos, mediante preguntas, respuestas y retroalimentación.

Sesgo y equidad: Los modelos de IA pueden aprender sesgos presentes en los datos de entrenamiento, lo que lleva a decisiones injustas o discriminatorias.

Superación/mitigación: Auditoría de datos, selección de datos equilibrados, ajuste de algoritmos para reducir sesgos, y regulaciones y estándares éticos.

Esto significa que los modelos de IA pueden aprender sesgos presentes en los datos de entrenamiento, lo que puede llevar a decisiones injustas o discriminatorias hacia ciertos grupos o individuos. Por ejemplo, un sistema de IA puede discriminar a las personas por su género, raza, edad u orientación sexual.

Algunas posibles formas de superar o mitigar este desafío son:

Asegurar la diversidad y la representatividad de los datos de entrenamiento, evitando datos incompletos, desequilibrados o sesgados.

Aplicar técnicas de auditoría y evaluación de los modelos de IA, para detectar y corregir posibles sesgos o errores.

Establecer principios y normas éticas para el desarrollo y el uso de la IA, que garanticen el respeto a los derechos humanos y los valores democráticos.

Fomentar la participación y la transparencia de los actores involucrados en la IA, como los desarrolladores, los usuarios y la sociedad en general.

Escasez de datos: Muchos algoritmos de IA requieren grandes cantidades de datos etiquetados para funcionar correctamente.

Superación/mitigación: Técnicas de aumento de datos, transferencia de conocimiento, y el desarrollo de algoritmos de aprendizaje con pocos ejemplos. Esto significa que muchos algoritmos de IA requieren grandes cantidades de datos etiquetados para funcionar correctamente, pero a veces estos datos son difíciles de obtener, costosos o escasos.

Algunas posibles formas de superar o mitigar este desafío, son:

Técnicas de aumento de datos: Consisten en generar nuevos datos a partir de los existentes, mediante transformaciones como el ruido, la rotación, el recorte o el cambio de color. Estas técnicas permiten aumentar la cantidad y la variedad de los datos, y mejorar el rendimiento y la generalización de los modelos de IA.

Transferencia de conocimiento: Consiste en aprovechar el conocimiento aprendido por un modelo de IA en un dominio o tarea para aplicarlo a otro dominio o tarea relacionado. Esta técnica permite reducir la cantidad de datos necesarios para entrenar un nuevo modelo, y acelerar el proceso de aprendizaje.

Aprendizaje con pocos ejemplos: Consiste en desarrollar algoritmos de IA que puedan aprender a partir de pocos datos, imitando la capacidad humana de generalizar a partir de experiencias limitadas. Esta técnica permite crear modelos de IA más eficientes y robustos, que puedan adaptarse a situaciones nuevas o cambiantes.

Consumo de recursos y eficiencia: Algunos modelos de IA son extremadamente grandes y requieren una cantidad significativa de recursos computacionales y energía.

Superación/mitigación: Investigación en modelos más eficientes, hardware especializado, y prácticas de entrenamiento más sostenibles.

Algunos modelos de IA son extremadamente grandes y requieren una cantidad significativa de recursos computacionales y energía, lo que puede tener un impacto negativo en el medio ambiente y la sociedad.

Investigación en modelos más eficientes: Consiste en desarrollar modelos de IA más pequeños y rápidos, que puedan realizar las mismas tareas con menos recursos y energía. Por ejemplo, hay técnicas como la poda, la cuantización, la destilación y la compresión que permiten reducir el tamaño y la complejidad de los modelos de IA.

Hardware especializado: Consiste en diseñar y utilizar dispositivos y chips específicos para la IA, que puedan procesar los datos de forma más eficiente y con menor consumo energético. Por ejemplo, hay empresas como Nvidia, Intel y Google que están creando hardware especializado para la IA.

Prácticas de entrenamiento más sostenibles: Consiste en adoptar medidas para minimizar el impacto ambiental del entrenamiento de los modelos de IA, como el uso de fuentes de energía renovables, el reciclaje de los datos y el hardware, y la optimización de los procesos y los parámetros. Por ejemplo, hay iniciativas como Green AI, Climate Change AI y AI for Good que promueven prácticas de entrenamiento más sostenibles.

Privacidad y seguridad: Los datos utilizados para entrenar y aplicar modelos de IA pueden ser sensibles y deben protegerse contra el acceso no autorizado.

Superación/mitigación: Técnicas de preservación de la privacidad, como el aprendizaje federado, y sistemas de seguridad robustos.

Los datos utilizados para entrenar y aplicar modelos de IA pueden ser sensibles y deben protegerse contra el acceso no autorizado, el robo, la manipulación o el uso indebido. Por ejemplo, un sistema de IA puede violar la privacidad de las personas al recopilar, almacenar o compartir sus datos personales sin su consentimiento.

Algunas posibles formas de superar o mitigar este desafío son:

Aplicar técnicas de protección de datos, como el cifrado, la anonimización, el federado o el diferencial, que permiten entrenar y aplicar modelos de IA sin comprometer la seguridad o la privacidad de los datos. Por ejemplo, hay empresas como Microsoft, IBM y Google que usan técnicas de protección de datos para ofrecer servicios de IA seguros y privados.

Implementar medidas de seguridad, como la autenticación, la autorización, la monitorización y la auditoría, que permiten prevenir y detectar posibles ataques o intrusiones en los sistemas de IA. Por ejemplo, hay empresas como Amazon, Apple y Facebook que usan medidas de seguridad para proteger sus sistemas de IA contra amenazas externas o internas.

Cumplir con las leyes y regulaciones sobre protección de datos, como el GDPR (Reglamento General de Protección de Datos) en Europa o el CCPA (Ley de Privacidad del Consumidor de California) en Estados Unidos, que establecen los derechos y obligaciones de los usuarios y proveedores de servicios de IA en relación con los datos personales. Por ejemplo, hay organizaciones como la Unión Europea, las Naciones Unidas y la OCDE que promueven leyes y regulaciones sobre protección de datos.

Interpretación y explicación: La IA a menudo produce resultados difíciles de interpretar, lo que dificulta la confianza y la adopción en aplicaciones críticas.

Superación/mitigación: Desarrollo de métodos de explicación de IA y sistemas que pueden comunicar sus procesos y razonamientos de manera comprensible.

La IA a menudo produce resultados difíciles de interpretar, lo que dificulta la confianza y la adopción en aplicaciones críticas. Por ejemplo, un sistema de IA puede diagnosticar una enfermedad, pero no explicar cómo llegó a esa conclusión.

Algunas posibles formas de superar o mitigar este desafío son:

Desarrollar métodos de explicación de IA, que permitan entender mejor cómo funcionan los modelos de IA y cómo llegan a sus decisiones. Por ejemplo, hay técnicas como el análisis de sensibilidad, la perturbación o el contraste que permiten identificar los factores más relevantes o influyentes en los resultados de la IA.

Desarrollar sistemas que puedan comunicar sus procesos y razonamientos de manera comprensible, utilizando lenguaje natural, gráficos o ejemplos. Por ejemplo, hay sistemas como LIME, SHAP o XAI que pueden generar explicaciones verbales o visuales para los resultados de la IA.

Incorporar mecanismos de interacción y retroalimentación entre los sistemas de IA y los usuarios, para que puedan resolver dudas, aclarar conceptos o corregir errores. Por ejemplo, hay sistemas como CoCoA, Cogent o Explainable AI Planning que pueden dialogar con los usuarios y aprender de sus comentarios.

Adaptación al cambio: Los modelos de IA pueden volverse obsoletos rápidamente debido a cambios en los datos o las condiciones del entorno.

Superación/mitigación: Desarrollo de sistemas de IA capaces de aprender de manera continua y adaptarse a nuevas circunstancias.

Los modelos de IA pueden volverse obsoletos rápidamente debido a cambios en los datos o las condiciones del entorno. Por ejemplo, un sistema de IA puede fallar al reconocer objetos nuevos o situaciones imprevistas.

Algunas posibles formas de superar o mitigar este desafío son:

Desarrollar métodos de aprendizaje continuo, que permitan a los modelos de IA actualizar y mejorar sus conocimientos y habilidades a lo largo del tiempo, sin olvidar lo que ya han aprendido. Por ejemplo, hay técnicas como la memoria externa, la regularización o la consolidación que permiten evitar el olvido catastrófico en los modelos de IA.

Desarrollar sistemas que puedan adaptarse a entornos dinámicos y complejos, utilizando técnicas de aprendizaje por refuerzo, aprendizaje activo o aprendizaje multiagente. Por ejemplo, hay sistemas como AlphaGo, Curious Minded Machine o OpenAI Five que pueden aprender a través de la interacción con el entorno y con otros agentes.

Desarrollar sistemas que puedan transferir su conocimiento a dominios o tareas diferentes, utilizando técnicas de aprendizaje por transferencia, aprendizaje multitarea o meta-aprendizaje. Por ejemplo, hay sistemas como BERT, GPT-3 o MetaMind que pueden aplicar su conocimiento general a tareas específicas.

Ética y gobernanza: La IA plantea cuestiones éticas y de gobernanza importantes, como la responsabilidad por decisiones automatizadas.

Superación/mitigación: Establecimiento de marcos éticos y legales, y la promoción de la transparencia y la responsabilidad en el desarrollo y uso de la IA.

La IA plantea cuestiones éticas y de gobernanza importantes, como la responsabilidad por decisiones automatizadas, el impacto social y ambiental, el respeto a los derechos humanos y los valores democráticos, y la participación y el control de los actores involucrados.

Algunas posibles formas de superar o mitigar este desafío son:

Establecer principios y normas éticas para el desarrollo y el uso de la IA, que reflejen los valores y las expectativas de la sociedad, y que garanticen el bienestar, la justicia, la inclusión y la diversidad. Por ejemplo, hay iniciativas como la Declaración Universal de Ética para la Inteligencia

Artificial, los Principios de Asilomar o los Principios de Montreal que proponen principios éticos para la IA.

Implementar mecanismos de gobernanza y regulación para la IA, que aseguren el cumplimiento de las leyes y las normas éticas, y que protejan los derechos e intereses de los usuarios y proveedores de servicios de IA. Por ejemplo, hay organismos como la Unión Europea, las Naciones Unidas o la OCDE que promueven mecanismos de gobernanza y regulación para la IA.

Fomentar la participación y la transparencia de los actores involucrados en la IA, como los desarrolladores, los usuarios, los investigadores, los gobiernos, las empresas y la sociedad civil, para que puedan expresar sus opiniones, preocupaciones y expectativas sobre la IA. Por ejemplo, hay plataformas como AI4People, Partnership on AI o AI Commons que facilitan el diálogo y la colaboración entre los actores involucrados en la IA.

Limitaciones en el rendimiento humano: Aunque la IA ha avanzado en tareas específicas, aún está lejos de igualar la inteligencia general humana.

Superación/mitigación: Investigación en IA general, que busca desarrollar sistemas más versátiles y flexibles.

La IA ha avanzado en tareas específicas, aún está lejos de igualar la inteligencia general humana, que es la capacidad de comprender y resolver una variedad de problemas complejos y abstractos.

Algunas posibles formas de superar o mitigar este desafío son:

Investigar en IA general, que busca desarrollar sistemas de IA que puedan realizar cualquier tarea intelectual que un humano pueda hacer, y que puedan aprender y razonar de forma autónoma y creativa. Por ejemplo, hay proyectos como OpenAI, DeepMind o GoodAI que están trabajando en IA general.

Combinar la IA con la inteligencia humana, creando sistemas híbridos o colaborativos que puedan aprovechar las fortalezas de ambos tipos de inteligencia, y que puedan interactuar y comunicarse de forma natural y efectiva. Por ejemplo, hay sistemas como Watson, Cortana o Siri que pueden asistir a los humanos en diversas tareas.

Estudiar la inteligencia humana, utilizando técnicas de neurociencia, psicología o ciencias cognitivas para entender mejor cómo funciona el cerebro humano y cómo se puede emular o mejorar con la IA. Por ejemplo, hay sistemas como BrainNet, Neuralink o Kernel que pueden conectar el cerebro humano con la IA.

Efectos secundarios no deseados: Los sistemas de IA pueden tener comportamientos imprevistos o no deseados, como la generación de contenido perjudicial.

Los sistemas de IA pueden tener comportamientos imprevistos o no deseados, como la generación de contenido perjudicial, la violación de normas sociales o éticas, o la competencia con otros agentes o humanos. *Superación/mitigación*: Pruebas exhaustivas, monitoreo constante y mecanismos de control para minimizar los efectos secundarios no deseados.

Algunas posibles formas de superar o mitigar este desafío son:

Desarrollar métodos de alineación de objetivos, que permitan asegurar que los sistemas de IA actúen de acuerdo con los valores y las preferencias de los humanos, y que puedan corregir o evitar acciones que sean contrarias a ellos. Por ejemplo, hay técnicas como la programación inversa de refuerzo, el aprendizaje por imitación o el aprendizaje por preferencias que permiten alinear los objetivos de la IA con los humanos.

Desarrollar sistemas que puedan predecir y evaluar las consecuencias de sus acciones, utilizando técnicas de planificación, simulación o análisis causal. Por ejemplo, hay sistemas como Moral Machine, Causal Calculator o PlanExplain que pueden predecir y evaluar los efectos secundarios de sus acciones.

Desarrollar sistemas que puedan cooperar y coordinarse con otros agentes o humanos, utilizando técnicas de negociación, comunicación o colaboración. Por ejemplo, hay sistemas como Wolfpack, Hanabi o CoCoA que pueden cooperar y coordinarse con otros agentes o humanos.

Es importante destacar que muchos de estos desafíos no tienen soluciones definitivas, y la IA continuará evolucionando con nuevos desafíos a medida que se desarrolle. La colaboración entre la comunidad de investigación, la industria y los reguladores es esencial para abordar estos problemas de manera efectiva y ética.

14. Impacto social y económico de la inteligencia artificial, cómo se puede regular o gestionar para que sea beneficiosa para la humanidad

La inteligencia artificial (IA) tiene un impacto significativo tanto en el ámbito social como en el económico, y su influencia en la sociedad continúa creciendo. A continuación, se describen algunos de los impactos sociales y económicos de la IA, así como algunas formas de regular y gestionar esta tecnología para que sea beneficiosa para la humanidad:

Impacto Social de la Inteligencia Artificial:

Automatización de trabajos: La IA y la automatización pueden reemplazar o cambiar la naturaleza de ciertos trabajos, lo que puede llevar a la pérdida de empleos en algunas industrias. Esto puede tener un impacto social negativo si no se abordan adecuadamente las transiciones laborales.

La inteligencia artificial y la automatización pueden reemplazar o cambiar la naturaleza de ciertos trabajos, lo que puede llevar a la pérdida de empleos en algunas industrias. Por ejemplo, un sistema de IA puede realizar tareas repetitivas, rutinarias o peligrosas que antes hacían los humanos, como la contabilidad, el transporte o la fabricación.

Sin embargo, este efecto no es necesariamente negativo, ya que también puede generar nuevas oportunidades y beneficios para los trabajadores y las empresas. Por ejemplo, un estudio del Foro Económico Mundial1 indica que la inteligencia artificial y la automatización crearán 97 millones de nuevos empleos para 2025, superando a los 85 millones que destruirán. Además, la inteligencia artificial y la automatización pueden mejorar la productividad, la calidad y la innovación de los productos y servicios, lo que puede aumentar el crecimiento económico y el bienestar social.

Para aprovechar las ventajas y minimizar los riesgos de la inteligencia artificial y la automatización en el mercado laboral, se requieren algunas medidas como:

Fomentar la formación y el reciclaje profesional de los trabajadores, para que puedan adquirir las habilidades y competencias necesarias para adaptarse a los cambios tecnológicos y acceder a los nuevos empleos.

Promover la colaboración entre humanos y máquinas, creando sistemas híbridos o complementarios que puedan aprovechar las fortalezas de ambos tipos de inteligencia, y que puedan interactuar y comunicarse de forma natural y efectiva.

Garantizar la protección social y laboral de los trabajadores, estableciendo normas y regulaciones que aseguren el respeto a los derechos, las condiciones y la seguridad de los trabajadores afectados por la inteligencia artificial y la automatización.

Mejora de la atención médica: La IA puede ayudar a acelerar el diagnóstico y tratamiento de enfermedades, mejorar la precisión de la medicina personalizada y reducir costos en el sector de la salud.

La IA puede acelerar el diagnóstico y tratamiento de enfermedades: La IA puede analizar imágenes médicas, como radiografías, tomografías o resonancias, y detectar signos de enfermedades como el cáncer, la neumonía o el alzhéimer. Por ejemplo, hay sistemas de IA que pueden diagnosticar el cáncer de mama con una precisión del 99%1. La IA también puede ayudar a los médicos a elegir el mejor tratamiento para cada paciente, basándose en su historial clínico, sus características genéticas y los resultados de ensayos clínicos. Por ejemplo, hay sistemas de IA que pueden recomendar el tratamiento óptimo para el cáncer de pulmón.

Mejorar la precisión de la medicina personalizada: La IA puede utilizar los datos genómicos, proteómicos y metabólicos de los pacientes para identificar biomarcadores y predecir su respuesta a diferentes fármacos. Por ejemplo, hay sistemas de IA que pueden predecir la respuesta a la inmunoterapia en pacientes con melanoma3. La IA también puede diseñar fármacos personalizados para cada paciente, utilizando técnicas de modelado molecular y simulación. Por ejemplo, hay sistemas de IA que pueden crear fármacos específicos para cada paciente con enfermedades raras.

Reducir costos en el sector de la salud: La IA puede optimizar el uso de recursos y mejorar la eficiencia en los procesos sanitarios, reduciendo el tiempo, el dinero y el personal necesarios. Por ejemplo, hay sistemas de IA que pueden automatizar tareas administrativas, como la gestión de citas, la facturación o el reembolso. La IA también puede reducir las visitas innecesarias al médico o al hospital, utilizando chatbots o asistentes virtuales que pueden ofrecer consejos médicos o monitorizar la salud de los pacientes a distancia. Por ejemplo, hay sistemas de IA que pueden evaluar los síntomas de los pacientes y orientarlos al servicio sanitario más adecuado.

Personalización y recomendaciones: Los algoritmos de IA impulsan las recomendaciones de contenido en plataformas de entretenimiento y comercio electrónico, lo que puede influir en nuestras decisiones y comportamientos.

los algoritmos de IA impulsan las recomendaciones de contenido en plataformas de entretenimiento y comercio electrónico, lo que puede influir en nuestras decisiones y comportamientos. A continuación, te comparto algunos ejemplos de cómo la IA hace esto:

La IA puede analizar los datos de los usuarios, como sus gustos, hábitos, opiniones y compras anteriores, y utilizar el aprendizaje automático para predecir sus preferencias y necesidades. Por ejemplo, hay plataformas como Netflix, Spotify o Amazon que usan algoritmos de IA para recomendar películas, series, música o productos a los usuarios, basándose en sus calificaciones, comentarios y patrones de consumo.

La IA también puede generar contenido nuevo o personalizado para los usuarios, utilizando técnicas de generación de texto, imagen o sonido. Por ejemplo, hay plataformas como TikTok, Instagram o YouTube que usan algoritmos de IA para crear vídeos, filtros o efectos para los usuarios, basándose en sus intereses, tendencias o estilos.

La IA puede adaptar el contenido a las características y el contexto de los usuarios, utilizando técnicas de segmentación, personalización o contextualización. Por ejemplo, hay plataformas como Facebook, Twitter o Google que usan algoritmos de IA para adaptar el contenido que muestran a los usuarios, teniendo en cuenta sus perfiles, ubicaciones o dispositivos.

Ética y privacidad: La IA plantea desafíos éticos y de privacidad, ya que puede recopilar y analizar grandes cantidades de datos personales. La regulación es necesaria para garantizar la protección de la privacidad y evitar sesgos algorítmicos.

La IA plantea desafíos éticos y de privacidad, ya que puede recopilar y analizar grandes cantidades de datos personales, lo que puede afectar a los derechos y libertades de las personas. Por eso, creo que la regulación es necesaria para garantizar la protección de la privacidad y evitar sesgos algorítmicos.

Algunos ejemplos de cómo la IA puede afectar a la privacidad y la ética son:

La IA puede utilizar los datos personales de los usuarios para elaborar perfiles, tomar decisiones o generar contenido que pueda influir en sus comportamientos, opiniones o preferencias. Por ejemplo, hay plataformas como Facebook, Twitter o Google que usan algoritmos de IA para adaptar el contenido que muestran a los usuarios, teniendo en cuenta sus perfiles, ubicaciones o dispositivos. Esto puede tener implicaciones en la libertad de expresión, el pluralismo informativo o la democracia.

La IA también puede violar la privacidad de los usuarios al recopilar, almacenar o compartir sus datos personales sin su consentimiento o conocimiento. Por ejemplo, hay aplicaciones como TikTok, Instagram o YouTube que usan algoritmos de IA para crear vídeos, filtros o efectos para los usuarios, basándose en sus intereses, tendencias o estilos. Esto puede tener implicaciones en el derecho a la intimidad, la identidad o la dignidad.

La IA puede tener sesgos o errores en sus resultados, debido a la calidad, la representatividad o la diversidad de los datos utilizados para entrenarla. Por ejemplo, un sistema de IA puede discriminar a las personas por su género, raza, edad u orientación sexual3. Esto puede tener implicaciones en el derecho a la igualdad, la justicia o la no discriminación.

Algunas posibles formas de regular y supervisar el uso de la IA para proteger la privacidad y la ética son:

Aplicar técnicas de protección de datos, como el cifrado, la anonimización, el federado o el diferencial, que permiten entrenar y aplicar modelos de IA sin comprometer la seguridad o la privacidad de los datos2.

Implementar medidas de seguridad, como la autenticación, la autorización, la monitorización y la auditoría, que permiten prevenir y detectar posibles ataques o intrusiones en los sistemas de IA.

Cumplir con las leyes y regulaciones sobre protección de datos, como el GDPR (Reglamento General de Protección de Datos) en Europa o el CCPA (Ley de Privacidad del Consumidor de California) en Estados Unidos3, que establecen los derechos y obligaciones de los usuarios y proveedores de servicios de IA en relación con los datos personales.

Establecer principios y normas éticas para el desarrollo y el uso de la IA3, que reflejen los valores y las expectativas de la sociedad, y que garanticen el respeto a los derechos humanos y los valores democráticos.

Accesibilidad: La IA también puede mejorar la accesibilidad para personas con discapacidades, facilitando la vida cotidiana y el acceso a oportunidades.

la IA también puede mejorar la accesibilidad para personas con discapacidades, facilitando la vida cotidiana y el acceso a oportunidades. A continuación, te comparto algunos ejemplos de cómo la IA hace esto:

La IA puede utilizar los datos personales de los usuarios para elaborar perfiles, tomar decisiones o generar contenido que pueda influir en sus comportamientos, opiniones o preferencias. Por ejemplo, hay plataformas como Facebook, Twitter o Google que usan algoritmos de IA para adaptar el contenido que muestran a los usuarios, teniendo en cuenta sus perfiles, ubicaciones o dispositivos1. Esto puede tener implicaciones en la libertad de expresión, el pluralismo informativo o la democracia.

La IA puede crear contenido educativo accesible para estudiantes con discapacidades, como contenido con subtítulos, audiodescripciones y adaptaciones para estudiantes con discapacidades visuales. Por ejemplo, hay sistemas de lectura de pantalla que utilizan IA para reconocer y leer el texto en pantalla en voz alta para personas con discapacidad visual. Ej: JAWS (Job Access With Speech)2.

La IA puede ayudar a las personas con discapacidad auditiva a comunicarse mejor, utilizando herramientas de traducción automática de lenguaje de señas. Por ejemplo, hay aplicaciones como Ava que pueden traducir el lenguaje de señas a texto o voz y viceversa2.

La IA puede facilitar la movilidad y la autonomía de las personas con discapacidad física, utilizando sistemas de control por voz, gestos o mirada. Por ejemplo, hay dispositivos como EyeControl que permiten a las personas con parálisis comunicarse y, controlar su entorno con el movimiento de los ojos3.

La IA puede mejorar la calidad de vida y el bienestar de las personas con discapacidad intelectual o mental, utilizando sistemas de apoyo cognitivo, emocional o social. Por ejemplo, hay robots como NAO que pueden interactuar con las personas con autismo y ayudarles a desarrollar sus habilidades sociales y comunicativas.

Impacto Económico de la Inteligencia Artificial:

Productividad y eficiencia: La IA puede mejorar la productividad en diversas industrias al automatizar tareas repetitivas y mejorar la toma de decisiones basadas en datos.

La IA puede mejorar la productividad en diversas industrias al automatizar tareas repetitivas y mejorar la toma de decisiones basadas en datos.

La IA puede analizar grandes cantidades de datos y extraer información relevante para los negocios, como tendencias, patrones, oportunidades o riesgos. Por ejemplo, hay sistemas de IA que pueden predecir el comportamiento de los mercados financieros, utilizando técnicas de aprendizaje automático para procesar datos históricos, noticias, redes sociales y otros indicadores. La IA también puede ayudar a los inversores y analistas a elegir el mejor tratamiento para cada paciente, basándose en su historial clínico, sus características genéticas y los resultados de ensayos clínicos.

La IA también puede optimizar el uso de recursos y mejorar la eficiencia en los procesos productivos, reduciendo el tiempo, el dinero y el personal necesarios. Por ejemplo, hay sistemas de IA que pueden automatizar tareas administrativas, como la gestión de citas, la facturación o el reembolso3. La IA también puede reducir las visitas innecesarias al médico o al hospital, utilizando chatbots o asistentes virtuales que pueden ofrecer consejos médicos o monitorizar la salud de los pacientes a distancia.

La IA puede crear contenido nuevo o personalizado para los clientes, utilizando técnicas de generación de texto, imagen o sonido. Por ejemplo, hay sistemas de IA que pueden crear vídeos, filtros o efectos para los usuarios, basándose en sus intereses, tendencias o estilos. La IA también puede adaptar el contenido a las características y el contexto de los clientes, utilizando técnicas de segmentación, personalización o contextualización.

Nuevas oportunidades de negocios: La IA crea oportunidades para empresas que desarrollan tecnología y servicios relacionados con la IA, lo que puede impulsar el crecimiento económico y la innovación.

la IA crea oportunidades para empresas que desarrollan tecnología y servicios relacionados con la IA, lo que puede impulsar el crecimiento económico y la innovación. A continuación, te comparto algunos ejemplos de cómo la IA hace esto:

La IA puede generar nuevos modelos de negocio, basados en la oferta de soluciones de IA a medida para diferentes sectores o clientes. Por ejemplo, hay empresas como Syntonize, Sherpa o BigML que ofrecen servicios de consultoría, desarrollo e implementación de proyectos de IA personalizados.

La IA también puede crear nuevas fuentes de ingresos, basadas en la monetización de los datos o el conocimiento generados por la IA. Por ejemplo, hay empresas como OpenAI, DeepMind o GoodAI que crean y venden modelos de IA general o específicos para diferentes dominios o tareas .

La IA puede impulsar la innovación y la competitividad, basadas en la mejora de la calidad, la eficiencia y la diferenciación de los productos o servicios. Por ejemplo, hay empresas como Tesla, Waymo o Uber que utilizan la IA para desarrollar vehículos autónomos que pueden revolucionar el sector del transporte .

Transformación de industrias: La IA está transformando industrias enteras, como la manufactura, el transporte y la logística, la atención médica, el marketing y la educación.

la IA está transformando industrias enteras, como la manufactura, el transporte y la logística, la atención médica, el marketing y la educación. A continuación, te comparto algunos ejemplos de cómo la IA hace esto:

En la industria manufacturera, la IA puede mejorar la calidad, la eficiencia y la seguridad de los procesos productivos, utilizando sistemas de visión artificial, control por voz o gestos, y aprendizaje automático. Por ejemplo, hay sistemas de IA que pueden detectar defectos en los productos, optimizar el uso de recursos y energía, y prevenir accidentes laborales.

En la industria del transporte y la logística, la IA puede optimizar el flujo de tráfico, el transporte de mercancías y el servicio al cliente, utilizando sistemas de navegación inteligente, vehículos autónomos y chatbots. Por ejemplo, hay sistemas de IA que pueden calcular la ruta óptima para evitar congestiones, conducir vehículos sin intervención humana, y resolver dudas o reclamos de los clientes.

En la industria de la atención médica, la IA puede acelerar el diagnóstico y tratamiento de enfermedades, mejorar la precisión de la medicina personalizada y reducir costos en el sector de la salud. Por ejemplo, hay sistemas de IA que pueden analizar imágenes médicas, recomendar el tratamiento óptimo para cada paciente, y monitorizar la salud de los pacientes a distancia.

En la industria del marketing, la IA puede mejorar el conocimiento del cliente, la segmentación del mercado y la personalización del contenido, utilizando sistemas de análisis de datos, generación de texto o imagen, y aprendizaje por refuerzo. Por ejemplo, hay sistemas de IA que pueden predecir el comportamiento y las preferencias de los clientes, crear contenido atractivo y adaptado a cada cliente, y optimizar las estrategias de marketing.

En la industria de la educación, la IA puede mejorar el acceso, la calidad y la eficacia de los procesos educativos, utilizando sistemas de tutoría inteligente, evaluación automática y aprendizaje adaptativo. Por ejemplo, hay sistemas de IA que pueden ofrecer apoyo personalizado a los estudiantes, calificar sus trabajos o exámenes, y adaptar el contenido y el ritmo a sus necesidades y estilos de aprendizaje.

Competencia global: Las naciones que lideren en el desarrollo y la adopción de la IA pueden tener ventajas competitivas en la economía global.

La adopción de la IA pueden tener ventajas competitivas en la economía global. A continuación, te comparto algunos ejemplos de cómo la IA puede generar beneficios económicos y sociales para los países que la impulsan:

La IA puede aumentar el crecimiento económico, la productividad y la innovación, al crear nuevos productos, servicios y mercados, y al optimizar el uso de recursos y procesos. Según un estudio de PwC, la IA podría aportar 15,7 billones de dólares al PIB mundial para 2030, lo que supone un aumento del 14%. Los países que más se beneficiarían de la IA serían China, Estados Unidos, Europa y Japón.

La IA también puede mejorar la calidad de vida, el bienestar y la inclusión social, al ofrecer soluciones a problemas globales como la pobreza, el cambio climático, la salud o la educación. Según un informe de la UNESCO, la IA puede contribuir a alcanzar los Objetivos de Desarrollo Sostenible de las Naciones Unidas, siempre que se respeten los principios éticos y los derechos humanos. Los países que más podrían aprovechar la IA para el desarrollo sostenible serían los países en desarrollo o emergentes.

La IA puede impulsar la cooperación y el liderazgo internacional, al fomentar el intercambio de conocimientos, datos y buenas prácticas entre países, y al promover iniciativas conjuntas para regular y gobernar la IA. Según un estudio del Foro Económico Mundial3, la IA puede facilitar la creación de redes globales de colaboración e innovación, así como el establecimiento de estándares y normas internacionales para la IA. Los países que más podrían influir en la agenda global de la IA serían los países con mayor capacidad tecnológica e institucional.

Regulación y Gestión de la Inteligencia Artificial:

Para que la IA sea beneficiosa para la humanidad, es crucial implementar regulaciones y estrategias de gestión efectivas:

Marco legal y ético: Se deben establecer leyes y estándares éticos para guiar el desarrollo y el uso de la IA, incluyendo la protección de la privacidad, la transparencia y la responsabilidad.

Se deben establecer leyes y estándares éticos para guiar el desarrollo y el uso de la IA, incluyendo la protección de la privacidad, la transparencia y la responsabilidad. Estos son algunos de los aspectos clave que se deben tener en cuenta para regular y supervisar la IA:

La protección de la privacidad: Se debe garantizar que los datos personales de los usuarios sean tratados con respeto y seguridad, y que se obtenga su consentimiento informado para su recopilación, almacenamiento y uso. También se debe permitir a los usuarios acceder, rectificar o borrar sus datos, y ejercer su derecho a la portabilidad y a la oposición.

La transparencia: Se debe informar a los usuarios sobre el funcionamiento, los objetivos y los posibles riesgos de los sistemas de IA, y se debe facilitar el acceso a los datos y algoritmos utilizados. También se debe asegurar que los sistemas de IA sean auditables y explicables, y que se puedan verificar sus resultados y decisiones.

La responsabilidad: Se debe establecer un marco claro de responsabilidad por las acciones y consecuencias de los sistemas de IA, tanto para los desarrolladores, los proveedores como los usuarios. También se debe prever mecanismos de control, supervisión y corrección de los sistemas de IA, así como vías de recurso y reparación para las personas afectadas.

Estos son algunos de los ejemplos de iniciativas internacionales que están trabajando para crear un marco legal y ético para la IA:

La UNESCO ha elaborado la primera norma mundial sobre la ética de la IA: la "Recomendación sobre la ética de la inteligencia artificial". Este marco fue adoptado por los 193 Estados miembros en noviembre de 2021.

La Unión Europea ha propuesto un reglamento sobre la IA que establece las normas y requisitos legales para el desarrollo y el uso de la IA en Europa.

El Foro Económico Mundial ha creado el Centro Global para la Innovación y el Gobierno de la IA, que busca promover una gobernanza inclusiva, confiable y sostenible de la IA.

Evaluación de riesgos y seguridad: Es fundamental evaluar y mitigar los riesgos asociados con la IA, como el sesgo algorítmico, la ciberseguridad y la supervisión de sistemas autónomos.

Es fundamental evaluar y mitigar los riesgos asociados con la IA, como el sesgo algorítmico, la ciberseguridad y la supervisión de sistemas autónomos. A continuación, te comparto algunos ejemplos de cómo se puede hacer esto:

El sesgo algorítmico se refiere a la posibilidad de que los sistemas de IA reproduzcan o amplifiquen las desigualdades o discriminaciones existentes en la sociedad, debido a la calidad, la representatividad o la diversidad de los datos utilizados para entrenarlos. Para evitar o reducir el sesgo algorítmico, se pueden aplicar técnicas como el análisis de equidad, la corrección de datos o la auditoría de modelos.

La ciberseguridad se refiere a la protección de los sistemas de IA contra ataques maliciosos que puedan comprometer su funcionamiento, su integridad o su confidencialidad. Para mejorar la ciberseguridad, se pueden implementar medidas como el cifrado, la autenticación, la monitorización o la detección de anomalías.

La supervisión de sistemas autónomos se refiere al control y la regulación de los sistemas de IA que pueden actuar de forma independiente y sin intervención humana, como los vehículos autónomos, los drones o los robots. Para garantizar la supervisión de sistemas autónomos, se pueden establecer mecanismos como el apagado de emergencia, el veto humano o la trazabilidad.

Educación y formación: Se deben promover programas de capacitación y educación para ayudar a las personas a adquirir las habilidades necesarias para trabajar junto con la IA y adaptarse a los cambios en el mercado laboral.

Se pueden crear cursos y programas de formación en línea sobre la IA, que permitan a las personas aprender sobre sus conceptos, técnicas y aplicaciones, así como desarrollar competencias digitales, analíticas y creativas. Por ejemplo, hay plataformas como Coursera, edX o Udemy que ofrecen cursos gratuitos o de bajo costo sobre la IA, impartidos por expertos de universidades o empresas.

Se pueden integrar contenidos y actividades sobre la IA en los currículos escolares, que permitan a los estudiantes conocer los fundamentos, los beneficios y los desafíos de la IA, así como desarrollar habilidades de pensamiento computacional, resolución de problemas y colaboración. Por ejemplo, hay iniciativas como AI4K12, AI4ALL o AI in a Box que proporcionan recursos educativos y herramientas pedagógicas para enseñar y aprender sobre la IA en el nivel básico o medio .

Se pueden establecer alianzas entre el sector educativo y el sector productivo, que permitan a las personas acceder a oportunidades de prácticas, empleo o emprendimiento relacionadas con la IA, así como recibir orientación, mentoría o asesoramiento profesional. Por ejemplo, hay programas como Microsoft AI School, IBM Skills Academy o Google AI Residency que conectan a los estudiantes, profesores o profesionales con empresas líderes en el campo de la IA .

Cooperación internacional: La colaboración global es importante para abordar los desafíos de la IA, como la regulación de armas autónomas y la gestión de datos transfronterizos.

La cooperación internacional es un tema muy relevante en el contexto actual, especialmente en lo que se refiere a los desafíos de la inteligencia artificial (IA). La IA tiene el potencial de transformar muchos aspectos de la vida humana, pero también plantea riesgos éticos, sociales, jurídicos y geopolíticos que requieren una respuesta coordinada y multilateral.

Uno de estos desafíos es la regulación de las armas autónomas, es decir, los sistemas de armas que pueden seleccionar y atacar objetivos sin intervención humana. Estas armas plantean cuestiones morales sobre la responsabilidad, la dignidad y la protección de los civiles en los conflictos armados. Además, pueden generar una carrera armamentista y una escalada de la violencia. Por ello, muchos expertos, organizaciones y países han abogado por prohibir o restringir el desarrollo y el uso de estas armas.

Otro desafío es la gestión de los datos transfronterizos, es decir, el flujo de datos personales y no personales entre países con diferentes normas y regulaciones sobre la privacidad, la seguridad y el acceso a la información. Los datos son un recurso clave para el desarrollo de la IA, pero también implican riesgos para los derechos humanos, la soberanía nacional y la competencia económica. Por ello, se necesita una cooperación internacional para establecer marcos jurídicos y técnicos que garanticen el intercambio de datos de forma segura, transparente y equitativa.

La colaboración global es importante para abordar estos y otros desafíos de la IA, ya que ningún país o actor puede resolverlos por sí solo. Se requiere una visión compartida y una acción conjunta que respete los principios éticos y los valores universales. Así lo han reconocido diversas iniciativas internacionales que buscan promover el diálogo, la cooperación y la gobernanza de la IA5 . Estas iniciativas representan una oportunidad para avanzar hacia una IA más humana, inclusiva y sostenible.

En resumen, la IA tiene un impacto profundo en la sociedad y la economía, y su regulación y gestión adecuadas son esenciales para maximizar sus beneficios y mitigar sus riesgos. La colaboración entre gobiernos, empresas y la sociedad civil es crucial para lograr un equilibrio entre la innovación tecnológica y el bienestar humano.

15.Responsabilidad y transparencia en la inteligencia artificial y cómo se puede garantizar que sea ética y legal

La responsabilidad y la transparencia en la inteligencia artificial (IA) son cuestiones críticas para garantizar que su desarrollo, despliegue y uso sean éticos y legales. A continuación, se describen los aspectos clave y algunas medidas para promover la ética y la legalidad en la IA:

1. Responsabilidad en el desarrollo de IA:

Ética en el diseño: Los equipos de desarrollo de IA deben incorporar consideraciones éticas desde el principio del proceso de diseño. Esto implica asegurarse de que los algoritmos y modelos no promuevan sesgos, discriminación o comportamientos perjudiciales.

La ética en el diseño es un enfoque que busca incorporar principios éticos en el proceso de diseñar, desarrollar y entregar sistemas o aplicaciones basados en la inteligencia artificial (IA). El objetivo es asegurar que la IA respete y promueva los derechos humanos, la diversidad, la autonomía, la privacidad, la seguridad, la transparencia, la responsabilidad y el bienestar de las personas, la sociedad y el medio ambiente.

Supervisión humana: Deben existir procesos de supervisión humana en el desarrollo de sistemas de IA para evaluar y corregir posibles problemas éticos. Los humanos deben estar involucrados en la toma de decisiones críticas.

La supervisión humana es uno de los requisitos clave para una inteligencia artificial (IA) confiable, según las directrices éticas de la Comisión Europea1. Este requisito implica que los sistemas de IA deben empoderar a los seres humanos, permitiéndoles tomar decisiones informadas y fomentando sus derechos fundamentales. Al mismo tiempo, se deben asegurar mecanismos de supervisión adecuados, que pueden lograrse mediante enfoques de humano en el bucle, humano sobre el bucle y humano al mando.

El humano en el bucle se refiere a la participación humana directa en el proceso de toma de decisiones basado en la IA, por ejemplo, mediante la validación o la modificación de las salidas del sistema2. El humano sobre el bucle se refiere a la supervisión humana indirecta del sistema de IA, por ejemplo, mediante el establecimiento de límites, condiciones o criterios para su funcionamiento2. El humano al mando se refiere a la capacidad humana de intervenir y anular las decisiones o acciones del sistema de IA, por ejemplo, mediante la desactivación o la desconexión del sistema.

La supervisión humana es esencial para garantizar que la IA respete y promueva los principios éticos y los valores humanos, así como para prevenir o mitigar los posibles daños o riesgos que pueda causar. Algunos ejemplos de áreas donde la supervisión humana es especialmente relevante son: la salud, la educación, la justicia, la seguridad, el transporte y el medio ambiente.

Evaluación de riesgos: Se deben llevar a cabo evaluaciones exhaustivas de los riesgos éticos y legales asociados con sistemas de IA antes de su implementación.

La evaluación de riesgos es un proceso que consiste en identificar, analizar y valorar los posibles efectos negativos o positivos que pueden derivarse del uso de sistemas o aplicaciones basados en la inteligencia artificial (IA). El objetivo es adoptar medidas de prevención o mitigación que sean proporcionales a los riesgos identificados y garantizar que la IA se desarrolle y utilice de forma ética, legal y socialmente responsable.

La evaluación de riesgos debe realizarse antes de la implementación de los sistemas de IA, es decir, en las fases de diseño, desarrollo y prueba, y debe tener en cuenta el contexto, el propósito, los usuarios y los beneficiarios de la aplicación. Además, la evaluación de riesgos debe ser periódica y actualizada, para reflejar los cambios que puedan ocurrir en el ciclo de vida del sistema de IA.

Existen diferentes métodos y herramientas para realizar evaluaciones de riesgos de sistemas de IA, que pueden variar según el tipo, el alcance y la complejidad del sistema.

Transparencia en la IA:

Interpretabilidad: Los sistemas de IA deben diseñarse de manera que sus decisiones y procesos sean comprensibles y transparentes para los usuarios y los reguladores. Esto es particularmente importante en aplicaciones críticas como la atención médica y la toma de decisiones legales.

La interpretabilidad es una característica deseable de los sistemas de inteligencia artificial (IA) que permite comprender y explicar sus decisiones y procesos. La interpretabilidad es importante para los usuarios y los reguladores por varias razones:

Aumenta la confianza y la aceptación de los sistemas de IA, al reducir la incertidumbre y el miedo a lo desconocido.

Permite la verificación y la validación de los sistemas de IA, al facilitar el análisis de su comportamiento y el diagnóstico de sus errores.

Fomenta la responsabilidad y la transparencia de los desarrolladores y proveedores de sistemas de IA, al exigirles que justifiquen sus decisiones y acciones.

Protege los derechos y los intereses de los usuarios y las partes afectadas por los sistemas de IA, al permitirles cuestionar y apelar sus decisiones y resultados.

Para diseñar sistemas de IA interpretables, se pueden adoptar diferentes estrategias, tales como:

Utilizar modelos simples o transparentes, que sean fáciles de entender por su estructura o lógica interna.

Incorporar técnicas de explicación, que generen información adicional sobre el funcionamiento o el razonamiento del sistema de IA.

Proporcionar interfaces interactivas, que permitan a los usuarios explorar, consultar o modificar el sistema de IA.

Aplicar principios éticos, que guíen el diseño y el uso del sistema de IA con respecto a la equidad, la privacidad, la seguridad y otros valores.

Divulgación de datos: Es fundamental que las organizaciones divulguen la fuente y la calidad de los datos utilizados para entrenar modelos de IA. Esto permite identificar y abordar posibles sesgos en los datos.

La divulgación de datos es una práctica que consiste en revelar la fuente y la calidad de los datos utilizados para entrenar modelos de inteligencia artificial (IA). La divulgación de datos es fundamental por varias razones:

Permite identificar y abordar posibles sesgos en los datos, que pueden afectar a la equidad, la precisión y la fiabilidad de los modelos de IA.

Facilita la verificación y la validación de los modelos de IA, al permitir el análisis y la comparación de sus resultados con los datos originales.

Fomenta la confianza y la transparencia de los usuarios y las partes interesadas en los sistemas de IA, al proporcionarles información sobre el origen y el tratamiento de los datos.

Cumple con las normas éticas y legales, que pueden exigir el consentimiento, la protección y la rendición de cuentas sobre el uso de los datos personales o sensibles.

Para divulgar los datos utilizados para entrenar modelos de IA, se pueden adoptar diferentes medidas, tales como:

Utilizar formatos estándar y documentación adecuada, que describan las características, las fuentes, las licencias y las limitaciones de los datos.

Publicar o compartir los conjuntos de datos o sus metadatos, que permitan el acceso y el uso de los datos por parte de otros investigadores o usuarios.

Incorporar técnicas de privacidad, que protejan la identidad y la confidencialidad de los individuos o las entidades representadas en los datos.

Aplicar principios éticos, que respeten los derechos y las expectativas de los propietarios o los proveedores de los datos.

Explicabilidad: Los sistemas de IA deben poder proporcionar explicaciones claras sobre cómo llegaron a una determinada decisión o recomendación. Esto ayuda a construir la confianza de los usuarios y permite una revisión más efectiva en casos de disputa.

La explicabilidad es una característica deseable de los sistemas de inteligencia artificial (IA) que permite comprender y explicar sus decisiones y procesos. La explicabilidad es importante para los usuarios y los reguladores por varias razones:

Aumenta la confianza y la aceptación de los sistemas de IA, al reducir la incertidumbre y el miedo a lo desconocido.

Permite la verificación y la validación de los sistemas de IA, al facilitar el análisis de su comportamiento y el diagnóstico de sus errores.

Fomenta la responsabilidad y la transparencia de los desarrolladores y proveedores de sistemas de IA, al exigirles que justifiquen sus decisiones y acciones.

Protege los derechos y los intereses de los usuarios y las partes afectadas por los sistemas de IA, al permitirles cuestionar y apelar sus decisiones y resultados.

Para diseñar sistemas de IA explicables, se pueden adoptar diferentes estrategias, tales como:

Utilizar modelos simples o transparentes, que sean fáciles de entender por su estructura o lógica interna.

Incorporar técnicas de explicación, que generen información adicional sobre el funcionamiento o el razonamiento del sistema de IA.

Proporcionar interfaces interactivas, que permitan a los usuarios explorar, consultar o modificar el sistema de IA.

Aplicar principios éticos, que guíen el diseño y el uso del sistema de IA con respecto a la equidad, la privacidad, la seguridad y otros valores.

Garantías éticas y legales:

Regulación y normativas: Los gobiernos y las organizaciones deben establecer regulaciones y normativas claras para el desarrollo y el uso de la IA. Estas regulaciones deben abordar cuestiones éticas y legales, como la privacidad, la discriminación y la seguridad.

La regulación y las normativas son aspectos clave para garantizar una inteligencia artificial (IA) ética, legal y socialmente responsable. La regulación y las normativas se refieren al conjunto de leyes, reglas, principios y estándares que gobiernan el desarrollo y el uso de la IA, tanto a nivel nacional como internacional. El objetivo es asegurar que la IA respete y promueva los derechos humanos, la diversidad, la autonomía, la privacidad, la seguridad, la transparencia, la responsabilidad y el bienestar de las personas, la sociedad y el medio ambiente.

La regulación y las normativas de la IA son un campo emergente y dinámico, que enfrenta varios desafíos y oportunidades. Algunos de los desafíos son:

La complejidad y la diversidad de las aplicaciones de la IA, que pueden tener efectos positivos o negativos en diferentes ámbitos y sectores.

La rapidez y la incertidumbre de los cambios derivados de la IA, que pueden superar o desafiar las normas existentes o requerir nuevas normas.

La coordinación y la cooperación entre los diferentes actores involucrados en la IA, como los desarrolladores, los proveedores, los usuarios, los reguladores, los legisladores y la sociedad civil.

La armonización y la interoperabilidad entre las diferentes jurisdicciones y regiones que tienen distintas normas o enfoques sobre la IA.

Algunas de las oportunidades son:

El potencial de la IA para mejorar la calidad de vida, el crecimiento económico, la innovación social y la sostenibilidad ambiental.

La posibilidad de crear un marco normativo común y global para la IA, basado en principios éticos y valores universales.

La oportunidad de involucrar a todos los actores interesados en el diseño e implementación de las normas de la IA, mediante procesos participativos e inclusivos.

La capacidad de adaptar y actualizar las normas de la IA, mediante mecanismos flexibles y dinámicos.

Auditorías éticas: Se pueden llevar a cabo auditorías éticas independientes para evaluar el cumplimiento de las normas éticas y legales en proyectos de IA.

Las auditorías éticas son un tipo de evaluación que se realiza para verificar el cumplimiento de las normas éticas y legales en proyectos de inteligencia artificial (IA). El objetivo es asegurar que la IA respete y promueva los derechos humanos, la diversidad, la autonomía, la privacidad, la seguridad, la transparencia, la responsabilidad y el bienestar de las personas, la sociedad y el medio ambiente.

Las auditorías éticas pueden ser llevadas a cabo por entidades independientes, como organismos reguladores, organizaciones no gubernamentales o consultoras especializadas. Las auditorías éticas pueden realizarse antes del inicio del proyecto, durante su desarrollo o después de su finalización. Las auditorías éticas pueden abarcar diferentes aspectos, como:

Los valores y los principios que guían el diseño y el uso de la IA.

La fuente y la calidad de los datos utilizados para entrenar los modelos de IA.

La interpretabilidad y la explicabilidad de las decisiones y los procesos de la IA.

La gestión de riesgos y el impacto de la IA en los usuarios y las partes afectadas.

La supervisión humana y la capacidad de intervención sobre la IA.

Responsabilidad legal: Es importante determinar la responsabilidad legal en casos de daño causado por sistemas de IA. Esto puede incluir la identificación de quién es responsable: el desarrollador, el propietario o el usuario final.

La responsabilidad legal es un aspecto importante para garantizar una inteligencia artificial (IA) ética y legal. La responsabilidad legal se refiere a la obligación de responder por los daños o perjuicios que se causen a otras personas o entidades por el uso de sistemas de IA. Si esto ocurre, las víctimas podrán reclamar una compensación por los daños sufridos.

Para determinar la responsabilidad legal en casos de daño causado por sistemas de IA, se deben tener en cuenta varios factores, tales como:

El tipo y la gravedad del daño causado, que puede ser material, personal, moral o ambiental.

La causa y el origen del daño, que puede ser atribuible a un defecto del producto, a una negligencia del proveedor o a un mal uso del usuario.

El grado de autonomía e inteligencia del sistema de IA, que puede influir en la previsibilidad y la controlabilidad de su comportamiento.

El papel y la función del sistema de IA, que puede determinar el nivel de expectativa y confianza que se tiene sobre su desempeño.

Según estos factores, se pueden aplicar diferentes regímenes de responsabilidad legal, que pueden ser:

Responsabilidad objetiva o estricta, que implica que el responsable debe responder por el daño causado independientemente de su culpa o intención. Este régimen se aplica generalmente a los productores o fabricantes de productos defectuosos, como establece la Directiva sobre Responsabilidad por Productos Defectuosos1.

Responsabilidad subjetiva o por culpa, que implica que el responsable debe responder por el daño causado si se demuestra que actuó con negligencia, imprudencia o dolo. Este régimen se aplica generalmente a los proveedores o usuarios de servicios basados en IA, como establecen las normas nacionales de responsabilidad civil extracontractual.

Responsabilidad compartida o solidaria, que implica que varios responsables deben responder conjuntamente por el daño causado, según su grado de participación o contribución. Este régimen se puede aplicar cuando hay varios actores involucrados en el desarrollo o el uso de sistemas de IA complejos o interconectados.

La determinación de la responsabilidad legal en casos de daño causado por sistemas de IA es un campo emergente y dinámico, que enfrenta varios desafíos y oportunidades. Algunos de los desafíos son:

La complejidad y la diversidad de las aplicaciones de la IA, que pueden tener efectos positivos o negativos en diferentes ámbitos y sectores.

La rapidez y la incertidumbre de los cambios derivados de la IA, que pueden superar o desafiar las normas existentes o requerir nuevas normas.

La coordinación y la cooperación entre los diferentes actores involucrados en la IA, como los desarrolladores, los proveedores, los usuarios, los reguladores, los legisladores y la sociedad civil.

La armonización y la interoperabilidad entre las diferentes jurisdicciones y regiones que tienen distintas normas o enfoques sobre la IA.

Algunas de las oportunidades son:

El potencial de la IA para mejorar la calidad de vida, el crecimiento económico, la innovación social y la sostenibilidad ambiental.

La posibilidad de crear un marco normativo común y global para la IA, basado en principios éticos y valores universales.

La oportunidad de involucrar a todos los actores interesados en el diseño e implementación de las normas de la IA, mediante procesos participativos e inclusivos.

La capacidad de adaptar y actualizar las normas de la IA, mediante mecanismos flexibles y dinámicos.

Ética en la investigación: Las instituciones académicas y las empresas de tecnología deben promover la investigación ética en IA y fomentar la publicación de resultados, incluso cuando los resultados muestren problemas éticos.La ética en la investigación es un aspecto clave para garantizar una inteligencia artificial (IA) ética y legal. La ética en la investigación se refiere al conjunto de principios y normas que guían la conducta de los investigadores y las investigadoras en el desarrollo, la realización y la difusión de sus proyectos de investigación. El objetivo es asegurar que la investigación respete y promueva los derechos humanos, la diversidad, la autonomía, la privacidad, la seguridad, la transparencia, la responsabilidad y el bienestar de las personas, la sociedad y el medio ambiente.

Las instituciones académicas y las empresas de tecnología tienen un papel fundamental en promover la investigación ética en IA y fomentar la publicación de resultados, incluso cuando los resultados muestren problemas éticos. Algunas medidas que pueden adoptar son:

Establecer comités de ética de la investigación, que se encarguen de revisar y aprobar los proyectos de investigación en IA, así como de resolver las dudas o las quejas que puedan surgir.

Ofrecer formación y sensibilización en ética de la investigación a los investigadores y las investigadoras, así como a los estudiantes y al personal involucrado en proyectos de IA.

Seguir las directrices y los estándares internacionales sobre ética de la investigación, como los Principios Éticos para Investigadores del Consejo Europeo de Investigación1 o las Pautas para la Investigación Ética en Ciencias Sociales y Humanidades del Comité Nacional para la Investigación Ética2.

Publicar o compartir los datos, los algoritmos, los modelos y los resultados de la investigación en IA, siempre que sea posible y respetando los derechos de autoría y privacidad. Esto permite aumentar la transparencia, la replicabilidad y la verificación de la investigación.

Reconocer y comunicar los posibles problemas éticos que se hayan identificado o encontrado durante la investigación en IA, así como las medidas que se hayan tomado para prevenirlos o mitigarlos.

La ética en la investigación es esencial para garantizar una IA beneficiosa y no perjudicial para la sociedad. La colaboración entre la academia, la industria, los reguladores, los legisladores y la sociedad civil es clave para abordar de manera efectiva estos desafíos éticos.

Educación y conciencia:

Capacitación: Es fundamental que las personas involucradas en el desarrollo y el uso de la IA reciban capacitación en ética, responsabilidad y cumplimiento legal.

La capacitación es una medida fundamental para promover la ética, la responsabilidad y el cumplimiento legal en el desarrollo y el uso de la inteligencia artificial (IA). La capacitación se refiere al proceso de proporcionar a las personas involucradas en la IA los conocimientos, las habilidades y las actitudes necesarias para abordar los desafíos y las oportunidades que plantea esta tecnología.

La capacitación en ética, responsabilidad y cumplimiento legal de la IA tiene varios beneficios, tales como:

Mejorar la calidad y la confiabilidad de los sistemas y aplicaciones de IA, al evitar o mitigar los posibles riesgos o daños que puedan causar.

Aumentar la confianza y la aceptación de los usuarios y las partes interesadas en la IA, al demostrar que se respetan y se promueven los derechos humanos, la diversidad, la autonomía, la privacidad, la seguridad, la transparencia y el bienestar.

Cumplir con las normas éticas y legales vigentes o emergentes, que pueden exigir el consentimiento, la protección y la rendición de cuentas sobre el uso de los datos o los sistemas de IA.

Fomentar una cultura ética y responsable en las organizaciones que desarrollan o utilizan la IA, al sensibilizar y motivar a sus miembros sobre la importancia de estos valores.

La capacitación en ética, responsabilidad y cumplimiento legal de la IA debe ser continua y adaptada a las necesidades y los roles de cada persona. Algunos ejemplos de personas que pueden beneficiarse de esta capacitación son:

Los desarrolladores y las desarrolladoras de IA, que deben conocer los principios y las prácticas para diseñar, implementar y evaluar sistemas de IA éticos y legales.

Los proveedores y las proveedoras de IA, que deben conocer las normas y los estándares para ofrecer servicios o productos basados en IA éticos y legales.

Los usuarios y las usuarias finales de IA, que deben conocer los derechos y las obligaciones que tienen al utilizar sistemas o aplicaciones basados en IA.

Los reguladores y los legisladores de IA, que deben conocer los desafíos y las oportunidades que plantea la IA para establecer regulaciones y normativas éticas y legales.

Conciencia pública: Se debe promover la conciencia pública sobre los riesgos y desafíos éticos de la IA para que las personas puedan tomar decisiones informadas y presionar por políticas y prácticas éticas.

En última instancia, la responsabilidad y la transparencia en la IA son esenciales para garantizar que esta tecnología sea beneficiosa y no perjudicial para la sociedad. La colaboración entre la industria, los reguladores, los investigadores y la sociedad en general es clave para abordar de manera efectiva estos desafíos éticos y legales.

La conciencia pública sobre los riesgos y desafíos éticos de la inteligencia artificial (IA) es un aspecto clave para garantizar una IA ética y legal. La conciencia pública se refiere al nivel de conocimiento, comprensión y actitud que tiene la sociedad sobre la IA y sus implicaciones. El objetivo es que las personas puedan tomar decisiones informadas y presionar por políticas y prácticas éticas que respeten y promuevan los derechos humanos, la diversidad, la autonomía, la privacidad, la seguridad, la transparencia, la responsabilidad y el bienestar.

Para promover la conciencia pública sobre los riesgos y desafíos éticos de la IA, se pueden adoptar diferentes medidas, tales como:

Ofrecer educación y formación en ética, responsabilidad y cumplimiento legal de la IA a las personas involucradas en el desarrollo y el uso de la IA, así como a los estudiantes y al público en general.

Publicar o compartir los datos, los algoritmos, los modelos y los resultados de la investigación en IA, siempre que sea posible y respetando los derechos de autoría y privacidad. Esto permite aumentar la transparencia, la replicabilidad y la verificación de la investigación.

Reconocer y comunicar los posibles problemas éticos que se hayan identificado o encontrado durante el desarrollo o el uso de la IA, así como las medidas que se hayan tomado para prevenirlos o mitigarlos.

Fomentar el diálogo y la participación de todos los actores interesados en el diseño e implementación de las normas éticas y legales de la IA, mediante procesos participativos e inclusivos4.

Realizar campañas de sensibilización y divulgación sobre los beneficios y los riesgos de la IA para la sociedad, utilizando medios de comunicación, redes sociales y eventos públicos.

La conciencia pública sobre los riesgos y desafíos éticos de la IA es esencial para garantizar una IA beneficiosa y no perjudicial para la sociedad. La colaboración entre la academia, la industria, los reguladores, los legisladores y la sociedad civil es clave para abordar de manera efectiva estos desafíos éticos.

16.Las aplicaciones prácticas de álgebra lineal en la inteligencia artificial

El álgebra lineal es una rama de las matemáticas que desempeña un papel fundamental en la inteligencia artificial (IA) y el aprendizaje automático.

Representación de datos: En la IA, los datos se representan con frecuencia como vectores o matrices. El álgebra lineal proporciona las herramientas para manipular y transformar estos datos de manera eficiente. Por ejemplo, las imágenes pueden representarse como matrices de píxeles y el álgebra lineal se utiliza para realizar operaciones en estas imágenes.

La representación de datos es un aspecto fundamental en la inteligencia artificial (IA), ya que permite codificar, almacenar y procesar la información que se utiliza para entrenar, ejecutar y evaluar los modelos de IA. Los datos se pueden representar de diferentes formas, dependiendo del tipo, la dimensión y la estructura de la información. Algunas de las formas más comunes de representar los datos en la IA son:

Vectores: son conjuntos ordenados de elementos, que pueden ser números, letras, símbolos o cualquier otro tipo de dato. Los vectores se pueden utilizar para representar datos unidimensionales, como una lista de valores o una secuencia de caracteres. Por ejemplo, el vector [3, 5, 7] representa una lista de tres números enteros, y el vector ["H", "o", "l", "a"] representa una palabra de cuatro letras.

Matrices: son conjuntos ordenados de vectores, que forman una estructura bidimensional. Las matrices se pueden utilizar para representar datos bidimensionales, como una tabla de valores o una imagen. Por ejemplo, la matriz [[1, 2], [3, 4]] representa una tabla de dos filas y dos columnas, y la matriz [[255, 0, 0], [0, 255, 0], [0, 0, 255]] representa una imagen de tres píxeles con los colores rojo, verde y azul.

Tensores: son conjuntos ordenados de matrices, que forman una estructura multidimensional. Los tensores se pueden utilizar para representar datos multidimensionales, como una colección de tablas o imágenes. Por ejemplo, el tensor [[[1, 2], [3, 4]], [[5, 6], [7, 8]]] representa una colección de dos matrices de dos filas y dos columnas cada una.

El álgebra lineal es una rama de las matemáticas que estudia las propiedades y las operaciones de los vectores, las matrices y los tensores. El álgebra lineal proporciona las herramientas para manipular y transformar estos datos de manera eficiente y precisa. Algunas de las operaciones más utilizadas en el álgebra lineal son:

Suma: consiste en combinar dos o más vectores, matrices o tensores del mismo tamaño, sumando sus elementos correspondientes. Por ejemplo, la suma de los vectores [1, 2] y [3, 4] es el vector [4, 6], y la suma de las matrices [[1, 2], [3, 4]] y [[5, 6], [7, 8]] es la matriz [[6, 8], [10, 12]].

Multiplicación: consiste en aplicar un factor a un vector, una matriz o un tensor, multiplicando todos sus elementos por ese factor. También consiste en combinar dos o más vectores o matrices de tamaños compatibles, multiplicando sus elementos y sumando los resultados. Por ejemplo, la multiplicación del vector [1, 2] por el factor 3 es el vector [3, 6], y la multiplicación de las matrices [[1, 2], [3, 4]] y [[5, 6], [7, 8]] es la matriz [[19, 22], [43, 50]].

Transposición: consiste en cambiar el orden de los elementos de un vector o una matriz, intercambiando sus filas por sus columnas. Por ejemplo, la transposición del vector [1, 2] es el vector [1,2], y la transposición de la matriz [[1, 2], [3, 4]] es la matriz [[1, 3], [2, 4]].

Inversión: consiste en encontrar un vector o una matriz que al multiplicarse por otro vector o matriz dé como resultado el vector o la matriz identidad. El vector o la matriz identidad es aquel que tiene todos sus elementos iguales a cero excepto los que están en la diagonal principal que son iguales a uno. Por ejemplo, la inversión del vector 2 es el vector [0.5], ya que su multiplicación da como resultado el vector 1. La inversión de la matriz [[1, 2], [3, 4]] es la matriz [[-2, 1], [1.5, -0.5]], ya que su multiplicación da como resultado la matriz [[1, 0], [0, 1]].

La representación de datos y el álgebra lineal son conceptos básicos e importantes para entender y aplicar la IA en diferentes campos y problemas.

Regresión lineal: La regresión lineal es un modelo ampliamente utilizado en el aprendizaje automático para predecir valores continuos a partir de datos. Se basa en relaciones lineales entre variables, y el álgebra lineal se utiliza para ajustar los parámetros del modelo de manera eficiente.

La regresión lineal es un modelo ampliamente utilizado en el aprendizaje automático para predecir valores continuos a partir de datos. La regresión lineal asume que existe una relación lineal entre una variable dependiente y una o más variables independientes, y busca encontrar la mejor línea recta que se ajuste a los datos observados. La regresión lineal puede ayudar a comprender y predecir el comportamiento de sistemas complejos o a analizar datos experimentales, financieros y biológicos.

Algunas de las características y aplicaciones de la regresión lineal son:

La regresión lineal se puede clasificar en simple o múltiple, según el número de variables independientes que se consideren. La regresión lineal simple utiliza una sola variable independiente para predecir una variable

116

dependiente, mientras que la regresión lineal múltiple utiliza varias variables independientes para predecir una variable dependiente.

La regresión lineal se basa en el método de los mínimos cuadrados, que consiste en minimizar la suma de los cuadrados de las diferencias entre los valores observados y los valores estimados por el modelo2. El método de los mínimos cuadrados permite encontrar los parámetros del modelo que mejor se ajustan a los datos.

La regresión lineal se puede expresar mediante una ecuación de la forma $Y = \beta_0 + \beta_1 X_1 + \ldots + \beta_m X_m + \varepsilon$, donde Y es la variable dependiente, $X_1, \ldots, X_m$ son las variables independientes, $\beta_0, \ldots, \beta_m$ son los parámetros del modelo y ε es el término de error[3][3]. La interpretación de los parámetros del modelo depende del contexto del problema y del tipo de variables que se utilicen.

La regresión lineal se puede utilizar para diversos fines, como la descripción, la predicción, la inferencia o la optimización. Algunos ejemplos de aplicaciones de la regresión lineal son: estimar el precio de una vivienda en función de sus características, predecir el rendimiento académico de un estudiante en función de sus hábitos de estudio, inferir la relación entre el consumo de tabaco y el riesgo de cáncer o optimizar el diseño de un producto en función de las preferencias de los consumidores

Álgebra de matrices en redes neuronales: Las redes neuronales, que son la base de muchos modelos de aprendizaje profundo, utilizan intensivamente álgebra de matrices para realizar operaciones de propagación hacia adelante y hacia atrás (forward y backward propagation). Esto implica multiplicar matrices y realizar operaciones como la transposición y la inversión de matrices.

La álgebra de matrices en las redes neuronales es una aplicación práctica del álgebra lineal en la inteligencia artificial. Las redes neuronales son modelos computacionales inspirados en el funcionamiento del cerebro humano, que consisten en capas de unidades de procesamiento llamadas neuronas artificiales. Estas neuronas se conectan entre sí mediante pesos sinápticos, que determinan la fuerza de la transmisión de la señal entre ellas.

Las operaciones de propagación hacia adelante y hacia atrás son fundamentales para el funcionamiento y el aprendizaje de las redes neuronales. La propagación hacia adelante consiste en calcular la salida de la red a partir de una entrada, aplicando una función de activación a la suma ponderada de las entradas de cada neurona. La propagación hacia atrás consiste en ajustar los pesos sinápticos de la red a partir de un

117

error, aplicando una regla de aprendizaje que depende de la derivada de la función de activación.

El álgebra de matrices se utiliza para realizar estas operaciones de manera eficiente y precisa, ya que permite representar y manipular los datos, los pesos y las funciones de activación como vectores y matrices. Por ejemplo, se puede representar la entrada y la salida de una capa como vectores, los pesos sinápticos entre dos capas como matrices, y la función de activación como una operación matricial. De esta forma, se puede calcular la salida y el error de una capa mediante multiplicaciones matriciales.

Análisis de componentes principales (PCA): PCA es una técnica de reducción de dimensionalidad que se utiliza para extraer las características más importantes de un conjunto de datos. Se basa en descomponer la matriz de covarianza de los datos utilizando el álgebra lineal.

El análisis de componentes principales (PCA) es una técnica de reducción de dimensionalidad que se utiliza para extraer las características más importantes de un conjunto de datos. El PCA busca encontrar un número menor de variables (componentes) que expliquen la mayor parte de la variación de los datos originales. Estas variables se obtienen como combinaciones lineales de las variables originales, y son ortogonales entre sí. El PCA se puede aplicar para diversos fines, como la visualización, la predicción, la inferencia o la optimización.

Según los resultados que he encontrado en la web, el PCA se basa en el álgebra lineal, especialmente en los conceptos de eigenvectors y eigenvalues. Estos conceptos permiten encontrar los componentes principales como los vectores propios de la matriz de covarianza o de correlación de los datos. El PCA también se puede expresar mediante una ecuación matricial que relaciona la variable dependiente con las variables independientes y los parámetros del modelo. El PCA se puede implementar con diferentes métodos y herramientas, como el método de los mínimos cuadrados, la descomposición en valores singulares o la librería scikit-learn de Python.

Sistemas de ecuaciones lineales: El álgebra lineal se utiliza en la resolución de sistemas de ecuaciones lineales, que pueden surgir en diversas aplicaciones de IA, como la optimización de modelos y la resolución de problemas de optimización en general.

El álgebra lineal se utiliza en la resolución de sistemas de ecuaciones lineales, que pueden surgir en diversas aplicaciones de la inteligencia artificial (IA). Resolver un sistema de ecuaciones lineales consiste en encontrar los valores de las incógnitas que satisfacen todas las ecuaciones simultáneamente.

El álgebra lineal proporciona las herramientas para representar y manipular los sistemas de ecuaciones lineales de forma eficiente y precisa, utilizando vectores y matrices. Un vector es un conjunto ordenado de elementos, que pueden ser números, letras o cualquier otro tipo de dato. Una matriz es un conjunto ordenado de vectores, que forman una estructura bidimensional. El álgebra lineal permite realizar operaciones con vectores y matrices, como suma, resta, multiplicación, transposición e inversión, que facilitan el cálculo y la solución de los sistemas de ecuaciones lineales.

Algunas aplicaciones de la IA que utilizan sistemas de ecuaciones lineales son:

El análisis de componentes principales (PCA), que es una técnica de reducción de dimensionalidad que busca extraer las características más importantes de un conjunto de datos.

La regresión lineal, que es un modelo estadístico que busca encontrar la mejor relación lineal entre una variable dependiente y una o más variables independientes.

Las redes neuronales artificiales, que son modelos computacionales inspirados en el funcionamiento del cerebro humano, que consisten en capas de unidades de procesamiento llamadas neuronas artificiales.

Procesamiento de señales y visión por computadora: En aplicaciones de procesamiento de señales y visión por computadora, se utilizan transformaciones lineales como la transformada de Fourier y la transformada de Laplace, que están fundamentadas en conceptos de álgebra lineal.

El procesamiento de señales y la visión por computadora son dos campos de la inteligencia artificial que se ocupan de analizar, interpretar y manipular señales e imágenes digitales. El álgebra lineal es una herramienta matemática que se utiliza para realizar transformaciones lineales sobre estos datos, con el fin de extraer información relevante, mejorar la calidad, reducir la complejidad o cambiar el dominio.

Algunas de las transformaciones lineales más utilizadas en el procesamiento de señales y la visión por computadora son:

La transformada de Fourier, que convierte una señal o una imagen del dominio del tiempo o del espacio al dominio de la frecuencia. Esto permite identificar los componentes espectrales de la señal o la imagen, así como filtrar, comprimir o codificar los datos.

La transformada de Laplace, que convierte una señal o una imagen del dominio del tiempo o del espacio al dominio de la frecuencia compleja. Esto permite analizar la estabilidad, el comportamiento transitorio y el comportamiento frecuencial de sistemas lineales e invariantes en el tiempo.

La transformada de coseno discreta, que convierte una señal o una imagen del dominio del tiempo o del espacio al dominio de la frecuencia real. Esto permite reducir la redundancia y la correlación entre los datos, así como comprimir o codificar los datos.

La transformada wavelet, que convierte una señal o una imagen del dominio del tiempo o del espacio al dominio de la escala y la traslación. Esto permite representar los datos con diferentes niveles de resolución y detalle, así como detectar bordes, texturas y características locales.

Estas transformaciones lineales se pueden expresar mediante ecuaciones matriciales que relacionan los datos originales con los datos transformados. El álgebra lineal permite realizar estas operaciones con vectores y matrices, utilizando métodos numéricos eficientes y precisos.

Análisis de datos y minería de datos: En la exploración y análisis de grandes conjuntos de datos, se emplean técnicas de álgebra lineal para realizar reducción de dimensionalidad, clustering y otras operaciones.

El álgebra lineal es una herramienta matemática que se utiliza para realizar operaciones con datos de forma eficiente y precisa. Algunas de las operaciones que se emplean en el análisis de datos y la minería de datos son:

Reducción de dimensionalidad: Consiste en reducir el número de variables o dimensiones de un conjunto de datos, manteniendo la mayor parte de la información relevante. Esto permite simplificar, visualizar y analizar los datos, así como reducir el ruido y la redundancia. Una técnica común de reducción de dimensionalidad es el análisis de componentes principales (PCA), que busca encontrar las variables (componentes) que explican la mayor parte de la variación de los datos.

Clustering: Consiste en agrupar los datos en subconjuntos (clústeres) según su similitud o proximidad. Esto permite identificar patrones, estructuras y relaciones en los datos, así como segmentar o clasificar los datos. Una técnica común de clustering es el algoritmo k-means, que busca encontrar k clústeres que minimicen la distancia entre los datos y sus respectivos centroides.

Otras operaciones: El álgebra lineal también se utiliza para realizar otras operaciones con los datos, como la normalización, la estandarización, la correlación, la regresión, la clasificación, la detección de valores atípicos y la factorización.

El álgebra lineal es esencial en la inteligencia artificial porque proporciona las herramientas matemáticas necesarias para representar, transformar y analizar datos de manera eficiente, así como para desarrollar modelos y algoritmos fundamentales en el campo del aprendizaje automático y la IA.

17. Las ecuaciones diferenciales en problemas de aprendizaje automático

Las ecuaciones diferenciales se utilizan en problemas de aprendizaje automático principalmente en dos contextos: modelado y optimización. Aquí tienes una descripción de cómo se aplican en cada uno de estos contextos:

Modelado: Las ecuaciones diferenciales se utilizan para modelar sistemas dinámicos en los cuales las variables cambian con respecto al tiempo o a otras variables. En el campo del aprendizaje automático, esto puede aplicarse a problemas de series temporales, procesamiento de señales y dinámica de sistemas, entre otros.

Algunos ejemplos incluyen:

Modelado de series temporales: Las ecuaciones diferenciales pueden usarse para describir el comportamiento temporal de una serie de datos. Por ejemplo, en el análisis de series temporales, se pueden utilizar modelos de ecuaciones diferenciales para predecir el comportamiento futuro de una serie, como en el caso de la predicción de precios de acciones, el clima o la demanda de productos.

Procesamiento de señales: Las ecuaciones diferenciales pueden utilizarse para filtrar, suavizar o analizar señales. Por ejemplo, se pueden aplicar filtros de Kalman o filtros de partículas, que involucran ecuaciones diferenciales, para estimar el estado de un sistema en función de observaciones ruidosas.

El procesamiento de señales es el conjunto de técnicas que se utilizan para analizar, interpretar y manipular señales digitales, como datos científicos, transmisiones de audio, imágenes y video. El procesamiento de señales puede tener diversos fines, como la mejora de la calidad, la reducción de la complejidad, el cambio de dominio o la extracción de información relevante de las señales[1].

Las ecuaciones diferenciales son un tipo de ecuaciones que expresan cómo una variable dependiente cambia con respecto a una o más variables independientes, generalmente el tiempo. Las ecuaciones diferenciales se utilizan para modelar sistemas dinámicos, es decir, sistemas que varían a lo largo del tiempo o en función de otras variables.

Las ecuaciones diferenciales pueden utilizarse para filtrar, suavizar o analizar señales, aplicando transformaciones lineales sobre los datos, como la transformada de Fourier o la transformada wavelet. Estas transformaciones permiten cambiar el dominio de las señales, por ejemplo, del dominio del tiempo al dominio de la frecuencia, y facilitan el cálculo y la solución de las ecuaciones diferenciales[3].

Por ejemplo, se pueden aplicar filtros de Kalman o filtros de partículas, que involucran ecuaciones diferenciales, para estimar el estado de un sistema en función de observaciones ruidosas. Estos filtros son métodos probabilísticos que combinan un modelo matemático del sistema con las mediciones disponibles para obtener una estimación óptima del estado actual y futuro del sistema. Estos filtros se pueden utilizar para diversas aplicaciones, como el seguimiento de objetos en movimiento, la navegación por satélite o la fusión de sensores.

Simulación de sistemas físicos: En el aprendizaje automático basado en física, las ecuaciones diferenciales se utilizan para simular y modelar sistemas físicos, como la dinámica de partículas, la mecánica de fluidos, la difusión de calor, etc. Esto es útil en aplicaciones como la simulación de fluidos para efectos visuales en películas o videojuegos, o en la optimización de procesos industriales.

El modelado es el proceso de crear una representación matemática de un sistema real, utilizando ecuaciones que describen las relaciones entre las variables que caracterizan el sistema. Las ecuaciones diferenciales son un tipo de ecuaciones que expresan cómo una variable dependiente cambia con respecto a una o más variables independientes, generalmente el tiempo. Las ecuaciones diferenciales se utilizan para modelar sistemas dinámicos, es decir, sistemas que varían a lo largo del tiempo o en función de otras variables.

Algunos ejemplos de sistemas dinámicos que se pueden modelar con ecuaciones diferenciales son:

El crecimiento o el decaimiento de una población, una sustancia o una cantidad, que depende de la tasa de natalidad, mortalidad, producción o consumo.

El movimiento armónico simple o amortiguado de un objeto con masa unido a un resorte, que depende de la fuerza restauradora del resorte, la gravedad y la resistencia del aire.

La carga y la corriente en un circuito eléctrico que contiene una resistencia, un inductor y un condensador conectados en serie, que dependen de la tensión aplicada y las propiedades de los componentes.

La propagación de una enfermedad infecciosa en una población, que depende del número de individuos susceptibles, infectados y recuperados3.

Para resolver una ecuación diferencial, se busca encontrar una función o una familia de funciones que satisfagan la ecuación y las condiciones iniciales o de contorno del problema. La solución de una ecuación diferencial permite predecir el comportamiento del sistema modelado, así como analizar su estabilidad, su sensibilidad y su optimización.

El álgebra lineal es una rama de las matemáticas que estudia las propiedades y las operaciones de los vectores, las matrices y los tensores. El álgebra lineal proporciona las herramientas para representar y manipular los sistemas de ecuaciones lineales, que son un tipo especial de ecuaciones diferenciales en las que la variable dependiente y sus derivadas aparecen solo con potencias de uno. El álgebra lineal también permite realizar transformaciones lineales sobre los datos, como la transformada de Fourier o la transformada wavelet, que facilitan el cálculo y la solución de las ecuaciones diferenciales.

Optimización: Las ecuaciones diferenciales también se utilizan en la optimización de funciones. En particular, los métodos de optimización basados en ecuaciones diferenciales se han vuelto populares en el aprendizaje automático debido a su eficacia en la optimización de funciones no convexas y en la búsqueda de hiperparámetros.

Algunos ejemplos incluyen:

Optimización de hiperparámetros: Los algoritmos como el optimizador diferencial evolutivo (Differential Evolution) y el optimizador de estrategia de evolución (CMA-ES) utilizan conceptos de ecuaciones diferenciales para ajustar los hiperparámetros de modelos de aprendizaje automático. Estos métodos son útiles para buscar combinaciones óptimas de hiperparámetros de manera eficiente.

La optimización de hiperparámetros es un proceso que busca encontrar los mejores valores de los parámetros que controlan el comportamiento y el rendimiento de los modelos de aprendizaje automático. Los hiperparámetros pueden ser, por ejemplo, el número de capas y neuronas en una red neuronal, la tasa de aprendizaje, el tamaño del lote o la regularización. La optimización de hiperparámetros puede mejorar la precisión, la velocidad y la generalización de los modelos de aprendizaje automático.

Los algoritmos como el optimizador diferencial evolutivo (Differential Evolution) y el optimizador de estrategia de evolución (CMA-ES) son métodos de optimización global basados en la inspiración biológica de la evolución natural. Estos algoritmos utilizan conceptos de ecuaciones diferenciales para ajustar los hiperparámetros de los modelos de aprendizaje automático, mediante la generación y selección de soluciones candidatas que se combinan y mutan para explorar el espacio de búsqueda.

El optimizador diferencial evolutivo (Differential Evolution) es un algoritmo que utiliza una población inicial de vectores aleatorios como soluciones candidatas a los hiperparámetros. En cada iteración, el algoritmo genera nuevos vectores mediante la combinación lineal de tres vectores seleccionados al azar, y luego aplica una mutación aleatoria a algunos elementos del vector resultante. El nuevo vector se compara con el vector original, y se selecciona el que tenga mejor valor de la función objetivo.

El optimizador de estrategia de evolución (CMA-ES) es un algoritmo que utiliza una distribución normal multivariada como modelo probabilístico para generar nuevas soluciones candidatas a los hiperparámetros. En cada iteración, el algoritmo actualiza los parámetros de la distribución normal, como la media, la covarianza y el tamaño del paso, mediante el cálculo de las derivadas parciales de la función objetivo con respecto a estos parámetros. El algoritmo utiliza una regla de selección que favorece las soluciones con mejor valor de la función objetivo.

Estos algoritmos son capaces de encontrar soluciones óptimas o cercanas al óptimo en problemas complejos y no lineales, como la optimización de hiperparámetros en modelos de aprendizaje automático. Sin embargo, también tienen algunas limitaciones, como el alto costo computacional, la sensibilidad a los parámetros del algoritmo o la posibilidad de quedar atrapados en óptimos locales.

Aprendizaje basado en gradiente estocástico (SGD): Aunque no son estrictamente ecuaciones diferenciales, los métodos de optimización basados en gradiente, como el descenso de gradiente estocástico (SGD), también son fundamentales en el aprendizaje automático. Estos métodos utilizan derivadas parciales para ajustar los pesos y sesgos de las redes neuronales durante el entrenamiento, lo que permite la convergencia hacia mínimos locales de la función de pérdida.

Las ecuaciones diferenciales también se utilizan en la optimización de funciones. Muchas funciones objetivo que se quieren minimizar o maximizar en el aprendizaje automático son funciones de varias variables que dependen de sus derivadas parciales. Por ejemplo, la función de pérdida de una red neuronal se puede expresar como una función de los pesos y los sesgos de la red, y su gradiente se puede calcular mediante ecuaciones diferenciales. La optimización de funciones con ecuaciones diferenciales permite encontrar los valores óptimos de las variables que minimizan o maximizan la función objetivo, utilizando métodos numéricos como el descenso de gradiente, el método de Newton o el método del gradiente conjugado. Estos métodos se basan en el álgebra lineal, que proporciona las herramientas para representar y manipular los sistemas de ecuaciones lineales que surgen al resolver las ecuaciones diferenciales.

El aprendizaje basado en gradiente estocástico (SGD) es una técnica de optimización que se utiliza para entrenar modelos de aprendizaje automático de forma eficiente y efectiva. El SGD se basa en el descenso de gradiente, que es un método iterativo que busca encontrar el mínimo de una función objetivo, como la función de pérdida o de costo, ajustando los parámetros del modelo en la dirección opuesta al gradiente de la función. El SGD se diferencia del descenso de gradiente en que utiliza solo una muestra aleatoria o un subconjunto de los datos de entrenamiento para calcular el gradiente en cada iteración, en lugar de usar todo el conjunto de datos. Esto hace que el SGD sea más rápido y menos propenso a quedarse atascado en óptimos locales o puntos de silla.

El SGD se aplica a una variedad de problemas y modelos de aprendizaje automático, especialmente a aquellos que involucran grandes cantidades de datos y funciones de pérdida convexas, como las máquinas de vectores de soporte lineales y la regresión logística. El SGD también se puede adaptar a funciones de pérdida no convexas, como las redes neuronales artificiales, utilizando variantes como el SGD con momento, el SGD con tasa de aprendizaje adaptativa o el SGD con regularización.

El SGD tiene varias ventajas y desventajas, que dependen del problema, del modelo y de los parámetros que se utilicen. Algunas de las ventajas son:

Eficiencia: El SGD reduce el costo computacional y la memoria requerida para entrenar modelos complejos con grandes conjuntos de datos, ya que solo necesita procesar una muestra o un subconjunto de los datos en cada iteración1.

Facilidad de implementación: El SGD es un algoritmo simple pero poderoso que se puede implementar con pocas líneas de código y que ofrece muchas oportunidades para el ajuste y la personalización.

Generalización: El SGD puede mejorar la capacidad de generalización y evitar el sobreajuste de los modelos, ya que introduce ruido y variación en el proceso de aprendizaje, lo que evita que el modelo se adapte demasiado a los datos de entrenamiento.

Algunas de las desventajas son:

Hiperparámetros: El SGD requiere elegir y ajustar varios hiperparámetros, como el tamaño del subconjunto o del lote, la tasa de aprendizaje, el momento, la regularización y el número de iteraciones. Estos hiperparámetros pueden afectar significativamente el rendimiento y la convergencia del algoritmo.

Sensibilidad a la escala: El SGD es sensible a la escala y la distribución de las características o variables independientes, lo que puede provocar gradientes muy grandes o muy pequeños que dificultan el aprendizaje. Por lo tanto, se recomienda normalizar o estandarizar los datos antes de aplicar el SGD.

Convergencia: El SGD no garantiza la convergencia al óptimo global o al mínimo absoluto de la función objetivo, sino solo a un óptimo local o a un mínimo relativo. Además, el SGD puede oscilar alrededor del mínimo sin alcanzarlo nunca, debido al ruido y la variación introducidos por la aleatoriedad del algoritmo.

18.El papel de la estadística en la toma de decisiones basada en datos en IA

La estadística desempeña un papel fundamental en la toma de decisiones basada en datos en la inteligencia artificial (IA). A continuación, se detallan algunos de los roles más importantes que desempeña la estadística en este contexto:

Análisis de datos: La estadística proporciona herramientas y técnicas para resumir, visualizar y comprender los datos. Esto es esencial en la IA para explorar los conjuntos de datos, identificar patrones, anomalías y tendencias, y obtener información valiosa de los datos brutos.

El análisis de datos es un proceso que consiste en recopilar, explorar y presentar grandes cantidades de datos para descubrir patrones y tendencias implícitos. La estadística es la ciencia que proporciona las herramientas y las técnicas para realizar este proceso de forma rigurosa y eficiente. La estadística es esencial en la inteligencia artificial (IA) para explorar los conjuntos de datos, identificar patrones, anomalías y tendencias, y obtener información valiosa de los datos brutos.

Algunas de las herramientas y técnicas estadísticas que se utilizan en el análisis de datos son:

Medidas de tendencia central: son valores que resumen el comportamiento general de una variable o un conjunto de datos. Las más comunes son la media, la mediana y la moda.

Medidas de dispersión: son valores que indican la variabilidad o la heterogeneidad de una variable o un conjunto de datos. Las más comunes son el rango, la varianza y la desviación estándar.

Gráficos estadísticos: son representaciones visuales que facilitan la comprensión y la comparación de los datos. Algunos ejemplos son los histogramas, los diagramas de caja, los diagramas de dispersión y los gráficos circulares.

Pruebas estadísticas: son métodos que permiten contrastar hipótesis o afirmaciones sobre una variable o un conjunto de datos. Algunos ejemplos son las pruebas de normalidad, las pruebas de comparación de medias, las pruebas de correlación y las pruebas de independencia.

Inferencia estadística: La inferencia estadística permite sacar conclusiones sobre una población o conjunto de datos basándose en una muestra representativa. En la IA, esto puede utilizarse para hacer estimaciones sobre el rendimiento de un modelo de aprendizaje automático en una población más amplia.

La inferencia estadística es una rama de la estadística que se enfoca en hacer conclusiones y generalizaciones sobre una población a partir de la información obtenida de una muestra de la misma. La inferencia estadística es útil porque no siempre es posible medir todos los elementos de una población, por lo que se utiliza una muestra representativa para estimar las propiedades de la población. La inferencia estadística se basa en la teoría de la probabilidad y en la distribución de los datos.

En la inteligencia artificial (IA), la inferencia estadística puede utilizarse para hacer estimaciones sobre el rendimiento de un modelo de aprendizaje automático en una población más amplia, a partir de los resultados obtenidos en un conjunto de datos de prueba o validación. Por ejemplo, se puede utilizar la inferencia estadística para calcular el intervalo de confianza o el error estándar de la precisión, la sensibilidad o el valor F1 de un modelo clasificador. También se puede utilizar la inferencia estadística para realizar pruebas de hipótesis o comparaciones entre diferentes modelos o algoritmos, utilizando medidas como el p-valor, el estadístico t o el estadístico chi-cuadrado.

La inferencia estadística es una herramienta poderosa y rigurosa para evaluar y mejorar los modelos de aprendizaje automático, así como para obtener información valiosa sobre los datos y los problemas que se quieren resolver.

Validación de modelos: La estadística es crucial en la evaluación y validación de modelos de IA. Métodos como la validación cruzada, las métricas de rendimiento (por ejemplo, precisión, sensibilidad, especificidad, F1-score) y las pruebas de hipótesis estadísticas se utilizan para medir cuán bien un modelo se desempeña en diferentes conjuntos de datos y para comparar diferentes modelos.

La validación de modelos es un proceso esencial en la inteligencia artificial (IA) que consiste en verificar y evaluar la calidad, la precisión y la utilidad de los modelos estadísticos que se utilizan para representar y resolver problemas. La estadística es crucial en la validación de modelos, ya que proporciona las herramientas y los métodos para realizar esta tarea de forma rigurosa y eficiente.

Algunos de los aspectos que se pueden validar con la estadística son:

La estructura del modelo: se refiere a la forma y el tipo de las ecuaciones que relacionan las variables del problema. La estadística permite comparar y seleccionar entre diferentes estructuras de modelos, utilizando criterios como el principio de parsimonia, el coeficiente de determinación o el error cuadrático medio.

Los parámetros del modelo: se refieren a los valores numéricos que determinan el comportamiento del modelo. La estadística permite estimar y ajustar los parámetros del modelo, utilizando técnicas como el método de los mínimos cuadrados, el método de máxima verosimilitud o el método bayesiano.

Las predicciones del modelo: se refieren a los resultados que se obtienen al aplicar el modelo a nuevos datos o situaciones. La estadística permite evaluar y comparar las predicciones del modelo con los datos reales, utilizando medidas como el error absoluto medio, el error relativo medio o el intervalo de confianza.

La validación de modelos con la estadística es una tarea compleja y desafiante, que requiere un conocimiento profundo del problema, del modelo y de los datos. La validación de modelos no solo sirve para comprobar la calidad del modelo, sino también para mejorarla, corrigiendo posibles errores, sesgos o limitaciones. La validación de modelos también sirve para obtener información valiosa sobre el problema, como las relaciones causales, las variables relevantes o las tendencias futuras.

Aprendizaje automático: En el campo del aprendizaje automático, la estadística es la base teórica que respalda muchos algoritmos. Los algoritmos de aprendizaje automático se basan en principios estadísticos para ajustar modelos a los datos y tomar decisiones sobre la clasificación, regresión, agrupación y otras tareas.

El aprendizaje automático es una rama de la inteligencia artificial que se ocupa de desarrollar algoritmos y sistemas que puedan aprender de los datos y mejorar su rendimiento con la experiencia. La estadística es la ciencia que se ocupa de recopilar, analizar e interpretar los datos mediante métodos matemáticos. La estadística es la base teórica que respalda muchos algoritmos de aprendizaje automático, ya que proporciona los principios, las técnicas y las herramientas para realizar las siguientes tareas:

Explorar y preprocesar los datos: consiste en examinar, limpiar, transformar y visualizar los datos para comprender sus características, su calidad y su distribución. La estadística permite realizar operaciones como el cálculo de medidas de tendencia central, dispersión y correlación, la aplicación de pruebas de normalidad y de hipótesis, o la generación de gráficos estadísticos.

Seleccionar y extraer características: consiste en elegir o crear las variables más relevantes e informativas para el problema que se quiere resolver. La estadística permite realizar operaciones como la reducción de dimensionalidad, el análisis de componentes principales, el análisis factorial o el análisis discriminante.

Construir y entrenar modelos: consiste en definir y ajustar una función matemática que relacione las variables de entrada con las variables de salida. La estadística permite realizar operaciones como la estimación de parámetros, el método de los mínimos cuadrados, el método de máxima verosimilitud o el método bayesiano.

Evaluar y validar modelos: consiste en medir y comparar la calidad, la precisión y la utilidad de los modelos construidos. La estadística permite realizar operaciones como el cálculo del error cuadrático medio, el coeficiente de determinación, el intervalo de confianza o el valor p.

La estadística es una herramienta poderosa y rigurosa para el aprendizaje automático, ya que permite obtener información valiosa de los datos, construir modelos fiables y robustos, y evaluar sus resultados.

Estimación de incertidumbre: La estadística también se utiliza para estimar la incertidumbre en las predicciones de los modelos de IA. Esto es crucial en aplicaciones críticas donde se necesita comprender la confiabilidad de las decisiones tomadas por el sistema de IA.

La estadística también se utiliza para estimar la incertidumbre en las predicciones de los modelos de inteligencia artificial (IA). La incertidumbre se refiere al grado de confianza o fiabilidad que se tiene sobre los resultados obtenidos por un modelo de IA. La incertidumbre puede tener diversas fuentes, como el ruido, el sesgo, la variabilidad o la complejidad de los datos y los modelos. La estimación de la incertidumbre permite evaluar el riesgo y la robustez de las decisiones tomadas por el sistema de IA, así como identificar posibles errores o mejoras.

Algunos de los métodos que se utilizan para estimar la incertidumbre en las predicciones de los modelos de IA son:

Métodos basados en intervalos: Consisten en calcular un rango de valores que contenga la verdadera predicción con una determinada probabilidad. Por ejemplo, se puede utilizar el método de bootstrap para generar múltiples muestras a partir de los datos originales y obtener un intervalo de confianza para la predicción.

Métodos basados en distribuciones: Consisten en asignar una distribución de probabilidad a la predicción, que refleje su variabilidad y su grado de certeza. Por ejemplo, se puede utilizar el método bayesiano para incorporar el conocimiento previo y la evidencia de los datos en la estimación de la distribución posterior de la predicción.

Métodos basados en conjuntos: Consisten en combinar las predicciones de varios modelos diferentes, que capturen distintos aspectos o fuentes de incertidumbre. Por ejemplo, se puede utilizar el método de ensamble para generar varios modelos a partir de subconjuntos o modificaciones de los datos y obtener una predicción promedio o ponderada.

Selección de características: La estadística desempeña un papel en la selección de características relevantes para entrenar modelos de IA. Los métodos estadísticos, como el análisis de componentes principales (PCA) y las pruebas de hipótesis, pueden ayudar a identificar las características más informativas.

La selección de características es un proceso que consiste en elegir las variables más relevantes para entrenar un modelo de inteligencia artificial (IA) que pueda realizar una tarea específica. La estadística desempeña un papel importante en la selección de características, ya que permite evaluar la relación entre las variables y la variable objetivo, así como la redundancia o la independencia entre las variables. Algunos métodos estadísticos que se utilizan para la selección de características son el análisis de varianza (ANOVA), el coeficiente de correlación de Pearson, el coeficiente de correlación de rango de Spearman, la prueba chi-cuadrado y el criterio de información de Akaike (AIC). La selección de características puede mejorar el rendimiento y la eficiencia de los modelos de IA, reduciendo el ruido, la complejidad y el riesgo de sobreajuste.

Control de sesgo y equidad: La estadística también es esencial para abordar cuestiones de sesgo y equidad en los sistemas de IA. Se utilizan técnicas estadísticas para evaluar si los modelos de IA están sesgados hacia ciertos grupos de datos o si toman decisiones injustas.

El control de sesgo y equidad es un tema importante en la inteligencia artificial (IA). El sesgo se refiere a la tendencia de un sistema de IA a producir resultados que favorecen o perjudican a ciertos grupos de datos o personas, lo que puede conducir a decisiones injustas o discriminatorias. La equidad se refiere a la capacidad de un sistema de IA para tratar a todos los grupos de datos o personas de manera justa e imparcial, respetando sus derechos y necesidades. La estadística es esencial para abordar cuestiones de sesgo y equidad en los sistemas de IA, ya que permite:

Medir el sesgo y la equidad: La estadística proporciona métodos y métricas para cuantificar el grado de sesgo y equidad de un sistema de IA. Por ejemplo, se pueden utilizar medidas como la tasa de falsos positivos, la tasa de falsos negativos, la precisión, el valor predictivo positivo y el valor predictivo negativo para evaluar el rendimiento del sistema de IA en diferentes grupos de datos o personas.

Detectar el sesgo y la equidad: La estadística también ayuda a identificar las fuentes y las causas del sesgo y la inequidad en un sistema de IA. Por ejemplo, se pueden utilizar técnicas como el análisis exploratorio de datos, las pruebas de hipótesis estadísticas y el análisis de sensibilidad para examinar los datos de entrada, los algoritmos y los resultados del sistema de IA y detectar posibles factores que contribuyan al sesgo o la inequidad.

Mitigar el sesgo y la equidad: La estadística también ofrece soluciones y estrategias para reducir o eliminar el sesgo y mejorar la equidad en un sistema de IA. Por ejemplo, se pueden utilizar métodos como el preprocesamiento de datos, el reequilibrio de datos, el aprendizaje justo, la regularización, la auditoría y la explicabilidad para modificar los datos, los algoritmos o los resultados del sistema de IA y lograr un mayor nivel de justicia.

La estadística desempeña un papel fundamental en el control de sesgo y equidad en los sistemas de IA. Permite medir, detectar y mitigar el sesgo y la inequidad en los sistemas de IA, lo que a su vez contribuye a mejorar la calidad, la confiabilidad y la responsabilidad social de los sistemas de IA.

19. La probabilidad en la modelización de incertidumbre en IA

La probabilidad desempeña un papel fundamental en la modelización de incertidumbre en la inteligencia artificial (IA). Se utiliza para representar y cuantificar la incertidumbre en los datos y en los modelos, lo que permite a los sistemas de IA tomar decisiones más informadas y racionales en situaciones en las que la información es incompleta o ruidosa. Aquí te explicaré cómo se utiliza la probabilidad en la modelización de incertidumbre en IA:

Modelización de incertidumbre en datos:

Probabilidad en estadísticas: En la estadística, se utilizan distribuciones de probabilidad para modelar la incertidumbre en los datos observados. Esto permite estimar la probabilidad de que ciertos eventos ocurran y calcular intervalos de confianza alrededor de las estimaciones.

La incertidumbre es la falta de confianza o certeza sobre cualquier dato o análisis geoespacial, consecuencia de la diferencia entre la forma en la que estos representan o interpretan un determinado objeto, superficie o sistema y cómo este es en realidad. La incertidumbre se puede medir y calcular mediante la probabilidad, que es una herramienta matemática que permite cuantificar la variabilidad y el azar de los fenómenos aleatorios. La probabilidad se puede expresar como una frecuencia relativa, una proporción, un porcentaje o un número entre 0 y 1. La probabilidad también se puede representar mediante distribuciones de probabilidad, que son funciones que asignan una probabilidad a cada posible valor de una variable aleatoria. Las distribuciones de probabilidad se pueden clasificar en discretas y continuas, según el tipo de variable aleatoria que modelan. Algunas distribuciones de probabilidad comunes son la binomial, la normal, la uniforme, la exponencial y la Poisson.

La probabilidad se utiliza en la estadística para modelar la incertidumbre en los datos observados y para hacer inferencias sobre una población a partir de una muestra. La estadística es la ciencia que se ocupa de recoger, organizar, analizar e interpretar datos numéricos para extraer información y tomar decisiones. La estadística se puede dividir en dos ramas principales: la estadística descriptiva y la estadística inferencial. La estadística descriptiva se encarga de resumir y presentar los datos mediante tablas, gráficos y medidas numéricas como la media, la moda, la mediana, el rango, la desviación estándar y el coeficiente de variación. La estadística inferencial se ocupa de estimar parámetros poblacionales, contrastar hipótesis y predecir valores futuros a partir de los datos muestrales, utilizando técnicas como el intervalo de confianza, el test de significación, el análisis de regresión y el análisis de varianza.

Muestreo probabilístico: En el aprendizaje automático y el análisis de datos, se emplea el muestreo probabilístico para generar conjuntos de datos de entrenamiento y prueba. Esto garantiza que los modelos sean entrenados y evaluados de manera justa y representativa, considerando la incertidumbre inherente en la recopilación de datos.

El muestreo probabilístico es una técnica que permite seleccionar una muestra representativa de una población, de forma que cada elemento tenga la misma probabilidad de ser elegido. Esta técnica se utiliza en el aprendizaje automático y el análisis de datos para generar conjuntos de datos de entrenamiento y prueba, que sirven para entrenar y evaluar los modelos estadísticos o algoritmos que se quieren aplicar. Algunos tipos de muestreo probabilístico son:

Muestreo aleatorio simple: se elige una muestra al azar de la población, sin ningún criterio previo. Por ejemplo, si se quiere estudiar el comportamiento de los clientes de una tienda, se puede seleccionar una muestra de 100 clientes al azar entre todos los que han comprado en la tienda.

Muestreo estratificado: se divide la población en grupos o estratos que tengan alguna característica en común, y luego se elige una muestra al azar dentro de cada estrato. Por ejemplo, si se quiere estudiar el rendimiento académico de los estudiantes de una universidad, se puede dividir la población en estratos según la carrera que estudian, y luego seleccionar una muestra al azar de cada carrera.

Muestreo sistemático: se elige un intervalo fijo para seleccionar los elementos de la muestra, a partir de un punto inicial aleatorio. Por ejemplo, si se quiere estudiar la calidad del aire en una ciudad, se puede medir el nivel de contaminación cada 10 kilómetros, empezando desde un punto aleatorio.

Muestreo por conglomerados: se divide la población en grupos o conglomerados que sean representativos de la población, y luego se elige una muestra al azar de algunos conglomerados. Por ejemplo, si se quiere estudiar la opinión pública sobre un tema político, se puede dividir la población en conglomerados según el municipio donde viven, y luego seleccionar una muestra al azar de algunos municipios.

Modelos probabilísticos:

Redes Bayesianas: Las redes Bayesianas son un enfoque popular para modelar la incertidumbre en problemas de toma de decisiones. Permiten representar relaciones causales entre variables y calcular probabilidades posteriores dadas las observaciones.

Las redes bayesianas son una forma de representar gráficamente las relaciones probabilísticas entre un conjunto de variables aleatorias, y de realizar inferencias y aprendizajes a partir de ellas. Las redes bayesianas se basan en el teorema de Bayes, que permite actualizar las creencias sobre una hipótesis a partir de la evidencia observada. Las redes bayesianas tienen muchas aplicaciones en diversos campos, como la inteligencia artificial, la medicina, la biología, la economía, la sociología, etc.

Una red bayesiana se compone de dos partes: una estructura y unos parámetros. La estructura es un grafo acíclico dirigido (DAG) que tiene como nodos las variables del problema y como arcos las dependencias condicionales entre ellas. Los arcos indican la dirección de la influencia causal o probabilística entre las variables. Los parámetros son las funciones de probabilidad condicional (FPC) que asignan una probabilidad a cada valor posible de una variable dado los valores de sus padres en el grafo. La estructura y los parámetros definen conjuntamente la distribución de probabilidad conjunta (DPC) de todas las variables del problema.

Las redes bayesianas permiten realizar dos tipos de razonamiento: causal y evidencial. El razonamiento causal consiste en estimar el efecto de una acción o intervención sobre una variable dada la evidencia disponible sobre otras variables. El razonamiento evidencial consiste en estimar la probabilidad de una hipótesis dada la evidencia disponible sobre otras variables. Ambos tipos de razonamiento se basan en el cálculo de probabilidades condicionales usando el teorema de Bayes y las propiedades de independencia condicional que se derivan de la estructura de la red.

Para ilustrar el funcionamiento de las redes bayesianas, podemos usar un ejemplo publicado en wikipedia: Hierba húmeda (G), Rociador activado (S) y Lloviendo . La estructura de la red indica que G depende de S y R, y que S depende de R. Los parámetros son las FPC que se muestran en las tablas. La DPC se obtiene multiplicando las FPC correspondientes:
P(G,S,R) = P(G|S,R) * P(S|R) * P®
Con esta red, podemos responder preguntas como:
¿Cuál es la probabilidad de que esté lloviendo dado que la hierba está húmeda? Esta es una pregunta de razonamiento evidencial, donde queremos estimar P(R|G). Usando el teorema de Bayes, tenemos que:
P(R|G) = P(G|R) * P® / P(G)
Donde P(G|R) se puede obtener sumando sobre S:

P(G|R) = sum_S P(G|S,R) * P(S|R)

Y P(G) se puede obtener sumando sobre R y S:

P(G) = sum_R sum_S P(G|S,R) * P(S|R) * P®

Si sustituimos los valores numéricos que aparecen en las tablas, obtenemos que:

P(R|G=T) = 0.35 P(R|G=F) = 0.07

Esto significa que si la hierba está húmeda, hay un 35% de probabilidad de que esté lloviendo, mientras que si la hierba está seca, hay un 7% de probabilidad.

¿Cuál es el efecto de activar el rociador sobre la probabilidad de que la hierba esté húmeda? Esta es una pregunta de razonamiento causal, donde queremos estimar P(G|do(S)). El operador do indica una intervención sobre una variable, es decir, fijar su valor sin tener en cuenta sus causas. Para calcular esta probabilidad, tenemos que modificar la red eliminando los arcos entrantes a S y asignando el valor deseado a S. Luego, podemos usar la DPC modificada para obtener:

P(G|do(S=T)) = sum_R P(G|S=T,R) * P® P(G|do(S=F)) = sum_R P(G|S=F,R) * P®

Si sustituimos los valores numéricos que aparecen en las tablas, obtenemos que:

P(G|do(S=T)) = 0.70 P(G|do(S=F)) = 0.22

Esto significa que si activamos el rociador, hay un 70% de probabilidad de que la hierba esté húmeda, mientras que si lo apagamos, hay un 22% de probabilidad.

Procesos estocásticos: En la IA, se utilizan procesos estocásticos, como el proceso de Markov y el proceso de decisión de Markov, para modelar la evolución de sistemas en entornos inciertos. Estos modelos consideran la probabilidad en la transición de estados y las recompensas asociadas.

Los procesos estocásticos son una herramienta muy útil para la inteligencia artificial, ya que permiten modelar la incertidumbre y la aleatoriedad de los sistemas y los entornos. Un proceso estocástico es un conjunto de variables aleatorias que dependen de un parámetro, como el tiempo, y que tienen una distribución de probabilidad dada1. Existen diferentes tipos de procesos estocásticos, como los procesos de Markov y los procesos de decisión de Markov, que tienen propiedades especiales que los hacen adecuados para la IA.

Un proceso de Markov es un proceso estocástico en el que la variable aleatoria en el tiempo actual solo depende de la variable aleatoria en el tiempo anterior, y no de toda la historia del proceso. Esto se conoce como la propiedad de Markov o la propiedad de memoria sin memoria. Un ejemplo de proceso de Markov es el movimiento aleatorio de una partícula en un espacio bidimensional, donde la dirección y la distancia del siguiente paso solo dependen del estado actual de la partícula.

Un proceso de decisión de Markov es un proceso estocástico en el que se tiene en cuenta la acción de un agente que puede influir en el estado del sistema3. Un proceso de decisión de Markov se compone de un conjunto de estados, un conjunto de acciones, una función de transición que indica la probabilidad de pasar de un estado a otro dado una acción, y una función de recompensa que indica el beneficio o el costo asociado a cada estado o transición. Un ejemplo de proceso de decisión de Markov es el juego del gato y el ratón, donde el gato tiene que elegir entre perseguir al ratón o esperar, y el ratón tiene que elegir entre huir o esconderse.

Los procesos estocásticos son muy útiles para la IA porque permiten modelar situaciones complejas donde hay incertidumbre, ruido, información incompleta o parcialmente observable. Los procesos estocásticos también permiten diseñar algoritmos que buscan optimizar una función objetivo con aleatoriedad, como los algoritmos genéticos, las redes neuronales artificiales o los métodos Monte Carlo4. Estos algoritmos pueden resolver problemas difíciles o imposibles de resolver con métodos deterministas o analíticos.

Aprendizaje por refuerzo:

Algoritmos de aprendizaje por refuerzo, como el Q-learning y los métodos de política, utilizan la probabilidad para modelar la incertidumbre en las recompensas y las transiciones de estado. Los agentes de IA toman decisiones basadas en la estimación de las probabilidades de recompensa futura.

el aprendizaje por refuerzo. Es una técnica de aprendizaje automático que permite a los agentes de IA aprender de sus propias acciones y experiencias en entornos inciertos. Aquí te explicaré cómo funciona el aprendizaje por refuerzo y algunos ejemplos de su uso en la robótica.

El aprendizaje por refuerzo se basa en el concepto de recompensa, que es una señal que indica el éxito o el fracaso de una acción. El objetivo del agente es maximizar la recompensa acumulada a lo largo del tiempo. Para ello, el agente debe explorar el entorno y aprender una política, que es una regla que le dice qué acción tomar en cada estado.

Existen diferentes algoritmos de aprendizaje por refuerzo, como el Q-learning y los métodos de política. Estos algoritmos utilizan la probabilidad para modelar la incertidumbre en las recompensas y las transiciones de estado. Los agentes de IA toman decisiones basadas en la estimación de las probabilidades de recompensa futura.

El aprendizaje por refuerzo tiene muchas aplicaciones en la robótica, como por ejemplo:

Control de robots: El aprendizaje por refuerzo puede ayudar a los robots a aprender a controlar sus movimientos y manipular objetos sin necesidad de una programación detallada. Por ejemplo, un robot puede aprender a caminar, saltar, correr o equilibrarse mediante el ensayo y error.

Navegación de robots: El aprendizaje por refuerzo puede permitir a los robots navegar por entornos complejos y dinámicos, como calles, edificios o bosques. Por ejemplo, un robot puede aprender a evitar obstáculos, seguir rutas óptimas o encontrar objetivos mediante la observación y la interacción.

Cooperación de robots: El aprendizaje por refuerzo puede facilitar la cooperación entre robots para lograr objetivos comunes o individuales. Por ejemplo, un grupo de robots puede aprender a coordinarse, comunicarse o colaborar para realizar tareas como transportar objetos, construir estructuras o explorar territorios.

Clasificación y regresión probabilística:

En la clasificación probabilística, se calculan las probabilidades de pertenencia de un dato a diferentes clases en lugar de simplemente asignarlo a una sola clase. Esto proporciona una medida de la incertidumbre en la clasificación. En la clasificación probabilística, se calculan las probabilidades de pertenencia de un dato a diferentes clases en lugar de simplemente asignarlo a una sola clase. Esto proporciona una medida de la incertidumbre en la clasificación.

La clasificación probabilística, que es un método de aprendizaje supervisado que se utiliza en la inteligencia artificial. La clasificación probabilística permite estimar la probabilidad de que un dato pertenezca a una determinada clase, basándose en los datos de entrenamiento y en un modelo probabilístico. Esto es útil para evaluar la confianza y el riesgo de las predicciones, así como para combinar múltiples clasificadores.

Filtros de Kalman y estimación de estados:

Los filtros de Kalman y sus variantes se utilizan para estimar estados en sistemas dinámicos. Estos filtros utilizan probabilidades para fusionar mediciones ruidosas y modelos dinámicos para realizar estimaciones más precisas.

Los filtros de Kalman y sus variantes se utilizan para estimar estados en sistemas dinámicos, es decir, sistemas que cambian con el tiempo. Algunas aplicaciones de estos filtros son:

Estimación del estado de sistemas de potencia: Los filtros de Kalman se utilizan para estimar las variables eléctricas, como el voltaje, la corriente, la frecuencia y la fase, de los sistemas de potencia basados en mediciones ruidosas o incompletas. Esto permite mejorar el control y la seguridad de los sistemas de potencia.

Estimación del estado de vehículos: Los filtros de Kalman se utilizan para estimar la posición, la velocidad, la orientación y otras variables de interés de vehículos como aviones, cohetes, satélites, robots y automóviles. Esto permite mejorar la navegación, el seguimiento y la planificación de trayectorias.

Estimación del estado de procesos biológicos: Los filtros de Kalman se utilizan para estimar el estado de procesos biológicos como el ritmo cardíaco, la presión arterial, el nivel de glucosa y el movimiento ocular. Esto permite mejorar el diagnóstico, el tratamiento y el monitoreo de enfermedades.

Estimación del estado de sistemas económicos: Los filtros de Kalman se utilizan para estimar el estado de sistemas económicos como el producto interno bruto, la inflación, el desempleo y el tipo de cambio. Esto permite mejorar el análisis, la predicción y la política económica.

En resumen, la probabilidad se utiliza en la modelización de incertidumbre en IA para representar, cuantificar y gestionar la incertidumbre en los datos y en los modelos. Esto permite a los sistemas de IA tomar decisiones más robustas y adaptativas en situaciones donde la incertidumbre es una característica clave.

20.La teoría de la información y cómo se aplica en el campo de la inteligencia artificial

La teoría de la información es una rama de las matemáticas y la ciencia de la computación que se centra en cuantificar la cantidad de información contenida en un conjunto de datos o mensajes. Fue desarrollada por Claude Shannon en la década de 1940 y ha tenido un impacto significativo en diversas áreas, incluida la inteligencia artificial (IA). A continuación, se explican los conceptos clave de la teoría de la información y cómo se aplica en el campo de la IA:

Entropía: La entropía es una medida de la incertidumbre o la sorpresa asociada a un conjunto de datos. Cuanto más caótico o impredecible sea un conjunto de datos, mayor será su entropía. En términos simples, la entropía cuantifica la cantidad de información contenida en un mensaje. En IA, la entropía se utiliza en algoritmos de compresión de datos y en la toma de decisiones en sistemas de aprendizaje automático.

La entropía se puede definir de varias formas, pero una de las más comunes es la que se usa en la termodinámica, que es la rama de la física que estudia el calor y el trabajo. En la termodinámica, la entropía es una medida del desorden o la aleatoriedad de un sistema. Por ejemplo, un vaso de agua fría tiene menos entropía que un vaso de agua caliente, porque las moléculas de agua fría están más ordenadas y tienen menos movimiento que las de agua caliente. La entropía también se relaciona con la energía disponible para realizar trabajo. Un sistema con más entropía tiene menos energía útil y viceversa. Por lo tanto, la entropía se puede ver como una medida de la calidad de la energía.

Otra forma de definir la entropía es la que se usa en la teoría de la información, que es la rama de las matemáticas y la computación que estudia el procesamiento y la transmisión de datos. En la teoría de la información, la entropía es una medida de la incertidumbre o la sorpresa asociada a un conjunto de datos. Por ejemplo, un mensaje que contiene solo una letra tiene menos entropía que un mensaje que contiene varias letras, porque el primero es más predecible y el segundo es más sorprendente. La entropía también se relaciona con la información contenida en los datos. Un conjunto de datos con más entropía tiene más información y viceversa. Por lo tanto, la entropía se puede ver como una medida de la cantidad de información.

La entropía es una medida de la incertidumbre o el desorden de un conjunto de datos. Se utiliza en algoritmos de compresión de datos para reducir el tamaño de los archivos y eliminar la información redundante. También se utiliza en la toma de decisiones en sistemas de aprendizaje automático para seleccionar las características más relevantes y construir modelos más eficientes. Por ejemplo, los árboles de decisión utilizan la entropía y la ganancia de información para dividir el conjunto de datos en subconjuntos más homogéneos basados en una característica determinada.

La entropía cruzada se utiliza como una función de pérdida para medir la diferencia entre dos distribuciones de probabilidad, como la predicción de un modelo y la etiqueta real. La entropía también puede utilizarse para simular el comportamiento inteligente de un agente móvil que busca maximizar su número de posibles estados futuros.

Codificación de la información: La teoría de la información también se utiliza para diseñar sistemas de codificación eficientes que permiten la transmisión y el almacenamiento eficientes de datos. Por ejemplo, los códigos Huffman se utilizan en compresión de datos y en la representación de caracteres en la codificación de texto.

La codificación de la información consiste en transformar los datos de una forma a otra, utilizando un conjunto de reglas o algoritmos. El objetivo es reducir el tamaño de los datos, eliminar la redundancia, mejorar la seguridad o facilitar la comunicación.

Existen diferentes tipos de codificación de la información, como la codificación binaria, la codificación ASCII, la codificación Unicode, la codificación Huffman, la codificación aritmética, la codificación de Hamming, etc. Cada uno tiene sus ventajas y desventajas según el contexto y el propósito.

La codificación de Huffman es una técnica de compresión de datos que se basa en la idea de asignar códigos binarios más cortos a los símbolos que aparecen con más frecuencia en una secuencia de datos, y códigos más largos a los símbolos menos frecuentes. De esta forma, se reduce el número de bits necesarios para representar los datos, y se ahorra espacio y se mejora la eficiencia. La codificación de Huffman funciona de la siguiente manera:

Se calcula la frecuencia de aparición de cada símbolo en los datos, y se ordenan de mayor a menor.

Se construye un árbol binario que tiene como hojas los símbolos, y como nodos internos la suma de las frecuencias de sus hijos. Para construir el árbol, se toman los dos símbolos con menor frecuencia y se unen con un nodo que tiene como frecuencia la suma de las suyas. Luego, se elimina estos dos símbolos de la lista y se inserta el nuevo nodo, manteniendo el orden. Se repite este proceso hasta que solo quede un nodo, que será la raíz del árbol.

Se asigna un código binario a cada símbolo recorriendo el árbol desde la raíz hasta las hojas. Cada vez que se toma la rama izquierda, se añade un 0 al código, y cada vez que se toma la rama derecha, se añade un 1. Así, los símbolos que están más cerca de la raíz tendrán códigos más cortos que los que están más lejos.

Se codifican los datos sustituyendo cada símbolo por su código correspondiente.

Por ejemplo, si tenemos los siguientes símbolos y sus frecuencias:

Símbolo	Frecuencia
A	12
B	2
C	7
D	4
E	13
F	14

El árbol de Huffman resultante sería:

Y los códigos asignados a cada símbolo serían:

Símbolo	Código
A	010
B	1100
C	111
D	1101
E	00
F	01

Si queremos codificar la secuencia ABEFDCAB, el resultado sería:

01011000101101111010100110

Este código tiene una longitud de 26 bits, mientras que si usáramos un código fijo de 3 bits por símbolo, tendríamos una longitud de 24 bits. Sin embargo, si la secuencia fuera más larga o tuviera una distribución más desigual, el ahorro sería mayor.

La codificación de Huffman es óptima para una codificación símbolo a símbolo dada una distribución de probabilidad. Sin embargo, existen otras técnicas de compresión que pueden ofrecer mejores resultados en algunos casos, como la codificación aritmética o la codificación LZW.

La codificación de la información se aplica en el campo de la inteligencia artificial para representar y procesar los datos de manera eficiente y efectiva. Por ejemplo, se utiliza para comprimir imágenes, sonidos y textos, para cifrar y descifrar mensajes, para generar y reconocer códigos QR.,para transmitir y recibir señales en redes neuronales artificiales, etc.

Teorema de la fuente de la información: Este teorema establece que la longitud promedio de la codificación de un mensaje es inversamente proporcional a su probabilidad de ocurrencia. En la IA, este concepto se aplica en algoritmos de compresión y en la construcción de modelos de lenguaje probabilísticos, como los modelos de n-gramas y los modelos de Markov.

. El teorema de la fuente de la información es un resultado fundamental de la teoría de la información, que fue desarrollada por Claude E. Shannon en 1948. Este teorema establece que existe un límite inferior para la longitud promedio de los códigos binarios que se pueden usar para representar los símbolos emitidos por una fuente discreta de información, y que este límite es igual a la entropía de la fuente. La entropía es una medida de la incertidumbre o la variabilidad de una fuente, y se calcula como la suma ponderada de los logaritmos de las probabilidades de cada símbolo.

El teorema de la fuente de la información tiene importantes aplicaciones en el campo de la inteligencia artificial, especialmente en el diseño de algoritmos de compresión y en la construcción de modelos de lenguaje probabilísticos. Los algoritmos de compresión buscan reducir el tamaño de los datos sin perder información relevante, y para ello utilizan técnicas como la codificación de Huffman o la codificación aritmética, que se basan en asignar códigos más cortos a los símbolos más frecuentes y códigos más largos a los menos frecuentes. Los modelos de lenguaje probabilísticos buscan estimar la probabilidad de una secuencia de palabras o símbolos, y para ello utilizan técnicas como los modelos de n-gramas o los modelos de Markov, que se basan en asumir que la probabilidad de un símbolo depende solo de los n símbolos anteriores.

Redes neuronales y aprendizaje profundo: La teoría de la información se utiliza en el diseño y entrenamiento de redes neuronales artificiales. Por ejemplo, la función de pérdida en el aprendizaje supervisado mide la discrepancia entre las predicciones del modelo y los valores reales utilizando conceptos de información. La teoría de la información también se utiliza en técnicas como la entropía cruzada (cross-entropy) para cuantificar la similitud entre distribuciones de probabilidad.

Las redes neuronales artificiales son modelos computacionales inspirados en el funcionamiento del cerebro humano, que pueden aprender de los datos y realizar tareas complejas como el reconocimiento de imágenes, el procesamiento de lenguaje natural, la generación de texto y la síntesis de voz. El aprendizaje profundo es una rama del aprendizaje automático que utiliza redes neuronales con múltiples capas ocultas para extraer características abstractas y jerárquicas de los datos. La teoría de la información se aplica en el diseño y entrenamiento de las redes neuronales y el aprendizaje profundo de las siguientes maneras:

La función de pérdida o costo es una medida de la diferencia entre las salidas esperadas y las predicciones del modelo. En el aprendizaje supervisado, una función de pérdida común es la entropía cruzada, que se basa en el concepto de información mutua entre dos distribuciones de probabilidad. La entropía cruzada mide la cantidad de información que se pierde al usar una distribución para aproximar otra. El objetivo del entrenamiento es minimizar la entropía cruzada entre las etiquetas verdaderas y las predicciones del modelo.

La regularización es una técnica para evitar el sobreajuste o la memorización de los datos de entrenamiento, que puede conducir a un mal rendimiento en los datos de prueba. Una forma de regularización es añadir un término de penalización a la función de pérdida, que depende de la complejidad del modelo. Por ejemplo, la regularización L2 penaliza los pesos grandes del modelo, lo que implica una mayor variabilidad o entropía. Otra forma de regularización es el abandono o dropout, que consiste en desactivar aleatoriamente algunas unidades o neuronas del modelo durante el entrenamiento, lo que reduce la coadaptación o dependencia entre ellas y aumenta la diversidad o entropía.

La optimización es el proceso de encontrar los valores óptimos de los parámetros o pesos del modelo que minimizan la función de pérdida. Para ello, se utilizan algoritmos como el descenso por gradiente, que actualiza los pesos en función del gradiente o la derivada de la función de pérdida con respecto a cada peso. El gradiente indica la dirección y la magnitud del cambio más rápido en la función de pérdida, lo que implica una mayor información sobre cómo mejorar el modelo.

La información es una medida de la cantidad de información contenida en un conjunto de datos o mensajes.

Selección de características: En el campo de la IA, especialmente en el aprendizaje automático y la minería de datos, se utiliza la teoría de la información para la selección de características. Esto implica identificar las características más informativas o relevantes en un conjunto de datos para mejorar la precisión de los modelos de IA y reducir la dimensionalidad de los datos.

La selección de características es el proceso de elegir un subconjunto de las características originales de un conjunto de datos que sean relevantes y útiles para una tarea específica de aprendizaje automático o minería de datos. La teoría de la información es una rama de las matemáticas que estudia la cuantificación, el almacenamiento, la transmisión y la manipulación de la información. La teoría de la información se utiliza para la selección de características por varias razones:

La teoría de la información permite medir la cantidad de información que aporta cada característica al objetivo o a la clase que se quiere predecir. Por ejemplo, se puede usar la entropía, que es una medida de la incertidumbre o la variabilidad de una variable aleatoria, o la información mutua, que es una medida de la dependencia o la correlación entre dos variables aleatorias.

La teoría de la información permite comparar y seleccionar las características que maximizan la información sobre el objetivo o la clase, y minimizan la redundancia o la correlación entre ellas. Por ejemplo, se puede usar el criterio de máxima relevancia y mínima redundancia (mRMR), que busca un equilibrio entre la relevancia y la redundancia de las características.

La teoría de la información permite diseñar algoritmos eficientes y escalables para la selección de características, que pueden aplicarse a conjuntos de datos grandes y complejos. Por ejemplo, se puede usar el algoritmo Fast Correlation-Based Filter (FCBF), que elimina las características irrelevantes y redundantes mediante un análisis secuencial basado en la entropía condicional.

La selección de características basada en la teoría de la información tiene varias ventajas, como mejorar el rendimiento y la interpretabilidad de los modelos de aprendizaje automático o minería de datos, reducir el tiempo y el espacio de cómputo, y facilitar el análisis exploratorio y el descubrimiento de conocimiento.

La teoría de la información es fundamental en la inteligencia artificial, ya que proporciona herramientas matemáticas y conceptos para medir, cuantificar y gestionar la información en diversas aplicaciones, desde la compresión de datos hasta el entrenamiento de modelos de aprendizaje automático y la selección de características. Ayuda a los científicos de datos y los ingenieros de IA a tomar decisiones informadas sobre cómo representar, procesar y transmitir datos de manera eficiente y efectiva.

21. Los fundamentos de programación esenciales para desarrollar sistemas de inteligencia artificial

Para desarrollar sistemas de inteligencia artificial (IA), es fundamental tener una comprensión sólida de los fundamentos de programación y de los conceptos matemáticos y estadísticos relacionados. A continuación, se presentan los fundamentos esenciales de programación que son cruciales para la creación de sistemas de IA:

Lenguajes de programación: Es importante tener conocimiento en lenguajes de programación relevantes para la IA. Los lenguajes comunes para la IA incluyen Python, R y Julia debido a sus amplias bibliotecas y comunidades activas.

Python y R son dos lenguajes de programación muy utilizados para el análisis de datos y la ciencia de datos. Ambos tienen sus ventajas y desventajas, y la elección entre ellos depende de varios factores, como el tipo de problema, el nivel de experiencia, las preferencias personales y los recursos disponibles. Algunas de las diferencias más importantes entre Python y R son:Python y R son dos lenguajes de programación muy utilizados para el análisis de datos y la ciencia de datos. Ambos tienen sus ventajas y desventajas, y la elección entre ellos depende de varios factores, como el tipo de problema, el nivel de experiencia, las preferencias personales y los recursos disponibles. Algunas de las diferencias más importantes entre Python y R son:

Enfoque: R es un lenguaje orientado al análisis estadístico que se utiliza ampliamente en el campo de la ciencia de datos, mientras que Python es un lenguaje de alto nivel multipropósito utilizado además en otros campos (desarrollo web, scripting, etc.)[1234].

Velocidad: R es un lenguaje más lento que Python en ejecución, lo que puede afectar al rendimiento y la escalabilidad de las aplicaciones de datos[123]. Python tiene una ventaja en este aspecto, ya que puede aprovechar las bibliotecas escritas en C o C++ para acelerar el procesamiento de datos.

Visualización: R es más potente en visualización de información y datos que Python, ya que cuenta con una gran variedad de paquetes y funciones para crear gráficos interactivos y personalizados[124]. Python también tiene algunas opciones de visualización, como Matplotlib o Seaborn, pero no son tan flexibles ni completas como las de R.

Aprendizaje: Python es un lenguaje más fácil de aprender que R, especialmente para los principiantes o los que tienen experiencia previa en otros lenguajes de programación[24]. Python tiene una sintaxis más simple y consistente que R, y una comunidad más grande y activa que ofrece más recursos y soporte. R tiene una curva de aprendizaje más pronunciada, ya que tiene una sintaxis más compleja y peculiar, y requiere más conocimientos matemáticos y estadísticos.

Estas son algunas de las diferencias más relevantes entre Python y R, pero no son las únicas. También hay que tener en cuenta las similitudes y complementariedades entre ambos lenguajes, como el hecho de que los dos son gratuitos y de código abierto, que tienen una amplia oferta de paquetes y bibliotecas para el análisis de datos y el aprendizaje automático, y que se pueden integrar entre sí mediante herramientas como RPy o reticulate. Por lo tanto, no hay una respuesta definitiva a la pregunta de cuál es mejor para el análisis de datos, sino que depende del contexto y del objetivo de cada proyecto. Lo ideal sería conocer los dos lenguajes y utilizar el que mejor se adapte a cada situación.

Hay otros lenguajes que también se pueden usar para la IA, dependiendo del dominio, el propósito y la preferencia del programador. Por ejemplo, algunos lenguajes que se han usado para la IA son:

Lisp: Uno de los primeros lenguajes de programación diseñados para la IA. Tiene una sintaxis simple y flexible, y permite la manipulación de símbolos y listas. Se usa principalmente para la investigación en IA y la inteligencia artificial simbólica.

Prolog: Un lenguaje de programación lógico que se basa en reglas y hechos. Se usa para resolver problemas que implican razonamiento deductivo, como la programación de sistemas expertos, el procesamiento del lenguaje natural y la inteligencia artificial general.

Java: Un lenguaje de programación orientado a objetos que es ampliamente utilizado y tiene muchas bibliotecas y herramientas disponibles. Se usa para desarrollar aplicaciones de IA que requieren alto rendimiento, portabilidad y escalabilidad, como los motores de búsqueda, los sistemas de recomendación y el aprendizaje automático.

C++: Un lenguaje de programación de bajo nivel que ofrece un control directo sobre la memoria y el hardware. Se usa para implementar algoritmos de IA que requieren una ejecución rápida y eficiente, como el reconocimiento de imágenes, el procesamiento de señales y el aprendizaje profundo.

Programación orientada a objetos (POO): La POO es un paradigma de programación fundamental para organizar y estructurar el código en módulos reutilizables. En muchos casos, las bibliotecas y los frameworks de IA están diseñados siguiendo principios de POO.La POO es un paradigma de programación que se basa en el concepto de objetos, que son entidades que tienen atributos (datos) y métodos (comportamientos). La POO permite crear programas más modulares, reutilizables y flexibles, ya que los objetos pueden interactuar entre sí mediante mensajes. Algunos de los principios fundamentales de la POO son:

Abstracción: Es la capacidad de representar las características esenciales de una entidad sin incluir detalles irrelevantes. Por ejemplo, un objeto coche puede tener atributos como color, marca, modelo y métodos como arrancar, acelerar, frenar, etc., pero no necesita incluir detalles como el número de tornillos o el tipo de combustible.

Encapsulamiento: Es la capacidad de ocultar los detalles internos de un objeto y exponer solo una interfaz pública. Esto permite proteger los datos de un objeto de ser modificados o accedidos de forma indebida por otros objetos. Por ejemplo, un objeto cuenta bancaria puede tener un atributo saldo y un método retirar, pero no necesita revelar cómo se almacena o se calcula el saldo.

Herencia: Es la capacidad de crear objetos a partir de otros objetos existentes, aprovechando sus atributos y métodos y añadiendo nuevos. Esto permite reutilizar código y crear jerarquías de objetos relacionados. Por ejemplo, un objeto perro puede heredar de un objeto animal los atributos como nombre, edad, peso y los métodos como comer, dormir, respirar, etc., y añadir nuevos atributos como raza, tamaño y métodos como ladrar, morder, etc.

Polimorfismo: Es la capacidad de que diferentes objetos puedan responder de forma distinta al mismo mensaje. Esto permite crear código más genérico y flexible, que se adapta al tipo de objeto que lo recibe. Por ejemplo, un método dibujar puede recibir como parámetro un objeto figura geométrica y dibujar un círculo, un cuadrado o un triángulo dependiendo del tipo de figura que sea.

Manipulación de datos: El manejo eficiente de datos es esencial en la IA. Debes ser capaz de leer, escribir y manipular datos en diferentes formatos, como CSV, JSON, XML y bases de datos.

Los datos son el combustible que alimenta los algoritmos de IA y les permite aprender, mejorar y adaptarse. Sin embargo, los datos no siempre están disponibles en el formato o la calidad que se necesita para aplicarlos a un problema específico. Por eso, la manipulación de datos es el proceso de transformar, limpiar, integrar y analizar los datos para extraer información útil y relevante.

La manipulación de datos implica una serie de pasos, como la recopilación de datos de diversas fuentes, el filtrado de los datos no deseados o erróneos, la conversión de los datos a un formato estándar o compatible, la combinación de los datos de diferentes conjuntos, la exploración de los datos mediante técnicas estadísticas o gráficas, y la aplicación de los datos a modelos de IA o algoritmos de aprendizaje automático. La manipulación de datos requiere habilidades tanto técnicas como analíticas, así como herramientas adecuadas para manejar grandes volúmenes de datos.

La manipulación de datos es esencial en la IA porque permite aprovechar el potencial de los datos para generar conocimiento, soluciones y valor. Los datos manipulados correctamente pueden mejorar el rendimiento, la precisión y la robustez de los sistemas de IA, así como facilitar el descubrimiento de patrones, tendencias y relaciones ocultas en los datos. Además, la manipulación de datos puede ayudar a resolver problemas complejos o desafiantes que requieren una comprensión profunda o multidimensional de los datos.

Álgebra lineal y cálculo: Estas áreas de matemáticas son cruciales para comprender los algoritmos y modelos de IA. Conceptos como matrices, vectores, derivadas e integrales son fundamentales en la optimización y el aprendizaje automático.

El álgebra lineal y el cálculo son dos ramas de las matemáticas que estudian conceptos y operaciones relacionados con los números, las funciones, las matrices, los vectores, las ecuaciones y las transformaciones. El álgebra lineal se ocupa de las propiedades y las aplicaciones de los espacios vectoriales, las matrices, los sistemas de ecuaciones lineales, los determinantes, los valores y los vectores propios, y las transformaciones lineales. El cálculo se ocupa de los límites, las derivadas, las integrales y las series de funciones, así como de sus aplicaciones al análisis, la geometría, la física y la ingeniería.

Estadísticas y probabilidad: La estadística es esencial para la evaluación de modelos y la toma de decisiones en la IA. Debes estar familiarizado con conceptos como distribuciones de probabilidad, estadísticas descriptivas e inferencia estadística.

La estadística y la probabilidad son esenciales para la evaluación de modelos y la toma de decisiones en la IA. Aquí hay algunos ejemplos de cómo se usan estos conceptos en la IA:

La estadística descriptiva se usa para resumir y visualizar los datos que se usan para entrenar y probar los modelos de IA. Por ejemplo, se pueden usar medidas de tendencia central, dispersión y forma para describir las características de los datos.

La inferencia estadística se usa para estimar los parámetros y la precisión de los modelos de IA. Por ejemplo, se pueden usar intervalos de confianza, pruebas de hipótesis y análisis de varianza para comparar el rendimiento de diferentes modelos o algoritmos.

La probabilidad se usa para modelar la incertidumbre y el riesgo en los sistemas de IA. Por ejemplo, se pueden usar distribuciones de probabilidad, teorema de Bayes y redes bayesianas para representar y actualizar las creencias sobre el estado del mundo o las acciones óptimas.

La estadística y la probabilidad también se usan para diseñar y optimizar los algoritmos y modelos de IA. Por ejemplo, se pueden usar métodos de muestreo, estimación de máxima verosimilitud, mínimos cuadrados, gradiente descendente y otros para encontrar los mejores ajustes o soluciones a los problemas de IA.

Estructuras de datos: Comprender las estructuras de datos como listas, conjuntos, diccionarios y árboles es crucial para el desarrollo de algoritmos de IA eficientes.

Las estructuras de datos son una forma de organizar y almacenar datos en un ordenador para que puedan ser accedidos y utilizados de forma eficiente. Proporcionan un marco para organizar y manipular datos, permitiendo el almacenamiento, recuperación y actualizaciones eficaces de la información. Las estructuras de datos son fundamentales para el diseño y la implementación de algoritmos, ya que definen cómo se almacenan y acceden los datos, y diferentes tipos de estructuras de datos se adaptan a diferentes tipos de problemas.

Algunos ejemplos comunes de estructuras de datos son: arreglos, listas enlazadas, pilas, colas, árboles, grafos y tablas hash. Cada una de estas estructuras tiene sus propias ventajas y desventajas, y comprender las fortalezas y debilidades de cada una puede ayudar a seleccionar la estructura más adecuada para un problema determinado. Por ejemplo, los arreglos son eficientes para acceder a los elementos por su índice, mientras que las listas enlazadas son útiles para insertar y eliminar elementos en cualquier posición. Al elegir la estructura de datos correcta para una tarea específica, los programadores pueden optimizar el rendimiento y el uso de la memoria de sus programas.

Algoritmos y complejidad computacional: Debes tener un conocimiento sólido de algoritmos y su eficiencia computacional. Esto es importante para seleccionar y diseñar algoritmos adecuados para tareas de IA.

Los algoritmos y la complejidad computacional son dos conceptos fundamentales en la ciencia de la computación. Un algoritmo es una secuencia finita de pasos que resuelve un problema o realiza una tarea. La complejidad computacional es una medida de los recursos necesarios para ejecutar un algoritmo, como el tiempo, el espacio o el número de operaciones.

Existen diferentes formas de clasificar los problemas y los algoritmos según su complejidad. Una de las más conocidas es la que distingue entre las clases P y NP. La clase P contiene los problemas que se pueden resolver en tiempo polinomial, es decir, que existe un algoritmo que los resuelve en un número de pasos proporcional a una potencia del tamaño de la entrada. La clase NP contiene los problemas que se pueden verificar en tiempo polinomial, es decir, que dado un candidato a solución, se puede comprobar si es correcto o no en un número de pasos proporcional a una potencia del tamaño de la entrada.

Un ejemplo de problema en P es la búsqueda binaria, que consiste en encontrar un elemento en un arreglo ordenado. Un ejemplo de problema en NP es el problema del viajante, que consiste en encontrar el recorrido más corto que pasa por todas las ciudades de un conjunto. No se conoce ningún algoritmo que resuelva este problema en tiempo polinomial, pero se puede verificar si un recorrido dado es el más corto o no en tiempo polinomial.

Una pregunta abierta y fundamental en la teoría de la complejidad computacional es si P = NP o no, es decir, si existe algún algoritmo que resuelva cualquier problema en NP en tiempo polinomial o no. Si P = NP, entonces muchos problemas difíciles se podrían resolver eficientemente. Si P $\neq$ NP, entonces hay problemas intratables que requieren una cantidad exponencial de recursos para ser resueltos.

Bibliotecas y frameworks de IA: Familiarizarse con bibliotecas populares como TensorFlow, Keras, PyTorch y scikit-learn te ayudará a implementar algoritmos y modelos de manera eficiente.

Algunas de las bibliotecas y frameworks más populares en el campo de la IA son:

TensorFlow: una biblioteca de código abierto desarrollada por Google que se ha convertido en una de las opciones más populares para el desarrollo de aplicaciones de inteligencia artificial y aprendizaje automático. Proporciona una serie de herramientas y recursos para la creación y entrenamiento de modelos de IA, incluyendo redes neuronales y algoritmos de aprendizaje profundo.

PyTorch: otra biblioteca popular de código abierto para la creación de modelos de IA y aprendizaje automático. Desarrollada por Facebook, PyTorch se destaca por su enfoque en la facilidad de uso y su capacidad para crear prototipos rápidamente. Una de las ventajas de PyTorch es su estructura flexible de gráficos computacionales, que permite a los desarrolladores crear modelos de forma más intuitiva.

Keras: un framework de nivel superior que se ejecuta sobre TensorFlow. Esta biblioteca se centra en la simplicidad y la facilidad de uso, lo que la hace ideal para principiantes en el campo de la IA. Keras proporciona una interfaz sencilla para la construcción y entrenamiento de modelos de IA, así como una amplia selección de capas y funciones predefinidas.

Scikit-learn: una biblioteca de aprendizaje automático en Python que se enfoca principalmente en algoritmos de aprendizaje supervisado y no supervisado. Proporciona una amplia gama de herramientas para el preprocesamiento de datos, la selección y validación de modelos, y la evaluación del rendimiento.

Aprendizaje automático: Debes comprender los principios y técnicas del aprendizaje automático, que incluyen algoritmos de clasificación, regresión, agrupación y otros. El aprendizaje automático es una rama de la inteligencia artificial que se ocupa de crear sistemas que puedan aprender de los datos y mejorar su rendimiento con la experiencia. El aprendizaje automático tiene muchas aplicaciones en diversos campos, como el análisis de datos, la detección de fraudes, la optimización de la experiencia del usuario, el reconocimiento de patrones, la conducción autónoma y más.

Procesamiento de lenguaje natural (NLP): Si te interesa la IA en el procesamiento de lenguaje natural, debes aprender sobre tokenización, representación de texto y modelos pre-entrenados. El procesamiento de lenguaje natural (NLP) es una rama de la inteligencia artificial que se ocupa de la comunicación entre las máquinas y los humanos mediante el uso de lenguas naturales, como el español, el inglés o el chino. El NLP permite a las máquinas entender y generar textos o voces humanas, así como analizar su significado, intención y sentimiento. El NLP se utiliza para diversas aplicaciones, como la traducción automática, el reconocimiento de voz, los chatbots, el análisis de sentimientos, la generación de resúmenes, la respuesta a preguntas y muchas más. El NLP se basa en técnicas de lingüística computacional, aprendizaje automático y aprendizaje profundo para procesar el lenguaje humano con precisión y eficiencia.

Visión por computadora: Para la IA en visión por computadora, debes comprender la extracción de características, la detección de objetos, la segmentación y la clasificación de imágenes.

La visión por computadora es una rama de la inteligencia artificial que se ocupa de la comprensión y el análisis de imágenes y vídeos mediante el uso de algoritmos y técnicas informáticas. La visión por computadora tiene muchas aplicaciones en diversos campos, como la seguridad, la medicina, la robótica, la educación, el entretenimiento y más1234.

Para la IA en visión por computadora, es importante entender algunos conceptos clave, como:

La extracción de características: Es el proceso de identificar y extraer los atributos visuales más relevantes e informativos de una imagen o un vídeo, como los bordes, las esquinas, las formas, los colores, las texturas, etc. Estas características se utilizan para representar el contenido visual de forma compacta y eficiente, y facilitan la comparación y el reconocimiento de imágenes o vídeos similares o diferentes .

La detección de objetos: Es el proceso de localizar y clasificar los objetos presentes en una imagen o un vídeo, como personas, animales, vehículos, etc. La detección de objetos implica dos pasos: la generación de regiones candidatas que puedan contener objetos, y la verificación de si esas regiones contienen realmente objetos de interés y de qué tipo son .

La segmentación: Es el proceso de dividir una imagen o un vídeo en partes homogéneas o significativas, según algún criterio, como el color, la textura, la forma, la profundidad, etc. La segmentación ayuda a separar el primer plano del fondo, a agrupar los píxeles que pertenecen al mismo objeto o región, y a facilitar el análisis posterior del contenido visual .

La clasificación de imágenes: Es el proceso de asignar una etiqueta o una categoría a una imagen o un vídeo completo, según su contenido global o dominante, como paisaje, retrato, deporte, etc. La clasificación de imágenes se basa en el aprendizaje automático supervisado, que consiste en entrenar un modelo con un conjunto de imágenes etiquetadas previamente, y luego usar ese modelo para predecir la etiqueta de nuevas imágenes .

Ética y responsabilidad: Es importante tener una comprensión de los aspectos éticos y de responsabilidad en la IA, incluyendo la equidad, la transparencia y la privacidad de los datos.

La equidad: Se refiere a la capacidad de evitar sesgos o discriminación en el diseño, desarrollo y uso de los sistemas de IA. Por ejemplo, se debe garantizar que los datos utilizados para entrenar los modelos de IA sean representativos de la diversidad de las personas y los contextos a los que se aplican. También se debe evaluar el impacto potencial de los sistemas de IA en los derechos humanos, la inclusión social y la justicia.

La transparencia: Se refiere a la capacidad de explicar y comprender cómo funcionan los sistemas de IA, tanto por parte de los desarrolladores como de los usuarios. Por ejemplo, se debe proporcionar información clara y accesible sobre los objetivos, las capacidades y las limitaciones de los sistemas de IA. También se debe facilitar el acceso a los datos y algoritmos utilizados para crear y operar los sistemas de IA, siempre que sea posible y respetando la privacidad y la propiedad intelectual.

La privacidad: Se refiere a la capacidad de proteger los datos personales y sensibles que se utilizan o generan por los sistemas de IA. Por ejemplo, se debe obtener el consentimiento informado de las personas cuyos datos se recogen o procesan por los sistemas de IA. También se debe implementar medidas de seguridad adecuadas para evitar el acceso no autorizado, la manipulación o la divulgación de los datos.

22. Las estructuras de datos cruciales en el procesamiento de información en IA

Las estructuras de datos son formas organizadas de almacenar y gestionar datos en un programa de computadora o sistema informático. Estas estructuras permiten que los datos se almacenen de manera eficiente y se puedan acceder, modificar y procesar de manera efectiva. Son fundamentales en la programación y en el procesamiento de información en inteligencia artificial (IA) por varias razones:

Almacenamiento eficiente: Las estructuras de datos están diseñadas para almacenar datos de manera eficiente en la memoria de una computadora. Esto es crucial en IA, ya que los modelos de aprendizaje automático y las grandes bases de datos pueden requerir cantidades significativas de memoria.El almacenamiento eficiente en IA se refiere al uso de tecnologías de inteligencia artificial para mejorar el rendimiento, la capacidad, la seguridad y la escalabilidad de los sistemas de almacenamiento de datos. Algunas de las innovaciones impulsadas por IA en el almacenamiento de datos son:

Sistemas inteligentes de almacenamiento: Estos sistemas utilizan el aprendizaje automático y los algoritmos de IA para monitorear, analizar y optimizar continuamente el estado del almacenamiento. Estos sistemas pueden predecir y resolver posibles problemas, minimizar el tiempo de inactividad, mejorar la utilización de los recursos y garantizar la disponibilidad de los datos.

Arquitecturas de almacenamiento flexibles y dinámicas: Las soluciones de almacenamiento impulsadas por IA ofrecen a las organizaciones la flexibilidad y la adaptabilidad necesarias para manejar volúmenes de datos en constante crecimiento. Estas soluciones pueden ajustar automáticamente el nivel, la ubicación y el tipo de almacenamiento según las necesidades de las aplicaciones y los usuarios.

Integración perfecta con la nube y entornos híbridos: Las soluciones de almacenamiento impulsadas por IA permiten a las organizaciones aprovechar los beneficios de la nube, como la escalabilidad, la accesibilidad y el ahorro de costos. Estas soluciones pueden gestionar inteligentemente los datos en el almacenamiento local, en la nube pública y en la nube privada, ofreciendo una plataforma de almacenamiento unificada que simplifica la gestión de datos y acelera el rendimiento de las aplicaciones.

Procesos de migración de datos optimizados: Las soluciones de almacenamiento impulsadas por IA facilitan la migración de datos entre diferentes plataformas y proveedores. Estas soluciones pueden evaluar el estado, el valor y la sensibilidad de los datos, y seleccionar el destino más adecuado para ellos. Además, pueden automatizar el proceso de migración, reduciendo el riesgo de errores humanos, pérdida de datos o interrupciones del servicio.

Acceso rápido: Las estructuras de datos están diseñadas para permitir un acceso rápido a los datos. Esto es importante en IA cuando se necesita acceder a características o ejemplos de entrenamiento de manera rápida y eficiente durante el procesamiento de modelos de aprendizaje automático.Las estructuras de datos son una forma de organizar y almacenar datos en un ordenador para que puedan ser accedidos y utilizados de forma eficiente. Proporcionan un marco para organizar y manipular datos, permitiendo el almacenamiento, recuperación y actualizaciones eficaces de la información. Las estructuras de datos pueden considerarse como los bloques de construcción de algoritmos, ya que proporcionan la base sobre la que se pueden implementar algoritmos.

Las estructuras de datos pueden tener diferentes tipos, como arreglos, listas enlazadas, pilas, colas, árboles, grafos, etc. Cada tipo de estructura de datos tiene sus propias ventajas y desventajas, y se adapta a diferentes tipos de problemas. Por ejemplo, los arreglos son eficientes para acceder a los elementos por su índice, mientras que las listas enlazadas son útiles para insertar y eliminar elementos en cualquier posición.

Las estructuras de datos están diseñadas para permitir un acceso rápido a los datos, lo que significa que se pueden realizar operaciones como búsquedas, inserciones o modificaciones en un tiempo corto. Sin embargo, el acceso rápido no siempre es posible para todas las operaciones o todas las estructuras de datos. Por ejemplo, si queremos obtener el último elemento de una lista enlazada, tenemos que recorrer toda la lista desde el principio hasta el final, lo que puede ser lento si la lista es muy larga. Por lo tanto, es importante elegir la estructura de datos adecuada para cada problema, teniendo en cuenta las operaciones que se van a realizar y el rendimiento que se desea obtener.

Organización y búsqueda: Las estructuras de datos proporcionan métodos para organizar datos y realizar búsquedas eficientes. Esto es esencial en IA para tareas como la búsqueda en grafos, la indexación de bases de datos y la recuperación de información.Organización y búsquedas en grafos, la indexación de bases de datos y la recuperación de información son temas relacionados con las bases de datos orientadas a grafos (BDOG), un tipo de base de datos NoSQL que utiliza grafos para representar y almacenar datos. Los grafos son estructuras de datos que consisten en nodos (vértices) y conexiones (aristas) entre ellos. Los nodos pueden tener propiedades (atributos) que almacenan información sobre una entidad, y las aristas pueden tener propiedades que indican el tipo y la dirección de la relación entre los nodos.

Las BDOG se utilizan para modelar las relaciones complejas entre los datos y permitir consultas y análisis eficientes sobre estas relaciones. Algunas aplicaciones de las BDOG son las redes sociales, los sistemas de recomendación, la detección de fraudes, la integración de datos y los grafos de conocimiento. Existen dos modelos comunes de BDOG: los grafos de propiedades y los grafos RDF. Los grafos de propiedades se centran en el análisis y las consultas, y los RDF se centran en la integración de datos y el cumplimiento de estándares.

La organización y búsquedas en grafos se refiere a la forma en que se almacenan y se accede a los datos en una BDOG. Los grafos se pueden almacenar en diferentes formatos, como matrices, listas o tablas. La elección del formato depende del tipo y el tamaño del grafo, así como del rendimiento deseado. Las búsquedas en grafos se realizan mediante algoritmos específicos que exploran los nodos y las aristas del grafo según ciertos criterios. Algunos ejemplos de algoritmos de búsqueda en grafos son el algoritmo de Dijkstra, el algoritmo A*, el algoritmo de PageRank o el algoritmo de búsqueda en anchura.

La indexación de bases de datos es una técnica que consiste en crear estructuras auxiliares que facilitan el acceso a los datos almacenados en una base de datos. Los índices se pueden crear sobre cualquier atributo o propiedad de los nodos o las aristas del grafo, y permiten acelerar las consultas y reducir el espacio ocupado por la base de datos. Algunos ejemplos de índices para BDOG son los índices hash, los índices B-tree, los índices bitmap o los índices espaciales.

La recuperación de información es el proceso de obtener información relevante para una necesidad o consulta específica a partir de una colección de datos. La recuperación de información implica analizar el contenido y la estructura de los datos, así como evaluar la relevancia y la calidad de la información obtenida. La recuperación de información se puede aplicar a diferentes tipos de datos, como texto, imágenes, audio o vídeo. En el caso de las BDOG, la recuperación de información se basa en el uso de grafos para representar tanto los datos como las consultas, y en el uso de medidas de similitud o distancia entre grafos para determinar la relevancia.

.Manipulación de datos: Las estructuras de datos permiten realizar operaciones como la inserción, eliminación y modificación de datos de manera efectiva. Esto es importante en IA para el preprocesamiento de datos, la manipulación de características y la actualización de modelos.La manipulación de datos es el proceso de organizar, transformar y limpiar los datos para hacerlos más adecuados y comprensibles para el análisis o el aprendizaje automático. El preprocesamiento de datos es una parte importante de la manipulación de datos que consiste en preparar los datos en bruto para que puedan ser utilizados por los algoritmos.

El tratamiento de valores nulos, que consiste en eliminar, sustituir o imputar los datos que faltan o que no tienen sentido. La normalización de características, que consiste en escalar los valores de las variables numéricas para que tengan un rango similar y evitar sesgos o distorsiones.La codificación de variables categóricas, que consiste en convertir las variables nominales o ordinales en valores numéricos que puedan ser interpretados por los algoritmos. La gestión de valores anómalos, que consiste en detectar y tratar los datos que se desvían significativamente de la distribución normal o esperada.

La manipulación de características es otra parte de la manipulación de datos que consiste en crear, seleccionar o transformar las variables que se van a utilizar como entrada o salida de los algoritmos. Algunas técnicas de manipulación de características son: La extracción de características, que consiste en obtener información relevante o representativa a partir de los datos originales, como por ejemplo, extraer atributos de una imagen o un texto. La selección de características, que consiste en elegir las variables más importantes o informativas para el objetivo del análisis o el aprendizaje automático, como por ejemplo, aplicar criterios estadísticos o de correlación. La reducción de dimensionalidad, que consiste en reducir el número de variables manteniendo la mayor parte de la información, como por ejemplo, aplicar técnicas de análisis de componentes principales o análisis factorial.

La actualización de modelos es otra parte de la manipulación de datos que consiste en modificar o mejorar los modelos de aprendizaje automático a medida que se dispone de nuevos datos o se cambian las condiciones del problema. Algunas técnicas de actualización de modelos son:

El aprendizaje incremental, que consiste en entrenar los modelos con nuevos datos sin perder la información anterior, como por ejemplo, aplicar técnicas de aprendizaje online o adaptativo.

El aprendizaje por transferencia, que consiste en aprovechar el conocimiento adquirido por un modelo en un dominio o tarea para aplicarlo a otro dominio o tarea relacionado, como por ejemplo, utilizar un modelo entrenado con imágenes genéricas para reconocer imágenes específicas.

El aprendizaje federado, que consiste en entrenar los modelos con datos distribuidos en diferentes dispositivos o nodos sin necesidad de centralizarlos, como por ejemplo, utilizar los datos generados por los usuarios de una aplicación móvil para mejorar el servicio.

Al elegir la estructura de datos adecuada para un problema específico, es posible optimizar los algoritmos y mejorar la eficiencia computacional. Esto es fundamental en IA, donde los recursos computacionales pueden ser limitados, especialmente en dispositivos móviles o sistemas embebidos.La eficiencia computacional es la medida del uso de los recursos computacionales requeridos por la ejecución de un algoritmo en función del tamaño de las entradas. Es un criterio importante para evaluar la calidad y el rendimiento de los algoritmos, ya que nos permite comparar diferentes soluciones para un mismo problema y elegir la más adecuada según el contexto.

Existen diferentes formas de medir la eficiencia computacional, como el tiempo de ejecución, el espacio de memoria, el número de operaciones, la complejidad o el costo asintótico, entre otros3. Estas medidas nos permiten estimar el comportamiento de los algoritmos cuando el tamaño de las entradas es muy grande, sin tener en cuenta los detalles específicos de la implementación o el hardware.

La eficiencia computacional es un concepto fundamental en la ciencia de la computación, ya que nos ayuda a diseñar algoritmos que sean correctos y óptimos, y que aprovechen al máximo los recursos disponibles. Además, nos permite enfrentar problemas complejos que requieren soluciones innovadoras y creativas.

Algunos ejemplos comunes de estructuras de datos utilizadas en IA incluyen matrices, listas enlazadas, árboles, grafos y tablas hash, entre otros. La elección de la estructura de datos adecuada depende del tipo de datos que se está manejando y de las operaciones que se deben realizar sobre ellos.

En resumen, las estructuras de datos son fundamentales en el procesamiento de información en IA porque permiten almacenar, acceder y manipular datos de manera eficiente, lo que es esencial para desarrollar algoritmos y modelos de IA efectivos y escalables.

)

23.Cómo diseñar algoritmos eficientes para resolver problemas de IA

Diseñar algoritmos eficientes para resolver problemas de Inteligencia Artificial (IA) es esencial para lograr un buen rendimiento en diversas aplicaciones.

Comprende el problema:

Antes de diseñar un algoritmo, debes comprender completamente el problema que estás tratando de resolver. Esto incluye definir claramente los objetivos, los datos disponibles y las restricciones.Un algoritmo es un conjunto de pasos o instrucciones que se siguen para resolver un problema o realizar una tarea. Para diseñar un algoritmo, es importante tener en cuenta los siguientes aspectos:

Los objetivos: son los resultados que se quieren obtener con el algoritmo. Por ejemplo, ordenar una lista de números, encontrar el camino más corto entre dos puntos, clasificar una imagen, etc. Los objetivos deben ser claros y medibles, para poder evaluar el rendimiento del algoritmo.

Los datos disponibles: son la información que se tiene para resolver el problema o realizar la tarea. Por ejemplo, los números que se quieren ordenar, el mapa donde se busca el camino más corto, la imagen que se quiere clasificar, etc. Los datos deben ser suficientes y relevantes para el problema, y deben estar en un formato adecuado para el algoritmo.

Las restricciones: son las limitaciones que se imponen al algoritmo. Por ejemplo, el tiempo de ejecución, el espacio de memoria, la precisión, la robustez, la seguridad, etc. Las restricciones pueden ser impuestas por el problema, por los datos o por los recursos disponibles. El algoritmo debe cumplir con las restricciones sin comprometer los objetivos.

Selecciona algoritmos apropiados:

Elige algoritmos que sean adecuados para el tipo de problema que estás abordando. Por ejemplo, para problemas de clasificación, los algoritmos de aprendizaje supervisado como el Support Vector Machine (SVM) o las redes neuronales pueden ser apropiados, mientras que para problemas de agrupación, el algoritmo de k-means podría ser más adecuado.

Para problemas de clasificación, se pueden usar algoritmos como el Support Vector Machine (SVM) o las redes neuronales, que aprenden a asignar etiquetas a los datos de entrada. Por otro lado, para problemas de agrupación, se puede usar el algoritmo de k-means, que agrupa los datos según su similitud sin necesidad de etiquetas. Estos son algunos de los algoritmos más comunes y efectivos en el campo de la IA. hay diferentes tipos de algoritmos según su sistema de signos, su función y su estrategia. Algunos ejemplos de algoritmos son:

Algoritmos cualitativos: son aquellos que usan elementos verbales para describir los pasos a seguir. Por ejemplo, las recetas de cocina o las instrucciones para armar un mueble.

Algoritmos cuantitativos: son aquellos que usan elementos numéricos para realizar cálculos. Por ejemplo, los algoritmos para encontrar raíces cuadradas o resolver ecuaciones.

Algoritmos de marcaje: son aquellos que usan la automatización para fijar precios de forma dinámica, basándose en factores como el comportamiento del cliente. Por ejemplo, los algoritmos que usan las aerolíneas o las tiendas en línea para ajustar sus tarifas según la demanda.

Algoritmos de ordenamiento: son aquellos que ordenan una lista de datos según un criterio numérico o léxico. Por ejemplo, los algoritmos que ordenan los nombres de una agenda telefónica o los números de una lotería.

Algoritmos de búsqueda: son aquellos que rastrean elementos que cumplen ciertas condiciones dentro de una lista de datos. Por ejemplo, los algoritmos que buscan un nombre en una red social o un producto en un catálogo.

Algoritmos de escalada: son aquellos que parten de soluciones insatisfactorias y van introduciendo modificaciones hasta llegar a un objetivo. Por ejemplo, los algoritmos que usan los robots para aprender a caminar o los que usan los videojuegos para generar escenarios.

Algoritmos cotidianos: son aquellos que aplicamos en el día a día sin necesidad de una computadora. Por ejemplo, los algoritmos que usamos para cepillarnos los dientes, vestirnos o preparar el desayuno.

Algoritmos probabilísticos: son aquellos que presentan soluciones aproximadas o basadas en el azar. Por ejemplo, los algoritmos que usan las máquinas tragamonedas, los juegos de cartas o las predicciones meteorológicas.

Algoritmos voraces: son aquellos que analizan cada paso como si fuera el único y buscan la solución óptima para esa situación. Por ejemplo, los algoritmos que usan los navegadores GPS, los cajeros automáticos o los compresores de archivos.

Algoritmos heurísticos: son aquellos que llegan a la solución del problema a partir de algunos objetivos temporales. Por ejemplo, los algoritmos que usan los buscadores web, los antivirus o los sistemas de inteligencia artificial.

Para elegir el algoritmo apropiado para resolver un problema, se debe tener en cuenta el tipo de datos que se manejan, el objetivo que se persigue y la complejidad del algoritmo. También se debe evaluar la eficiencia, la fiabilidad y la facilidad de implementación del algoritmo.

Optimiza los hiperparámetros:

Los algoritmos de IA a menudo tienen hiperparámetros que deben ajustarse para obtener el mejor rendimiento. Utiliza técnicas de búsqueda de hiperparámetros como la búsqueda en cuadrícula o la optimización bayesiana para encontrar los valores óptimos.Los hiperparámetros son valores que se pueden ajustar para modificar el comportamiento de los algoritmos de IA. Algunas técnicas de búsqueda de hiperparámetros son:

La búsqueda en cuadrícula: Consiste en probar todas las posibles combinaciones de un conjunto de hiperparámetros predefinidos y elegir la que tenga el mejor rendimiento.

La optimización bayesiana: Consiste en utilizar un modelo probabilístico para estimar la distribución de los hiperparámetros óptimos y explorar el espacio de búsqueda de manera más eficiente.

La búsqueda aleatoria: Consiste en probar valores aleatorios de los hiperparámetros dentro de un rango especificado y elegir el que tenga el mejor rendimiento.

Preprocesa los datos:

La calidad de los datos de entrada es crucial para el rendimiento de los algoritmos de IA. Limpia y normaliza tus datos, maneja valores atípicos y realiza ingeniería de características para mejorar la representación de los datos.la calidad de los datos de entrada es muy importante para el éxito de cualquier proyecto de inteligencia artificial. Los datos de entrada deben ser relevantes, completos, limpios y consistentes para que los algoritmos de IA puedan aprender de ellos y producir resultados precisos y confiables. Si los datos de entrada son de baja calidad, pueden afectar negativamente el rendimiento de los algoritmos de IA y generar resultados erróneos o sesgados. Por eso, es esencial realizar un análisis y una preparación cuidadosos de los datos antes de utilizarlos para entrenar o evaluar los modelos de IA.

Utiliza técnicas de reducción de dimensionalidad:

Si estás trabajando con conjuntos de datos grandes o de alta dimensionalidad, considera utilizar técnicas de reducción de dimensionalidad como PCA (Análisis de Componentes Principales) o t-SNE para reducir la complejidad y mejorar la eficiencia.Las técnicas de reducción de dimensionalidad son métodos que permiten reducir el número de variables o características de un conjunto de datos, conservando la información relevante. Estas técnicas pueden mejorar el rendimiento y la eficiencia de los algoritmos de inteligencia artificial, así como facilitar la visualización y la comprensión de los datos.

Algunas de las técnicas de reducción de dimensionalidad más conocidas son:

Análisis de componentes principales (PCA): Es un método lineal que transforma los datos originales en un nuevo espacio de menor dimensión, donde las nuevas variables son combinaciones lineales de las originales y están ordenadas por la varianza que explican. Más información.

Análisis factorial (FA): Es un método lineal que asume que los datos originales se pueden explicar por un conjunto de factores latentes o no observados, que tienen una relación lineal con las variables observadas. El objetivo es encontrar los factores latentes y sus coeficientes. Más información.

Análisis discriminante lineal (LDA): Es un método lineal que busca encontrar las combinaciones lineales de las variables originales que mejor separan las clases o categorías de los datos. Es útil para problemas de clasificación supervisada. Más información.

Descomposición de valores singulares truncados (SVD): Es un método lineal que descompone una matriz de datos en el producto de tres matrices, donde la matriz central contiene los valores singulares ordenados de mayor a menor. Al truncar esta matriz se puede reducir la dimensión de los datos, manteniendo la mayor cantidad de información posible. Más información.

Análisis de correspondencias múltiples (MCA): Es un método lineal que se aplica a datos categóricos o nominales. Busca encontrar las dimensiones que mejor representan las relaciones entre las categorías de las variables, utilizando una medida de similitud llamada chi-cuadrado. Más información.

Escalamiento multidimensional (MDS): Es un método no lineal que busca representar los datos en un espacio de menor dimensión, preservando las distancias o disimilitudes entre los puntos. Se basa en una matriz de distancias o disimilitudes entre los puntos, que puede ser calculada a partir de los datos originales o dada como entrada. Más información.

t-distributed stochastic neighbor embedding (t-SNE): Es un método no lineal que busca representar los datos en un espacio bidimensional o tridimensional, preservando la estructura local y global de los datos. Se basa en una medida de similitud llamada divergencia KL, que compara la distribución de probabilidad de los puntos en el espacio original con la distribución en el espacio reducido. Más información.

Autoencoders: Son redes neuronales que aprenden a comprimir y reconstruir los datos, utilizando una capa oculta con menor número de neuronas que las capas de entrada y salida. La capa oculta representa el espacio reducido, donde se extraen las características más importantes de los datos. Hay diferentes tipos de autoencoders, como los esparcidos, los denoising o los variacionales.

Paralelización y distribución:

Aprovecha la capacidad de paralelización y distribución de tareas si estás lidiando con grandes cantidades de datos o cómputo intensivo. Puedes utilizar bibliotecas como TensorFlow o PyTorch para entrenar modelos de manera distribuida en clústeres de GPU.La paralelización y la distribución de modelos de inteligencia artificial son técnicas que permiten aprovechar el poder de cómputo de múltiples procesadores o dispositivos para entrenar y ejecutar modelos de forma más rápida y eficiente. Estas técnicas pueden ser útiles para resolver problemas complejos que requieren grandes cantidades de datos y recursos computacionales.

Existen diferentes formas de paralelizar y distribuir modelos de inteligencia artificial, dependiendo del nivel de abstracción, el tipo de arquitectura y el objetivo del problema. Algunas de las formas más comunes son:

Paralelización a nivel de datos: Consiste en dividir el conjunto de datos en partes más pequeñas y asignar cada parte a un procesador o dispositivo diferente. Cada procesador o dispositivo entrena el mismo modelo con una parte diferente de los datos, y luego se combinan los resultados para obtener el modelo final. Esta forma es adecuada para problemas que tienen una gran cantidad de datos independientes e idénticamente distribuidos (IID), como la clasificación de imágenes o el reconocimiento de voz.

Paralelización a nivel de modelo: Consiste en dividir el modelo en partes más pequeñas y asignar cada parte a un procesador o dispositivo diferente. Cada procesador o dispositivo entrena una parte diferente del modelo con todo el conjunto de datos, y luego se sincronizan los parámetros para obtener el modelo final. Esta forma es adecuada para problemas que tienen modelos complejos con muchas capas o parámetros, como las redes neuronales profundas o los autoencoders.

Paralelización a nivel de tarea: Consiste en asignar diferentes tareas o subproblemas a diferentes procesadores o dispositivos. Cada procesador o dispositivo resuelve una tarea o subproblema diferente con su propio conjunto de datos y modelo, y luego se integran los resultados para obtener la solución final. Esta forma es adecuada para problemas que tienen una estructura modular o jerárquica, como los sistemas expertos o los modelos de lenguaje.

Para implementar estas técnicas, se pueden utilizar bibliotecas especializadas que facilitan la creación y gestión de modelos paralelos y distribuidos. Algunas de las bibliotecas más populares son:

TensorFlow: Es una biblioteca de código abierto desarrollada por Google que permite crear y entrenar modelos de inteligencia artificial basados en grafos computacionales. TensorFlow ofrece soporte para paralelización y distribución a nivel de datos y a nivel de modelo, utilizando mecanismos como la replicación, la partición y la federación. TensorFlow también ofrece herramientas para visualizar, depurar y optimizar los modelos.

PyTorch: Es una biblioteca de código abierto desarrollada por Facebook que permite crear y entrenar modelos de inteligencia artificial basados en tensores y redes neuronales dinámicas. PyTorch ofrece soporte para paralelización y distribución a nivel de datos y a nivel de modelo, utilizando mecanismos como la replicación, la partición y la comunicación colectiva. PyTorch también ofrece herramientas para integrar, desplegar y monitorear los modelos

Evalúa el rendimiento:

Mide el rendimiento de tus algoritmos de IA utilizando métricas apropiadas. Esto te permitirá identificar áreas de mejora y ajustar tu enfoque en consecuencia.Para medir el rendimiento de tus algoritmos de IA utilizando métricas apropiadas, debes tener en cuenta los siguientes aspectos:

Elige métricas que se alineen con los objetivos del problema y la aplicación. Por ejemplo, para problemas de clasificación binaria, puedes usar la precisión, el recall, el F1-score o la curva ROC. Para problemas de regresión, puedes usar el error cuadrático medio, el error absoluto medio o el coeficiente de determinación.

Compara tus algoritmos con otros métodos existentes o con un modelo base. Esto te permitirá evaluar la ventaja relativa de tus algoritmos y su potencial de mejora.

Utiliza conjuntos de datos de prueba independientes y representativos para medir el rendimiento. Esto te ayudará a evitar el sobreajuste y a estimar el rendimiento real de tus algoritmos en datos nuevos y desconocidos.

Realiza pruebas estadísticas para determinar la significancia de las diferencias entre los algoritmos. Esto te permitirá validar tus resultados y evitar conclusiones erróneas o sesgadas.

Reporta los resultados de forma clara y transparente. Incluye las métricas utilizadas, los valores obtenidos, los intervalos de confianza, las gráficas y las tablas que ilustren el rendimiento de tus algoritmos.

Implementa técnicas de aprendizaje activo:

Si estás trabajando con conjuntos de datos etiquetados, considera el aprendizaje activo para seleccionar de manera inteligente las instancias para etiquetar, lo que puede reducir la cantidad de etiquetas necesarias para entrenar modelos efectivos.El aprendizaje activo es una técnica de aprendizaje automático que permite seleccionar de manera inteligente las instancias para etiquetar, lo que puede reducir la cantidad de etiquetas necesarias para entrenar modelos efectivos. Algunos beneficios del aprendizaje activo son:

Reduce el costo y el tiempo de etiquetado manual de los datos.

Mejora la precisión y la generalización de los modelos al evitar el sobreajuste y el sesgo.

Permite adaptarse a los cambios en los datos o en los objetivos del modelo.

Algunos ejemplos de algoritmos de aprendizaje activo son:

Muestreo por incertidumbre: Selecciona las instancias que el modelo clasifica con menor confianza, lo que indica una mayor ambigüedad o dificultad.

Muestreo por consulta: Selecciona las instancias que el modelo considera más informativas o representativas, lo que puede aumentar la diversidad o la cobertura de los datos.

Aprendizaje basado en comités: Utiliza varios modelos para seleccionar las instancias que generan mayor desacuerdo entre ellos, lo que puede capturar la variabilidad o la complejidad de los datos.

Mantén un equilibrio entre precisión y eficiencia:

A veces, es necesario comprometerse entre la precisión del modelo y la eficiencia computacional. Ajusta el trade-off según los requisitos de tu aplicación.La precisión del modelo se refiere a la capacidad de hacer predicciones correctas o aproximarse a los valores reales. La eficiencia computacional se refiere al tiempo y los recursos necesarios para entrenar y ejecutar el modelo. Ambos factores dependen de varios aspectos, como el tamaño y la calidad de los datos, la complejidad y la arquitectura del modelo, los hiperparámetros y las técnicas de optimización utilizadas, entre otros.

En general, existe una relación inversa entre la precisión y la eficiencia: cuanto más preciso sea el modelo, más recursos consumirá y más tiempo tardará en entrenarse y ejecutarse. Por el contrario, cuanto más eficiente sea el modelo, menos preciso será y más errores cometerá. Por lo tanto, es necesario encontrar un equilibrio entre ambos aspectos según los requisitos de la aplicación.

Por ejemplo, si se trata de una aplicación crítica que requiere una alta fiabilidad y seguridad, como un sistema de diagnóstico médico o un vehículo autónomo, se puede priorizar la precisión sobre la eficiencia. Sin embargo, si se trata de una aplicación que necesita una respuesta rápida y un bajo consumo de energía, como un asistente virtual o un juego interactivo, se puede priorizar la eficiencia sobre la precisión.

Para ajustar el equilibrio entre precisión y eficiencia, se pueden utilizar diferentes estrategias, como:

Elegir el modelo adecuado para el problema: existen diferentes tipos de modelos de aprendizaje automático, como regresión lineal, árboles de decisión, redes neuronales, etc. Cada uno tiene sus ventajas e inconvenientes en términos de precisión y eficiencia. Se debe elegir el modelo que mejor se adapte al tipo y la complejidad de los datos, así como al objetivo de la aplicación.

Reducir la dimensionalidad de los datos: los datos con muchas características o variables pueden aumentar la precisión del modelo, pero también pueden hacerlo más complejo y lento. Se pueden aplicar técnicas de reducción de dimensionalidad, como análisis de componentes principales (PCA) o selección de características, para eliminar las características irrelevantes o redundantes y simplificar los datos.

Aplicar técnicas de regularización: la regularización es un método para evitar el sobreajuste del modelo, es decir, que aprenda demasiado bien los datos de entrenamiento y no generalice bien a nuevos datos. La regularización consiste en añadir una penalización al modelo por tener coeficientes o pesos demasiado grandes o complejos. Esto puede mejorar la precisión del modelo y reducir su complejidad.

Utilizar modelos preentrenados o transferir el aprendizaje: en algunos casos, se puede aprovechar el conocimiento adquirido por un modelo previamente entrenado con un conjunto de datos grande y diverso para resolver un problema similar o relacionado. Esto puede ahorrar tiempo y recursos al no tener que entrenar el modelo desde cero. Se pueden utilizar modelos preentrenados disponibles en Internet o aplicar técnicas de transferencia de aprendizaje para adaptar el modelo a los datos específicos del problema.

Ajustar los hiperparámetros del modelo: los hiperparámetros son los parámetros que no se aprenden durante el entrenamiento del modelo, sino que se fijan antes. Algunos ejemplos son el número de capas y neuronas en una red neuronal, la tasa de aprendizaje, el número de iteraciones o épocas, etc. Estos parámetros pueden afectar tanto a la precisión como a la eficiencia del modelo. Se debe encontrar el valor óptimo para cada hiperparámetro mediante técnicas como la validación cruzada o la búsqueda en rejilla.

Diseñar algoritmos eficientes en IA implica una combinación de comprensión del problema, selección de algoritmos adecuados, optimización de hiperparámetros, preprocesamiento de datos y evaluación continua del rendimiento. La eficiencia no solo se trata de velocidad de ejecución, sino también de obtener resultados precisos de manera efectiva.

24. Los paradigmas de programación más utilizados en la implementación de algoritmos de IA

En la implementación de algoritmos de inteligencia artificial (IA), se pueden utilizar varios paradigmas de programación, dependiendo de la naturaleza del problema y las preferencias del desarrollador. Algunos de los paradigmas de programación más utilizados en la implementación de algoritmos de IA incluyen:

Programación imperativa: Este es el paradigma de programación más común y se basa en la ejecución de una secuencia de instrucciones que modifican el estado del programa. En la IA, se puede usar para implementar algoritmos de búsqueda, aprendizaje supervisado y muchas otras técnicas.La programación imperativa es un paradigma de programación que se basa en especificar los pasos que debe seguir una máquina para resolver un problema. En la programación imperativa, el programador define las variables, las estructuras de control y las instrucciones que modifican el estado de la máquina1. Algunos ejemplos de lenguajes de programación imperativa son C, Java, Python y Ruby.

En la inteligencia artificial (IA), se puede usar la programación imperativa para implementar algoritmos de búsqueda, aprendizaje supervisado y muchas otras técnicas. Los algoritmos son secuencias de instrucciones que ayudan a un ordenador a realizar un cálculo o una tarea2. La IA utiliza algoritmos para crear máquinas que aprendan de su propia experiencia, se adapten a nuevos escenarios y desarrollen las tareas de manera similar a cómo lo harían los humanos.

Un ejemplo de programación imperativa en la IA es el algoritmo de búsqueda A*, que se usa para encontrar el camino más corto entre dos puntos en un grafo. El algoritmo de búsqueda A* utiliza una función heurística para estimar el costo de llegar al objetivo desde cada nodo, y selecciona el nodo con el menor costo para expandir. El algoritmo termina cuando encuentra el objetivo o cuando no hay más nodos para expandir.

Un pseudocódigo del algoritmo de búsqueda A* sería el siguiente:

```
función A*(inicio, objetivo)
// inicializar las listas abierta y cerrada
abierta = [inicio]
cerrada = []
// asignar los valores g, h y f al nodo inicio
inicio.g = 0
inicio.h = heurística(inicio, objetivo)
inicio.f = inicio.g + inicio.h
// mientras la lista abierta no esté vacía
```

```
mientras abierta no esté vacía
// obtener el nodo con el menor valor f de la lista abierta
actual = nodo con menor f en abierta
// si el nodo actual es el objetivo
si actual == objetivo
// devolver el camino desde el inicio hasta el objetivo
devolver reconstruir_camino(actual)
// mover el nodo actual de la lista abierta a la lista cerrada
eliminar actual de abierta
añadir actual a cerrada
// para cada vecino del nodo actual
para cada vecino de actual
// si el vecino está en la lista cerrada
si vecino está en cerrada
// ignorar el vecino
continuar
// calcular el valor g del vecino
vecino.g = actual.g + distancia(actual, vecino)
// si el vecino no está en la lista abierta
si vecino no está en abierta
// añadir el vecino a la lista abierta
añadir vecino a abierta
// si el vecino está en la lista abierta y tiene un valor g mayor que el
calculado
sino si vecino.g > vecino.g calculado
// ignorar el vecino  continuar

// actualizar los valores h y f del vecino
vecino.h = heurística(vecino, objetivo)
vecino.f = vecino.g + vecino.h
// asignar el nodo actual como padre del vecino
vecino.padre = actual
// si se llega a este punto, significa que no se ha encontrado un camino
devolver fallo
función heurística(nodo, objetivo)
// devolver una estimación del costo de llegar al objetivo desde el nodo  //
por ejemplo, usando la distancia euclídea o la distancia de Manhattan
devolver distancia(nodo, objetivo)
función reconstruir_camino(nodo)
// inicializar una lista vacía para almacenar el camino
```

```
camino = []
// mientras el nodo tenga un padre
mientras nodo.padre no sea nulo
// insertar el nodo al principio del camino
insertar nodo al principio de camino
// asignar el padre del nodo como el nuevo nodo
nodo = nodo.padre
// devolver el camino
devolver camino
```

Este es solo un ejemplo de cómo se puede usar la programación imperativa en la IA. Hay muchos otros algoritmos y técnicas que se pueden implementar con este paradigma.

Programación orientada a objetos (POO): La POO se centra en la organización del código en objetos que encapsulan datos y funciones relacionadas. Puede ser útil para modelar entidades en problemas de IA, como agentes inteligentes, y facilitar la reutilización de código.La POO es un paradigma de programación que se basa en el concepto de objetos, que son entidades que tienen atributos (datos) y métodos (funciones) que operan sobre ellos. La POO permite abstraer la complejidad de un problema y modelarlo mediante objetos que se comunican entre sí. Algunos de los beneficios de la POO son:

Reutilización de código: Los objetos se pueden reutilizar en diferentes programas o contextos, lo que evita la duplicación de código y facilita el mantenimiento.

Encapsulamiento: Los objetos ocultan los detalles de su implementación y solo exponen una interfaz pública, lo que garantiza la integridad de los datos y evita el acceso no autorizado o indebido a ellos.

Polimorfismo: Los objetos pueden tener diferentes formas o comportamientos según el contexto en el que se usen, lo que permite escribir código más genérico y flexible.

Herencia: Los objetos pueden heredar atributos y métodos de otros objetos, lo que permite crear jerarquías o categorías de objetos con características comunes y específicas.

Algunos de los lenguajes de programación más populares que soportan la POO son Java, Python, C++, C#, Ruby y PHP.

Programación funcional: La programación funcional se basa en funciones puras y evita los efectos secundarios. Puede ser útil en la implementación de algoritmos de aprendizaje automático y procesamiento de datos, ya que permite un razonamiento más claro sobre el flujo de datos. La programación funcional es un paradigma de programación que se basa en el uso de funciones puras, es decir, funciones que no tienen efectos secundarios y que siempre devuelven el mismo resultado para los mismos argumentos. La programación funcional evita el uso de variables mutables, bucles, asignaciones y otras características imperativas, y en su lugar utiliza conceptos como la recursión, las funciones de orden superior, las funciones anónimas y las estructuras de datos inmutables. Algunos ejemplos de lenguajes de programación funcional son Haskell, Lisp, Scala y F#. La programación funcional tiene varias ventajas, como la facilidad de razonamiento, la modularidad, la concurrencia y la expresividad. Sin embargo, también tiene algunos inconvenientes, como la dificultad de depuración, la falta de familiaridad y la ineficiencia en algunos casos.

Programación lógica: La programación lógica se utiliza en la implementación de sistemas basados en reglas y razonamiento lógico. Un ejemplo es Prolog, que se utiliza para crear sistemas expertos y resolver problemas de inferencia.La programación lógica es un paradigma de programación que se basa en la lógica matemática para expresar los problemas y las soluciones. En la programación lógica, el programador no le dice al ordenador cómo hacer las cosas, sino qué cosas son ciertas o falsas. El ordenador se encarga de inferir las respuestas a partir de los hechos y las reglas que se le proporcionan.

La programación lógica se utiliza en la implementación de sistemas basados en reglas y razonamiento lógico, como los sistemas expertos, los sistemas de inteligencia artificial, los sistemas de bases de datos deductivas, los sistemas de demostración automática de teoremas, etc. Algunos ejemplos de aplicaciones de la programación lógica son:

El lenguaje Prolog, que es uno de los más conocidos y utilizados en la programación lógica. Prolog permite definir predicados lógicos que representan las relaciones entre los objetos del dominio del problema. El ordenador puede consultar estos predicados para obtener información o para resolver consultas complejas. Por ejemplo, si se define el predicado padre(X,Y) que significa que X es padre de Y, se puede preguntar al ordenador quién es el padre de Juan o si Pedro es padre de alguien1.

El sistema CLIPS, que es un lenguaje y un entorno de desarrollo para la creación de sistemas expertos. Un sistema experto es un programa que simula el conocimiento y el razonamiento de un experto humano en un determinado campo. CLIPS permite definir hechos y reglas que representan el conocimiento del experto, así como funciones y módulos que permiten controlar el flujo del programa. El ordenador puede aplicar las reglas a los hechos para inferir nuevas conclusiones o para tomar decisiones.

El sistema SWI-Prolog, que es una implementación libre y de código abierto del lenguaje Prolog. SWI-Prolog ofrece una serie de características avanzadas, como la integración con otros lenguajes de programación (Java, Python, C, etc.), la programación concurrente y distribuida, la programación web, la programación orientada a objetos, la programación por restricciones, etc. SWI-Prolog se utiliza para desarrollar aplicaciones de inteligencia artificial, procesamiento del lenguaje natural, minería de datos, robótica, etc.

Programación basada en restricciones: Este paradigma se utiliza para resolver problemas que involucran restricciones entre variables. Es útil en problemas de optimización y planificación en la IA.La programación basada en restricciones es un paradigma de programación que permite resolver problemas complejos de forma declarativa, es decir, especificando las condiciones que debe cumplir la solución, sin indicar los pasos para obtenerla. Este paradigma se aplica a diversos dominios, como la planificación, la optimización, la inteligencia artificial, el diseño y la simulación. Algunos ejemplos de problemas que se pueden resolver con este paradigma son el problema de las ocho reinas, el problema del sudoku, el problema del viajante de comercio y el problema de asignación de recursos.

La programación basada en restricciones se basa en dos conceptos fundamentales: las variables y las restricciones. Las variables son los elementos que representan las incógnitas del problema, y pueden tener un dominio finito o infinito de posibles valores. Las restricciones son las expresiones que definen las relaciones que deben cumplirse entre las variables. Por ejemplo, si tenemos dos variables x e y que representan números enteros entre 1 y 10, una posible restricción sería $x + y = 10$.

Para resolver un problema con este paradigma, se debe construir un modelo que contenga todas las variables y restricciones del problema. Luego, se debe utilizar un algoritmo o una librería que sea capaz de encontrar una solución al modelo, es decir, una asignación de valores a las variables que satisfaga todas las restricciones. Si el problema tiene más de una solución, el algoritmo o la librería puede devolver una solución cualquiera, o bien todas las soluciones posibles, o bien la solución óptima según algún criterio.

Existen varios lenguajes y herramientas que soportan la programación basada en restricciones, tanto como lenguajes propios como extensiones de otros lenguajes. Algunos ejemplos son Prolog1, ECLiPSe, MiniZinc, Choco y Z3.

Programación evolutiva: Se basa en algoritmos evolutivos y algoritmos genéticos para encontrar soluciones óptimas o aproximadas a problemas de optimización y búsqueda en la IA. La programación evolutiva es una rama de la computación evolutiva que utiliza una representación basada en estados de un autómata finito para resolver problemas de optimización y búsqueda. La programación evolutiva se basa en algoritmos evolutivos y algoritmos genéticos, que son técnicas de programación que imitan a la evolución biológica como estrategia para encontrar soluciones óptimas o aproximadas. La programación evolutiva se diferencia de los algoritmos genéticos en que los individuos son ternas (tripletas) cuyos valores representan el estado actual, un símbolo del alfabeto utilizado y el valor del nuevo estado. Estos valores se utilizan para moverse entre los estados del autómata finito según el símbolo actual. La programación evolutiva aplica funciones de selección, cruce y mutación a la población de individuos para generar nuevas soluciones2

Programación de redes neuronales: En la implementación de algoritmos de aprendizaje profundo, se utiliza un paradigma específico que involucra la definición de redes neuronales y su entrenamiento utilizando bibliotecas de aprendizaje profundo como TensorFlow o PyTorch.

La programación de redes neuronales es un campo de la inteligencia artificial que se ocupa de crear y entrenar modelos computacionales inspirados en el funcionamiento del cerebro humano. Estos modelos se componen de unidades básicas llamadas neuronas artificiales, que se conectan entre sí mediante pesos sinápticos y transmiten señales mediante funciones de activación. Las redes neuronales pueden aprender de los datos y adaptarse a diferentes tareas, como la clasificación, la regresión, el reconocimiento de patrones, el procesamiento del lenguaje natural, la visión artificial, el control automático, etc.

Para programar una red neuronal, se necesita tener conocimientos básicos de matemáticas, estadística y programación. Además, se puede utilizar algún lenguaje de programación que ofrezca bibliotecas o frameworks especializados para facilitar el desarrollo y la implementación de las redes neuronales. Uno de los lenguajes más populares y utilizados para este propósito es Python, que cuenta con una gran variedad de recursos y herramientas para la programación de redes neuronales, como NumPy, SciPy, TensorFlow, PyTorch, Keras, etc.

Programación de agentes: En la IA basada en agentes, se utiliza un paradigma que modela agentes inteligentes que interactúan con su entorno y toman decisiones. Esto a menudo se realiza utilizando técnicas de programación orientada a objetos.La programación de agentes es una forma de crear programas que pueden interactuar de manera inteligente con su entorno y con otros agentes, utilizando técnicas de inteligencia artificial. Los agentes pueden tener diferentes grados de autonomía, racionalidad, comunicación y cooperación, dependiendo del dominio y el objetivo de la aplicación. Algunas de las aplicaciones de la programación de agentes son: sistemas multiagente, sistemas expertos, interfaces conversacionales, juegos, simulación social, robótica, etc.

Para programar agentes, se pueden utilizar diferentes lenguajes y plataformas, que ofrecen distintas ventajas y desventajas según el tipo y la complejidad de los agentes que se quieren implementar. Algunos ejemplos de lenguajes y plataformas para la programación de agentes son: NetLogo, Jason, Jade, BDI, etc.

25. Los lenguajes de programación más comunes en IA y cuándo se utilizan

Los lenguajes de programación más comunes en el campo de la inteligencia artificial (IA) varían dependiendo de la aplicación específica y las preferencias de los desarrolladores. Sin embargo, algunos lenguajes de programación son más populares que otros en el ámbito de la IA debido a su eficiencia, flexibilidad y las bibliotecas disponibles. Aquí tienes algunos de los lenguajes más comunes utilizados en IA y cuándo se suelen utilizar:

Python: Python es ampliamente considerado como el lenguaje de programación más popular en IA. Ofrece una gran cantidad de bibliotecas y marcos de trabajo específicos para la IA, como TensorFlow, PyTorch y scikit-learn. Se utiliza en una amplia variedad de aplicaciones de IA, desde aprendizaje automático y procesamiento de lenguaje natural hasta visión por computadora.Python es un lenguaje de programación muy popular en el campo de la inteligencia artificial (IA).

Hay varias razones para esto. Por ejemplo, Python es fácil de aprender y leer, tiene una sintaxis simple y clara, y cuenta con una gran variedad de bibliotecas y marcos de trabajo para el análisis de datos, el aprendizaje automático, el procesamiento del lenguaje natural, la visión por computadora y otras aplicaciones de IA. Además, Python es muy versátil y se puede usar en muchos otros dominios, como el desarrollo web, la creación de interfaces gráficas de usuario, la automatización de tareas, la programación científica y más123.

Según algunos rankings de popularidad de los lenguajes de programación, Python ha superado a JavaScript como el lenguaje más usado del mundo. Esto se debe en parte al creciente interés por la IA y sus beneficios potenciales para la sociedad.Por ejemplo, Python ha ayudado a acelerar el descubrimiento de nuevos medicamentos para combatir el cáncer y otras enfermedades2. También ha facilitado la creación de sistemas inteligentes que pueden mejorar la seguridad, la educación, el transporte, el entretenimiento y otros aspectos de la vida humana.

Python es ampliamente considerado como el lenguaje de programación más popular en IA porque ofrece muchas ventajas para los desarrolladores y los científicos que quieren crear soluciones innovadoras y eficientes para los problemas complejos del mundo real.

R: R es un lenguaje de programación estadística ampliamente utilizado en análisis de datos y estadísticas. Se usa en la IA para tareas relacionadas con el análisis de datos, la visualización y el modelado estadístico.R es un lenguaje de programación estadística muy utilizado en el análisis de datos y las estadísticas. R es un lenguaje y un entorno para el cálculo y la gráfica estadísticos. Es un proyecto GNU que es similar al lenguaje y entorno S, que fue desarrollado en los Laboratorios Bell (antes AT&T, ahora Lucent Technologies) por John Chambers y sus colegas. R ofrece una gran variedad de técnicas estadísticas (modelado lineal y no lineal, pruebas estadísticas clásicas, análisis de series temporales, clasificación, agrupamiento, etc.) y gráficas, y es altamente extensible.

El lenguaje S es a menudo el vehículo de elección para la investigación en metodología estadística, y R proporciona una ruta de código abierto para participar en esa actividad. Una de las fortalezas de R es la facilidad con la que se pueden producir gráficos de calidad para publicaciones, incluyendo símbolos y fórmulas matemáticas cuando se necesitan. Se ha tenido mucho cuidado con los valores por defecto para las pequeñas opciones de diseño en los gráficos, pero el usuario tiene el control total. R está disponible como software libre bajo los términos de la licencia GNU General Public License en forma de código fuente. Se compila y ejecuta en una amplia variedad de plataformas UNIX y sistemas similares (incluyendo FreeBSD y Linux), Windows y MacOS1.

Según algunos rankings de popularidad de los lenguajes de programación, R es uno de los lenguajes más utilizados en el mundo. Esto se debe en parte al creciente interés por el análisis de datos y sus beneficios potenciales para la ciencia, la industria y la sociedad. Por ejemplo, R ha ayudado a acelerar el descubrimiento de nuevos fármacos, a mejorar la calidad de los datos médicos, a visualizar patrones complejos y a crear modelos predictivos. También ha facilitado la creación de sistemas interactivos que pueden mejorar la educación, el periodismo, el arte y otros aspectos de la vida humana.

R es un lenguaje de programación estadística ampliamente utilizado en análisis de datos y estadísticas porque ofrece muchas ventajas para los investigadores y los profesionales que quieren crear soluciones innovadoras y eficientes para los problemas complejos del mundo real.

Java: Java se utiliza en IA principalmente en aplicaciones empresariales y sistemas grandes. Algunas bibliotecas de IA, como Deeplearning4j, están diseñadas específicamente para Java. Java es popular en aplicaciones de IA que requieren alta escalabilidad y rendimiento.Java es un lenguaje de programación muy popular y versátil que se utiliza en muchas áreas, incluyendo la inteligencia artificial, el desarrollo web, el software empresarial y las aplicaciones móviles. Java se caracteriza por ser:

Orientado a objetos: Java permite crear clases que definen los atributos y los métodos de los objetos, y usar la herencia, el polimorfismo y la abstracción para organizar y reutilizar el código.

Independiente de la plataforma: Java se compila en un código intermedio llamado bytecode, que se puede ejecutar en cualquier máquina virtual Java (JVM) sin necesidad de adaptarlo al sistema operativo o al hardware.

Robusto: Java ofrece mecanismos de seguridad, gestión de memoria, manejo de excepciones y verificación de tipos que ayudan a prevenir errores y vulnerabilidades en el código.

Multihilo: Java permite crear y ejecutar varios hilos de ejecución simultáneamente, lo que mejora el rendimiento y la eficiencia de las aplicaciones.

C++: C++ se utiliza en aplicaciones de IA que requieren un alto rendimiento y control de recursos. A menudo se emplea en el desarrollo de motores de juegos, sistemas de visión por computadora y robots.C++ es un lenguaje de programación muy potente y eficiente que se utiliza en aplicaciones de inteligencia artificial (IA) que requieren un alto rendimiento y control de recursos. C++ ofrece las siguientes ventajas para el desarrollo de aplicaciones de IA:

Velocidad: C++ es un lenguaje compilado que genera código nativo que se ejecuta directamente en el procesador, lo que le permite aprovechar al máximo el hardware y optimizar el uso de la memoria y el tiempo de ejecución. C++ también soporta la programación concurrente y paralela, lo que permite utilizar múltiples núcleos y procesadores para acelerar los cálculos y las operaciones.

Flexibilidad: C++ es un lenguaje multiparadigma que permite combinar diferentes estilos de programación, como la programación estructurada, la programación orientada a objetos, la programación genérica y la programación funcional. C++ también permite acceder directamente a los registros y a las direcciones de memoria, lo que le da al programador un mayor control sobre el sistema y la posibilidad de manipular datos a bajo nivel.

Compatibilidad: C++ es un lenguaje que se basa en el lenguaje C, por lo que hereda su sintaxis y sus características. C++ también es compatible con la mayoría de las bibliotecas y los marcos de trabajo escritos en C, lo que facilita la integración y la reutilización de código existente. Además,

C++ se puede ejecutar en diferentes plataformas y sistemas operativos sin necesidad de modificar el código fuente.

Algunos ejemplos de aplicaciones de IA desarrolladas con C++ son:
TensorFlow: TensorFlow es una plataforma de código abierto para el aprendizaje automático y el aprendizaje profundo. TensorFlow ofrece una API en C++ que permite crear, entrenar y desplegar modelos de IA para diversas tareas, como el reconocimiento de imágenes, el procesamiento del lenguaje natural, la generación de texto, la traducción automática y el análisis de datos.

OpenAI: OpenAI es una organización dedicada a la investigación y al desarrollo de la IA general artificial (AGI), es decir, una IA capaz de realizar cualquier tarea intelectual que pueda hacer un humano. OpenAI utiliza C++ para implementar algunos de sus proyectos más ambiciosos, como GPT-3, una red neuronal profunda capaz de generar textos coherentes y relevantes a partir de una entrada arbitraria.

PyTorch: PyTorch es una biblioteca de código abierto para el aprendizaje automático y el aprendizaje profundo. PyTorch está basada en Torch, una biblioteca escrita en C++. PyTorch ofrece una API en Python que facilita el desarrollo interactivo y experimental de modelos de IA, pero también permite acceder a las funciones nativas de Torch en C++ para mejorar el rendimiento y la eficiencia.

LISP: LISP (List Processing) es un lenguaje de programación antiguo pero todavía utilizado en algunas áreas de la IA, especialmente en sistemas expertos y desarrollo de algoritmos simbólicos. LISP es un lenguaje de programación que se basa en el uso de listas y funciones recursivas. Fue creado en 1958 por John McCarthy, considerado uno de los padres de la inteligencia artificial. LISP se utiliza principalmente para resolver problemas de razonamiento simbólico, manipulación de datos y procesamiento del lenguaje natural. Algunas de las características distintivas de LISP son:

Es un lenguaje multiparadigma, que permite combinar diferentes estilos de programación como funcional, imperativo, orientado a objetos y lógico.
Es un lenguaje interpretado, lo que significa que el código se ejecuta directamente sin necesidad de compilación previa.
Es un lenguaje homoicónico, lo que significa que el código y los datos tienen la misma representación como listas. Esto facilita la creación y modificación de programas en tiempo de ejecución.

Tiene un sistema de macros, que permite definir nuevas construcciones sintácticas y semánticas a partir de las existentes.

Tiene un sistema dinámico de tipos, que permite asignar valores de cualquier tipo a cualquier variable sin declararlos explícitamente.

Prolog: Prolog es un lenguaje de programación lógica que se usa en aplicaciones de IA relacionadas con la representación del conocimiento y la inferencia lógica, como sistemas expertos y procesamiento del lenguaje natural.Prolog es un lenguaje de programación lógica que se usa en aplicaciones de inteligencia artificial, como el procesamiento del lenguaje natural, la resolución de problemas y la programación de restricciones. Prolog fue diseñado por Alain Colmerauer, Robert Kowalski y Philippe Roussel en la Universidad de Aix-Marseille I en Francia en 1972.

Prolog se basa en el cálculo de predicados y la inferencia lógica. Prolog permite definir hechos, reglas y consultas que describen el dominio del problema y las relaciones entre los objetos. Prolog también utiliza mecanismos como la unificación, el backtracking y la recursión para encontrar todas las posibles soluciones a una consulta. Prolog es un lenguaje declarativo, lo que significa que el programador especifica qué se quiere hacer y no cómo hacerlo.

Prolog es también un lenguaje interpretado, lo que significa que el código se ejecuta directamente sin necesidad de compilarlo. Sin embargo, existen compiladores que traducen Prolog a un conjunto de instrucciones de una máquina abstracta llamada WAM (Warren Abstract Machine). Prolog es un lenguaje muy expresivo y flexible que se adapta bien a los problemas que requieren razonamiento simbólico y manipulación de estructuras complejas. Algunos ejemplos de aplicaciones de Prolog son los sistemas expertos, los chatbots, los juegos de aventura, los compiladores, los analizadores sintácticos y los sistemas de planificación

Julia: Julia es un lenguaje de programación relativamente nuevo que se está volviendo popular en la comunidad de IA debido a su rendimiento similar al de C++ y su facilidad de uso similar a Python. Es adecuado para aplicaciones de alto rendimiento en aprendizaje automático y cómputo científico.Julia es un lenguaje de programación relativamente nuevo que combina la velocidad de los lenguajes compilados con la facilidad de uso de los lenguajes interpretados. Julia fue creado por un grupo de investigadores del MIT en 2009, con el objetivo de diseñar un lenguaje que fuera adecuado para la computación científica y técnica, pero también para la programación general. Julia se inspira en otros lenguajes como

Python, R, Matlab, Lisp y Ruby, pero introduce varias características innovadoras, como el tipado opcional, el despacho múltiple, la compilación justo a tiempo y la ejecución paralela y distribuida. Julia tiene una sintaxis clara y expresiva, una extensa biblioteca estándar y un rico ecosistema de paquetes desarrollados por la comunidad. Julia se puede integrar fácilmente con otros lenguajes y plataformas, como C, Fortran, Python, Java y .NET. Julia también ofrece una interfaz gráfica basada en el navegador llamada IJulia, que permite escribir y ejecutar código Julia de forma interactiva. Julia es un lenguaje de código abierto con una licencia MIT y se puede descargar gratuitamente desde su sitio web oficial.

JavaScript: JavaScript se utiliza en aplicaciones de IA en la web, como chatbots y aplicaciones de procesamiento de lenguaje natural en navegadores.JavaScript es un lenguaje de programación que se utiliza en aplicaciones de inteligencia artificial (IA) en la web. JavaScript permite crear páginas web interactivas y aplicaciones web modernas que pueden aprovechar las capacidades de los navegadores y las plataformas web. JavaScript también puede utilizar bibliotecas y marcos de IA que facilitan el desarrollo y el uso de modelos de aprendizaje automático (ML) en la web. Algunos ejemplos de bibliotecas y marcos de IA para JavaScript son:

TensorFlow.js12: Es una biblioteca de ML que permite desarrollar y entrenar modelos de ML directamente en JavaScript, y usar ML en el navegador o en Node.js. TensorFlow.js se basa en TensorFlow, una plataforma de código abierto para ML creada por Google. TensorFlow.js ofrece una API flexible e intuitiva, modelos pre-entrenados para casos de uso comunes, y demos y tutoriales interactivos.

Brain.js: Es una biblioteca de redes neuronales para JavaScript que permite crear, entrenar y ejecutar redes neuronales en el navegador o en Node.js. Brain.js ofrece una API simple y consistente, soporte para diferentes tipos de redes neuronales, y optimización del rendimiento mediante el uso de WebGL.

Synaptic: Es una biblioteca de redes neuronales para JavaScript que permite crear, entrenar y ejecutar redes neuronales de cualquier arquitectura. Synaptic ofrece una API modular y extensible, soporte para algoritmos genéticos y aprendizaje por refuerzo, y una colección de proyectos y demos inspiradores.

La elección del lenguaje de programación depende en gran medida de la aplicación específica de IA, las preferencias del desarrollador, la comunidad de desarrollo y la infraestructura disponible. En muchos casos, Python es una elección sólida debido a su versatilidad y a la amplia gama de bibliotecas de IA disponibles, pero otros lenguajes también tienen su lugar en el campo de la inteligencia artificial.

26. Importancia de las bases de datos en la gestión y almacenamiento de datos para la IA

Las bases de datos desempeñan un papel fundamental en la gestión y almacenamiento de datos para la inteligencia artificial (IA) por varias razones importantes:

Almacenamiento de datos: Las bases de datos proporcionan un sistema estructurado y eficiente para almacenar grandes cantidades de datos de manera organizada. Para la IA, que a menudo requiere grandes conjuntos de datos para entrenar modelos, el almacenamiento adecuado es esencial.El almacenamiento de datos para la IA implica el uso de bases de datos, que son sistemas estructurados y eficientes para almacenar grandes cantidades de datos de manera organizada.

Las bases de datos proporcionan varios beneficios para la IA, como el acceso rápido y eficiente a los datos, la facilitación de la limpieza y la preparación de datos, la consistencia y la seguridad, la escalabilidad, la búsqueda y recuperación eficiente, el historial y el seguimiento, y la integración con herramientas de IA.

La página web actual es una conversación entre usted y ChatGPT, una herramienta de IA que puede generar respuestas informativas y completas sobre temas relacionados con la IA. ChatGPT utiliza un modelo de lenguaje natural basado en GPT-4 para generar sus respuestas.

Acceso rápido a datos: Las bases de datos permiten un acceso rápido y eficiente a los datos almacenados, lo que es fundamental para la IA, ya que los modelos necesitan acceder a datos de entrenamiento y conjuntos de datos en tiempo real para tomar decisiones.Las bases de datos y la inteligencia artificial (IA) se relacionan de varias formas, ya que ambas se ocupan de la gestión, el análisis y el uso de los datos. Algunas de las formas en que se relacionan son:

Las bases de datos permiten un acceso rápido y eficiente a los datos almacenados, lo que es fundamental para la IA. La IA necesita procesar grandes cantidades de datos para aprender, entrenar y mejorar sus algoritmos y modelos. Sin una base de datos adecuada, la IA tendría dificultades para acceder y manipular los datos que necesita.

La IA puede ayudar a mejorar el rendimiento y la funcionalidad de las bases de datos. Por ejemplo, la IA puede optimizar las consultas, detectar anomalías, predecir tendencias, automatizar tareas y proporcionar recomendaciones basadas en los datos2. Estas capacidades pueden hacer que las bases de datos sean más inteligentes, rápidas y fáciles de usar.

La IA y las bases de datos se retroalimentan mutuamente. Por un lado, la IA depende de los datos para funcionar y mejorar. Por otro lado, la IA genera más datos a medida que realiza sus tareas y aprende de ellos. Estos datos se almacenan en bases de datos, lo que aumenta el volumen y la variedad de los mismos. Esto crea un ciclo virtuoso entre la IA y las bases de datos, donde cada uno se beneficia del otro.

Facilita la limpieza y la preparación de datos: Antes de utilizar datos para entrenar modelos de IA, es necesario realizar tareas de limpieza y preparación de datos. Las bases de datos facilitan estas tareas al permitir la consulta y la transformación de datos de manera eficiente.La limpieza y preparación de datos para la IA es importante por varias razones. Algunas de ellas son:

La limpieza y preparación de datos permite corregir o eliminar los registros incompletos, inexactos, corruptos o irrelevantes que pueden afectar negativamente al rendimiento y la precisión de los modelos de IA.

La limpieza y preparación de datos facilita la conversión de los datos no estructurados, como textos, imágenes o vídeos, en datos numéricos que puedan ser usados en un contexto matemático por los algoritmos de IA.

La limpieza y preparación de datos ayuda a extraer la información relevante y significativa para el problema que se quiere resolver con la IA, eliminando el ruido y la redundancia de los datos.

La limpieza y preparación de datos mejora la calidad y la confiabilidad de los datos, lo que se traduce en insights más precisos y significativos a partir de ellos.

Consistencia y seguridad: Las bases de datos proporcionan un medio para garantizar la consistencia y la integridad de los datos almacenados. También permiten implementar medidas de seguridad para proteger los datos sensibles, lo que es crucial en aplicaciones de IA que pueden involucrar información confidencial.Las bases de datos garantizan la consistencia y la integridad de los datos almacenados mediante el uso de diferentes métodos, reglas y restricciones que se aplican a los datos antes, durante y después de su almacenamiento. Algunos de estos métodos son:

La autenticación y el control de acceso son mecanismos que verifican la identidad y los permisos de los usuarios que intentan acceder o modificar los datos en la base de datos. Estos mecanismos evitan el acceso no autorizado o malicioso a los datos, así como el uso indebido o la manipulación de los mismos.

La integridad referencial es una regla que asegura que las relaciones entre las tablas de la base de datos se mantengan válidas y coherentes. Esta regla impide que se inserten, actualicen o eliminen datos que violen las restricciones de clave primaria o clave externa, lo que podría provocar inconsistencias o anomalías en los datos13.

La integridad de dominio es una regla que define el tipo, el formato, el rango y los valores permitidos para cada columna de una tabla. Esta regla impide que se introduzcan datos inválidos, incompletos o incoherentes en la base de datos, lo que podría afectar a la calidad y la precisión de los datos.

La integridad de entidad es una regla que asegura que cada fila de una tabla sea única e identificable mediante una clave primaria. Esta regla impide que se introduzcan datos duplicados o nulos en la base de datos, lo que podría causar ambigüedad o confusión en los datos.

La integridad de transacción es un método que garantiza que las operaciones realizadas sobre los datos en la base de datos se ejecuten de forma completa, correcta y consistente. Este método utiliza las propiedades ACID (atomicidad, consistencia, aislamiento y durabilidad) para asegurar que los datos no se pierdan, corrompan o alteren debido a fallos del sistema, errores humanos o interferencias externas.

Escalabilidad: Las bases de datos pueden escalarse para manejar grandes volúmenes de datos a medida que una aplicación de IA crece o se expande. Esto es importante para garantizar que la infraestructura de datos pueda acompañar el crecimiento de las necesidades de la IA.La escalabilidad es una característica importante de las bases de datos, especialmente para las aplicaciones de inteligencia artificial (IA) que requieren procesar y almacenar grandes volúmenes de datos. La escalabilidad se refiere a la capacidad de una base de datos para adaptarse al crecimiento o la reducción de la demanda de recursos, manteniendo un buen rendimiento y una alta disponibilidad.

Existen dos formas principales de escalar una base de datos: el escalado vertical y el escalado horizontal.

El escalado vertical consiste en aumentar o disminuir los recursos físicos o virtuales del servidor que aloja la base de datos, como la CPU, la memoria o el almacenamiento. Esta forma de escalar es más simple y no requiere modificar la estructura o el código de la base de datos, pero tiene un límite determinado por la capacidad máxima del hardware.

El escalado horizontal consiste en añadir o eliminar más instancias o nodos a la base de datos, distribuyendo la carga de trabajo entre ellos. Esta forma de escalar es más flexible y permite manejar cantidades masivas de datos, pero implica mayor complejidad y puede requerir reprogramar la base de datos o la aplicación para que funcionen correctamente con el nuevo esquema.

Las bases de datos que pueden escalar tanto vertical como horizontalmente se denominan escalables híbridas y ofrecen una mayor versatilidad y eficiencia para adaptarse a las necesidades cambiantes de las aplicaciones de IA.

Búsqueda y recuperación eficiente: Las bases de datos están diseñadas para admitir operaciones de búsqueda y recuperación eficientes, lo que es esencial para encontrar los datos necesarios para entrenar modelos y realizar inferencias.Búsqueda y recuperación eficiente: es un proceso que consiste en encontrar y extraer información relevante y pertinente de una fuente de datos, ya sea impresa o digital, para satisfacer una necesidad de información. Es una habilidad esencial para la investigación, el aprendizaje y la toma de decisiones en cualquier ámbito académico, profesional o personal.

Para realizar una búsqueda de información eficiente, se deben seguir una serie de pasos que involucran el desarrollo de capacidades informativas, digitales y comunicacionales.

Acercamiento del tema: se trata de identificar el tema o problema que se quiere investigar, así como los conceptos, términos y palabras clave relacionados con él.

Planteamiento de la pregunta: se trata de formular una pregunta clara, precisa y específica que oriente la búsqueda y permita evaluar los resultados obtenidos.

Construcción de la estrategia: se trata de diseñar un plan de búsqueda que incluya los operadores booleanos, los truncamientos, las comillas, los paréntesis y otros elementos que ayuden a combinar y filtrar los términos de búsqueda.

Elección de la fuente de información: se trata de seleccionar la fuente o fuentes de información más adecuadas para responder a la pregunta planteada, teniendo en cuenta el tipo, la calidad, la cobertura, la actualidad y la accesibilidad de la información que ofrecen.

Opción de refinar la búsqueda: se trata de revisar los resultados obtenidos y aplicar criterios de relevancia, pertinencia y fiabilidad para descartar la información que no sea útil o veraz. También se puede modificar la estrategia de búsqueda si los resultados son insuficientes o excesivos.

Organización, administración y uso de la información: se trata de organizar y gestionar la información seleccionada mediante herramientas como gestores bibliográficos, bases de datos personales, carpetas o etiquetas. También se debe usar la información de forma ética y responsable, citando las fuentes y respetando los derechos de autor.

Existen diferentes tipos de fuentes de información que pueden ser útiles para realizar una búsqueda eficiente, dependiendo del objetivo y el nivel de profundidad que se requiera:

Motores de búsqueda: son herramientas que permiten buscar información en internet mediante palabras clave. Ofrecen una gran cantidad y variedad de resultados, pero no garantizan su calidad ni su actualización. Algunos ejemplos son Google, Bing o Yahoo.

Bases de datos: son colecciones organizadas y estructuradas de información sobre un tema o disciplina específica. Ofrecen información especializada, actualizada y revisada por expertos, pero suelen tener un acceso restringido o pago. Algunos ejemplos son PubMed, Scopus o Web of Science.

Repositorios: son plataformas digitales que almacenan y difunden la producción científica o académica de una institución o comunidad. Ofrecen información gratuita, accesible y con alto impacto, pero pueden tener limitaciones en cuanto a su cobertura o formato. Algunos ejemplos son Redalyc, SciELO o Dialnet.

Bibliotecas y archivos digitales: son servicios que ofrecen acceso a recursos informativos en formato digital, como libros, revistas, tesis, documentos históricos o multimedia. Ofrecen información diversa, confiable y adaptada a las necesidades de los usuarios, pero pueden requerir una afiliación o registro previo. Algunos ejemplos son Biblioteca Digital Mundial, Europeana o Biblioteca Virtual Miguel de Cervantes.

La búsqueda y recuperación eficiente es un proceso dinámico que requiere práctica y aprendizaje continuo. Es importante conocer las características y ventajas de cada fuente de información, así como las técnicas y herramientas para optimizar la búsqueda. De esta forma, se podrá obtener información selectiva, relevante y pertinente para cualquier propósito informativo.

Historial y seguimiento: Las bases de datos pueden llevar un registro del historial de cambios en los datos, lo que es útil para rastrear la evolución de los datos a lo largo del tiempo y para fines de auditoría.Historial y seguimiento son dos conceptos relacionados con la forma en que se almacena y se accede a la información que generamos al usar dispositivos digitales, como computadoras, teléfonos inteligentes o navegadores web.

El historial es el registro de las acciones que realizamos en un dispositivo, como las aplicaciones y los servicios que usamos, los archivos que abrimos y los sitios web que visitamos1. El seguimiento es el proceso por el cual se recopila, analiza y utiliza esta información para fines diversos, como personalizar la experiencia del usuario, ofrecer publicidad relevante, mejorar la seguridad o realizar investigaciones.

Existen diferentes formas de ver o eliminar el historial y el seguimiento de nuestra actividad digital, dependiendo del dispositivo, el sistema operativo, el navegador web o la aplicación que utilicemos. Por ejemplo, si usamos el navegador Microsoft Edge, podemos acceder a la configuración de privacidad, búsqueda y servicios para borrar los datos de navegación almacenados en nuestro dispositivo o en la nube3. También podemos usar el panel de privacidad de Microsoft para administrar y eliminar los datos guardados en la nube de Microsoft. Si usamos Windows 10 o Windows 11, podemos acceder al historial de actividad para ver y borrar el historial de nuestro dispositivo. También podemos desactivar la recopilación de datos de diagnóstico y comentarios por parte de Microsoft.

Es importante conocer y controlar el historial y el seguimiento de nuestra actividad digital, ya que puede afectar a nuestra privacidad, seguridad y rendimiento. Algunos beneficios de ver o eliminar el historial y el seguimiento son:

Proteger nuestra privacidad: al borrar el historial y el seguimiento, podemos evitar que otras personas o entidades accedan a nuestra información personal o sensible, como nuestros hábitos, preferencias, intereses o datos bancarios.

Mejorar nuestra seguridad: al borrar el historial y el seguimiento, podemos prevenir posibles ataques informáticos, como el robo de identidad, el phishing o el malware.

Optimizar nuestro rendimiento: al borrar el historial y el seguimiento, podemos liberar espacio en nuestro dispositivo y mejorar su velocidad y funcionamiento.

Sin embargo, también hay algunos inconvenientes de ver o eliminar el historial y el seguimiento, como:

Perder nuestra personalización: al borrar el historial y el seguimiento, podemos perder algunas características o servicios que se adaptan a nuestras necesidades o gustos, como las recomendaciones, las sugerencias o las ofertas.

Reducir nuestra comodidad: al borrar el historial y el seguimiento, podemos tener que volver a introducir algunos datos o configuraciones que facilitan nuestro uso del dispositivo o la aplicación, como las contraseñas, los formularios o las cookies.

Limitar nuestra contribución: al borrar el historial y el seguimiento, podemos dejar de participar en algunos proyectos o iniciativas que usan nuestra información para fines sociales o científicos, como la investigación médica, la educación o la cultura.

Por lo tanto, es conveniente tener un equilibrio entre los beneficios e inconvenientes de ver o eliminar el historial y el seguimiento de nuestra actividad digital. Para ello, podemos usar las opciones de configuración disponibles en cada dispositivo o aplicación para elegir qué tipo de información queremos guardar o borrar, con qué frecuencia y por qué motivo. Así podremos proteger nuestra privacidad y seguridad sin renunciar a nuestra personalización y comodidad.

Integración con herramientas de IA: Las bases de datos pueden integrarse fácilmente con las herramientas y plataformas utilizadas en proyectos de IA, lo que facilita la implementación de soluciones completas de principio a fin.La integración con herramientas de IA se refiere a la capacidad de las bases de datos para conectarse y trabajar con las plataformas y aplicaciones que utilizan la inteligencia artificial para diversos fines.

Esto facilita la implementación de soluciones completas de principio a fin que aprovechan los datos almacenados en las bases de datos y los procesan con algoritmos de IA para obtener resultados e insights. Por ejemplo, una base de datos puede integrarse con una herramienta de IA para generar reportes, gráficos, predicciones o recomendaciones basadas en los datos.

En resumen, las bases de datos desempeñan un papel crucial en la gestión y almacenamiento de datos para la IA al proporcionar una infraestructura sólida y eficiente para el almacenamiento, acceso y manipulación de datos, lo que permite a los sistemas de IA funcionar de manera efectiva y eficiente.

27.Cómo afecta la inteligencia artificial al marketing y la toma de decisiones en empresas

La inteligencia artificial (IA) ha tenido un impacto significativo en el campo del marketing y la toma de decisiones en empresas en los últimos años. A continuación, se describen algunas de las formas en que la IA influye en estas áreas:

Personalización y recomendaciones: La IA permite a las empresas recopilar y analizar grandes cantidades de datos sobre el comportamiento del cliente. Esto se utiliza para crear perfiles detallados de los clientes y ofrecer recomendaciones y contenido personalizado. Por ejemplo, los algoritmos de recomendación de plataformas como Netflix o Amazon utilizan IA para sugerir productos o contenido que es más probable que atraiga a un cliente en función de su historial de compras o visualización.

La personalización y las recomendaciones son dos de las aplicaciones más comunes de la inteligencia artificial en el marketing. Estos procesos permiten a las empresas ofrecer una experiencia más relevante y satisfactoria a sus clientes, lo que se traduce en una mayor fidelización y conversión. La personalización consiste en adaptar el contenido, el diseño o la funcionalidad de una página web, una aplicación o un correo electrónico según las características o preferencias de cada usuario. Por ejemplo, Netflix personaliza la interfaz de su plataforma según el perfil y el historial de visualización de cada usuario, mostrándole las categorías y los títulos que más le pueden interesar.

Las recomendaciones son sugerencias de productos o contenidos que se hacen a los usuarios basándose en sus gustos, necesidades o comportamientos. Por ejemplo, Amazon recomienda a sus clientes productos relacionados con los que han comprado o consultado anteriormente, o con los que han mostrado interés otros clientes similares. Estas recomendaciones se generan mediante algoritmos de IA que analizan los datos de los usuarios y los productos, y establecen patrones y relaciones entre ellos. La personalización y las recomendaciones basadas en la inteligencia artificial (IA) son procesos que utilizan la IA para ofrecer a los clientes productos o contenidos que se ajustan a sus preferencias e intereses. Estos procesos pueden tener varias ventajas, como aumentar la satisfacción y la fidelización de los clientes, mejorar el rendimiento y la conversión de las empresas, y optimizar el uso de los recursos y el tiempo.

Sin embargo, también pueden tener algunas desventajas, como las siguientes:

Pérdida de privacidad: Los sistemas de IA que personalizan y recomiendan necesitan recopilar y analizar una gran cantidad de datos personales de los usuarios, como su historial de compras, navegación, ubicación, gustos, etc. Esto puede suponer una amenaza para la privacidad y la seguridad de los usuarios, ya que sus datos pueden ser vulnerados, robados o utilizados con fines maliciosos.

Sesgo y discriminación: Los sistemas de IA que personalizan y recomiendan pueden adquirir sesgos o prejuicios en función de los datos que utilizan para entrenarse o aprender. Esto puede provocar que los sistemas excluyan, discriminen o perjudiquen a ciertos grupos de usuarios o productos, o que refuercen estereotipos o desigualdades existentes.

Efecto burbuja: Los sistemas de IA que personalizan y recomiendan pueden crear un efecto burbuja o filtro en el que los usuarios solo reciben información o productos que coinciden con sus preferencias o intereses previos. Esto puede limitar la exposición a la diversidad, la innovación o el aprendizaje, y generar una falsa sensación de consenso o realidad.

Falta de transparencia y explicabilidad: Los sistemas de IA que personalizan y recomiendan suelen ser complejos y opacos, lo que dificulta entender cómo funcionan o cómo toman las decisiones. Esto puede generar desconfianza, frustración o insatisfacción en los usuarios, especialmente si los sistemas cometen errores o no cumplen con las expectativas.

Automatización de marketing: La IA permite automatizar tareas repetitivas en marketing, como el envío de correos electrónicos, la programación de publicaciones en redes sociales y la gestión de campañas publicitarias. Esto libera tiempo y recursos para que los especialistas en marketing se concentren en estrategias más creativas y estratégicas.La automatización de marketing es una estrategia que utiliza la tecnología para optimizar y agilizar los procesos de marketing digital, con el fin de aumentar la eficiencia y la efectividad de las campañas. La automatización de marketing permite gestionar de forma integrada y personalizada los diferentes canales y puntos de contacto con los clientes potenciales, como el correo electrónico, las redes sociales, los mensajes móviles o los anuncios. Además, la automatización de marketing facilita la generación y el nutrimiento de leads, es decir, la captación y el acompañamiento de los usuarios a lo largo del embudo de ventas, ofreciéndoles contenidos relevantes y adaptados a sus necesidades e intereses en cada etapa. Algunos de los beneficios de la automatización de marketing son:

Ahorro de tiempo y recursos: La automatización de marketing permite realizar tareas repetitivas o rutinarias de forma automática, lo que libera tiempo y recursos para dedicarlos a otras actividades más creativas o estratégicas.

Mejora del rendimiento y la conversión: La automatización de marketing permite medir y analizar el impacto y el retorno de las acciones de marketing, lo que ayuda a optimizar las campañas y a tomar mejores decisiones basadas en datos. Además, la automatización de marketing permite segmentar y personalizar los mensajes según el perfil y el comportamiento de cada usuario, lo que aumenta la relevancia y la satisfacción de los clientes, y favorece la fidelización y la conversión.

Aumento de las ventas y los ingresos: La automatización de marketing permite generar más leads cualificados, es decir, usuarios que tienen una mayor probabilidad de convertirse en clientes. Esto se logra mediante el envío de contenidos educativos o informativos que les ayudan a avanzar en el proceso de compra. Así, la automatización de marketing contribuye a incrementar las ventas y los ingresos de las empresas.

La inteligencia artificial (IA) juega un papel fundamental en la automatización de marketing, ya que es la tecnología que permite realizar las tareas y los procesos de forma autónoma, rápida y eficaz. La IA se encarga de analizar los datos de los usuarios y los mercados, y de extraer insights y patrones que ayudan a segmentar, personalizar y optimizar las campañas de marketing. Además, la IA se encarga de generar y enviar los contenidos adecuados a cada usuario en el momento oportuno, y de medir y evaluar los resultados de las acciones de marketing. Así, la IA facilita la creación de experiencias de cliente más relevantes y satisfactorias, y la mejora del rendimiento y la conversión de las empresas.

Análisis de datos avanzados: La IA es capaz de analizar datos a una escala que sería imposible para los humanos. Puede identificar patrones y tendencias ocultas en los datos de marketing, lo que ayuda a las empresas a comprender mejor a sus clientes, optimizar sus estrategias y tomar decisiones más informadas. El análisis de datos avanzados se refiere a la capacidad de la IA para procesar y extraer información valiosa de grandes volúmenes de datos que serían difíciles o imposibles de analizar por los humanos. La IA puede utilizar algoritmos de aprendizaje automático, redes neuronales profundas, minería de datos, análisis estadístico y otras técnicas para identificar patrones, tendencias, correlaciones y anomalías en los datos. Estos conocimientos pueden ayudar a las empresas y a los investigadores a comprender mejor sus mercados, clientes, productos, procesos y problemas, y a tomar decisiones más informadas y efectivas. Algunos ejemplos de análisis de datos avanzados con IA son:

Predicción de ventas y demanda: La IA puede utilizar los datos históricos y las variables relevantes para estimar la demanda futura de productos o servicios, lo que ayuda a las empresas a planificar sus operaciones y estrategias de marketing.

Análisis de sentimientos: La IA puede analizar el tono, la emoción y la opinión de los textos escritos u orales, como los comentarios de los clientes, las reseñas o las redes sociales. Esto permite a las empresas evaluar la satisfacción y la fidelidad de los clientes, así como detectar oportunidades o amenazas.

Detección de fraudes: La IA puede detectar actividades sospechosas o anómalas en los datos financieros o transaccionales, como las tarjetas de crédito o las cuentas bancarias. Esto permite a las empresas prevenir o reducir las pérdidas por fraudes o robos.

Diagnóstico médico: La IA puede analizar imágenes médicas, como radiografías o resonancias magnéticas, para identificar diferentes patologías o anomalías. Esto permite a los médicos realizar diagnósticos más precisos y rápidos, así como ofrecer tratamientos más personalizados.

Chatbots y atención al cliente automatizada: Los chatbots impulsados por IA se utilizan cada vez más para brindar atención al cliente en línea. Estos chatbots pueden responder preguntas frecuentes y ayudar a los clientes a obtener información rápida y precisa, lo que mejora la experiencia del cliente y reduce la carga de trabajo del personal de atención al cliente.

Los chatbots son programas informáticos que pueden simular una conversación con un usuario humano a través de un lenguaje natural. Los chatbots impulsados por la IA son capaces de comprender el contexto, la intención y el sentimiento de las consultas de los usuarios, y de ofrecer respuestas adecuadas y personalizadas. Estos chatbots se utilizan cada vez más para brindar atención al cliente en línea, ya que ofrecen varias ventajas, como:

Reducir los costes operativos al automatizar las tareas más frecuentes y sencillas, y liberar a los agentes humanos para que se ocupen de los casos más complejos o delicados.

Aumentar la satisfacción y la fidelización de los clientes al proporcionar una atención rápida, eficiente y disponible las 24 horas del día, los 7 días de la semana.

Mejorar la imagen y la reputación de la empresa al demostrar innovación, profesionalidad y cercanía con los clientes.

Sin embargo, los chatbots impulsados por la IA también pueden presentar algunos desafíos, como:

Garantizar la calidad y la coherencia de las respuestas, evitando errores, confusiones o malentendidos que puedan frustrar o decepcionar a los clientes.

Respetar la privacidad y la seguridad de los datos personales de los clientes, cumpliendo con las normativas legales y éticas vigentes.

Integrar los chatbots con otros sistemas o canales de comunicación, asegurando una experiencia fluida y omnicanal para los clientes.

Optimización de campañas publicitarias: La IA se utiliza para optimizar campañas publicitarias en línea en tiempo real. Los algoritmos pueden ajustar automáticamente los presupuestos, las ofertas y la orientación de los anuncios para maximizar el retorno de la inversión publicitaria. La optimización de campañas publicitarias consiste en ajustar automáticamente los parámetros de los anuncios, como el presupuesto, la oferta, la segmentación o el contenido, para maximizar el retorno de la inversión publicitaria. La IA puede realizar esta optimización en función de los datos recopilados y analizados sobre el rendimiento de los anuncios, el comportamiento de los usuarios, el contexto del mercado y los objetivos de la campaña. Algunos ejemplos de herramientas que utilizan la IA para optimizar las campañas publicitarias en línea son:

Smartly.io: Es una plataforma que permite crear, lanzar y optimizar campañas publicitarias en Facebook, Instagram y Pinterest. Utiliza algoritmos de aprendizaje automático para ajustar las ofertas, el presupuesto y la creatividad de los anuncios según el rendimiento y las metas de la campaña1.

Emplifi.io: Es una solución que integra la gestión de redes sociales, el servicio al cliente y la publicidad social. Utiliza IA para optimizar las campañas publicitarias en redes sociales según los datos de audiencia, engagement y conversión.

Google Ads: Es la plataforma de publicidad en línea de Google que permite crear y mostrar anuncios en la red de búsqueda, display, YouTube y otros sitios web asociados. Utiliza IA para ofrecer diferentes tipos de ofertas inteligentes, como el costo por clic optimizado (ECPC), el costo por adquisición objetivo (tCPA) o el retorno de la inversión publicitaria objetivo (tROAS), que ajustan automáticamente las ofertas según la probabilidad de conversión.

Pronóstico de ventas y demanda: La IA puede predecir la demanda futura de productos o servicios en función de datos históricos y variables relevantes. Esto ayuda a las empresas a planificar sus operaciones y estrategias de marketing de manera más efectiva.La predicción de la demanda futura es un proceso que consiste en estimar la cantidad de productos o servicios que los clientes comprarán o solicitarán en un período determinado.

Esto ayuda a las empresas a planificar sus operaciones, optimizar sus recursos y mejorar su rentabilidad. La IA puede utilizar técnicas de aprendizaje automático, aprendizaje profundo, minería de datos, análisis estadístico y otras para analizar los datos históricos de las ventas y la demanda, así como los factores externos que pueden influir en ellas, como el clima, la economía, la competencia, las tendencias, etc. A partir de este análisis, la IA puede identificar patrones y tendencias en los datos, y generar modelos predictivos que estimen la demanda futura con mayor precisión y rapidez que los métodos tradicionales. Estos modelos se pueden actualizar y mejorar constantemente con nuevos datos y retroalimentación. Algunos beneficios de utilizar la IA para predecir la demanda futura son:

Reducir el riesgo de sobreproducción o desabastecimiento, lo que puede generar pérdidas o insatisfacción de los clientes.

Aumentar la eficiencia y la productividad al ajustar los niveles de inventario, producción y distribución según la demanda esperada.

Mejorar la competitividad y la innovación al anticiparse a las necesidades y preferencias de los clientes, y ofrecer productos o servicios más personalizados y diferenciados.

Segmentación de audiencia: La IA puede identificar segmentos de audiencia más precisos y detallados en función de datos demográficos y comportamientos en línea. Esto permite a las empresas dirigir sus esfuerzos de marketing de manera más efectiva hacia grupos específicos de clientes. La segmentación de audiencia es una forma de dividir a los clientes potenciales en grupos más pequeños y homogéneos según sus características y preferencias. Esto permite a las empresas adaptar sus mensajes y ofertas a las necesidades e intereses de cada segmento, lo que puede mejorar la eficacia y la rentabilidad del marketing.

La inteligencia artificial (IA) es una tecnología que permite a las máquinas aprender de los datos y realizar tareas que normalmente requieren inteligencia humana. La IA puede ayudar a las empresas a segmentar su audiencia de forma más precisa y detallada, utilizando algoritmos que pueden procesar grandes cantidades de datos y encontrar patrones y correlaciones complejos.

Por ejemplo, la IA puede segmentar la audiencia en función de datos demográficos (como edad, género, ubicación, educación, ingresos, etc.) y comportamientos en línea (como búsquedas, compras, navegación, interacción con redes sociales, etc.). Estos datos pueden revelar información sobre las preferencias, necesidades, motivaciones, actitudes y valores de los clientes potenciales.

La IA también puede segmentar la audiencia en función de sus afinidades e intereses personales, utilizando técnicas como el procesamiento del lenguaje natural (PLN) y el aprendizaje profundo. Estas técnicas permiten a la IA analizar el contenido textual e visual que consume la audiencia y extraer temas, sentimientos, opiniones y emociones. Así, la IA puede crear segmentos de audiencia basados en sus gustos musicales, cinematográficos, literarios, deportivos, políticos, etc.

La segmentación de audiencia basada en la IA puede ofrecer varias ventajas a las empresas, como:
Mejorar el conocimiento del cliente y la personalización del marketing.
Aumentar el alcance y la relevancia de las campañas publicitarias.
Optimizar el retorno de la inversión (ROI) del marketing.
Fomentar la fidelización y la satisfacción del cliente.
Descubrir nuevas oportunidades de mercado y nichos de clientes.

La inteligencia artificial ha transformado la forma en que las empresas abordan el marketing y la toma de decisiones. Les permite ser más eficientes, personalizar sus interacciones con los clientes, optimizar sus estrategias y tomar decisiones más informadas basadas en datos. Esto, a su vez, puede conducir a un aumento en la eficacia y la rentabilidad de las operaciones de marketing.

28. Las bases de Big Data y cómo se relacionan con la inteligencia artificial

Las bases de Big Data se refieren a los fundamentos tecnológicos y conceptuales que permiten gestionar y analizar conjuntos masivos de datos. El término "Big Data" se utiliza para describir la gran cantidad de datos que se generan, almacenan y procesan en la actualidad, a menudo en volúmenes que superan la capacidad de las bases de datos tradicionales. Las bases de Big Data se han desarrollado para abordar los desafíos específicos relacionados con la recopilación, el almacenamiento, el procesamiento y el análisis de estos datos masivos.

Algunos de los componentes y conceptos fundamentales de las bases de Big Data incluyen:

Almacenamiento distribuido: Para manejar grandes cantidades de datos, las bases de Big Data utilizan sistemas de almacenamiento distribuido que almacenan datos en múltiples nodos o servidores. Ejemplos de sistemas de almacenamiento distribuido incluyen Hadoop Distributed File System (HDFS) y sistemas de almacenamiento en la nube como Amazon S3 y Azure Blob Storage.

Big Data es un término que se utiliza para describir el conjunto de tecnologías y métodos que permiten recopilar, almacenar, procesar y analizar grandes volúmenes de datos generados por diversas fuentes, como Internet, las aplicaciones, las máquinas o los sensores. El objetivo del Big Data es extraer información útil y valiosa de estos datos, que pueden ser estructurados o no estructurados, para apoyar la toma de decisiones en diversos ámbitos, como el empresarial, el científico, el social o el personal. El Big Data se caracteriza por tener las siguientes propiedades:

Volumen: Se refiere a la cantidad de datos que se manejan, que puede llegar a ser de petabytes o exabytes. El Big Data requiere sistemas de almacenamiento distribuido y escalable para guardar y acceder a los datos de forma eficiente.

Velocidad: Se refiere a la rapidez con la que se generan, se transmiten y se procesan los datos. El Big Data implica el uso de sistemas de procesamiento en tiempo real o casi real para analizar los datos y obtener resultados inmediatos o casi inmediatos.

Variedad: Se refiere a la diversidad de tipos y formatos de datos que se manejan, que pueden ser numéricos, textuales, visuales, sonoros, etc. El Big Data implica el uso de técnicas y herramientas capaces de integrar y analizar datos heterogéneos.

Veracidad: Se refiere a la calidad y la confiabilidad de los datos que se manejan, que pueden estar incompletos, erróneos o sesgados. El Big Data implica el uso de métodos y criterios para validar, limpiar y filtrar los datos antes de usarlos.

Valor: Se refiere al potencial y al beneficio que se puede obtener de los datos que se manejan, que pueden aportar conocimiento, innovación o ventaja competitiva. El Big Data implica el uso de algoritmos y modelos inteligentes para extraer información relevante y accionable de los datos.

Procesamiento distribuido: El procesamiento distribuido es esencial para analizar datos a gran escala. Frameworks como Apache Hadoop y Apache Spark permiten distribuir tareas de procesamiento en clústeres de computadoras para acelerar el análisis. Es una forma de realizar cálculos dividiendo las tareas en partes más pequeñas y asignándolas a diferentes ordenadores que trabajan en paralelo. Esto puede mejorar la velocidad y la eficiencia del análisis de datos, ya que cada ordenador se encarga de una parte del problema y luego se combinan los resultados.

Algunos ejemplos de frameworks o plataformas que facilitan el procesamiento distribuido, serían Apache Hadoop y Apache Spark. Estos frameworks permiten crear clústeres o grupos de ordenadores que se comunican entre sí a través de una red y que pueden ejecutar programas de análisis de datos escritos en diferentes lenguajes, como Java, Python o Scala. Un framework es un software que ofrece una estructura base para crear y mantener un sitio web, con componentes personalizables y reutilizables. Los frameworks facilitan el trabajo de los programadores, ya que les permiten ahorrar tiempo, evitar errores y obtener mejores resultados. Hay muchos tipos de frameworks, cada uno con sus ventajas y desventajas, y se pueden usar diferentes lenguajes de programación para trabajar con ellos. Algunos ejemplos de frameworks populares son Angular, Laravel, Django y Spring.

Escalabilidad horizontal: Las bases de Big Data están diseñadas para escalar horizontalmente, lo que significa que pueden crecer agregando más nodos o servidores según sea necesario. Esto facilita la adaptación a volúmenes de datos en constante aumento.

El concepto de escalabilidad horizontal, es una forma de hacer que un sistema informático pueda crecer y adaptarse al aumento de los datos que debe gestionar y analizar.

La escalabilidad horizontal consiste en agregar más nodos o servidores al sistema, de manera que cada uno se encargue de una parte del trabajo y se pueda distribuir la carga.

La escalabilidad horizontal facilita la adaptación a volúmenes de datos en constante aumento, ya que permite aumentar la capacidad del sistema según sea necesario.

Modelos de datos flexibles: A diferencia de las bases de datos tradicionales con esquemas rígidos, las bases de Big Data a menudo utilizan modelos de datos flexibles, como NoSQL, que pueden manejar datos no estructurados o semiestructurados.Los modelos de datos flexibles permiten almacenar y manipular datos que no tienen una estructura fija o predefinida, sino que pueden variar según las necesidades de cada aplicación. Los modelos de datos flexibles facilitan el desarrollo rápido y la adaptación a cambios en los requisitos de los datos. Algunos ejemplos de modelos de datos flexibles son los documentos, los gráficos y el clave-valor.

Ahora bien, la relación entre las bases de Big Data y la inteligencia artificial (IA) es estrecha y significativa. Aquí hay algunas formas en que se relacionan:Los modelos de datos flexibles se relacionan con el Big Data porque son una forma de adaptarse a las características y los desafíos que plantean los datos masivos. Algunas de estas características y desafíos son:

Volumen: Los datos masivos se caracterizan por tener un gran volumen, que puede llegar a ser de petabytes o exabytes1. Esto requiere sistemas de almacenamiento distribuido y escalable para guardar y acceder a los datos de forma eficiente2.

Velocidad: Los datos masivos se generan, se transmiten y se procesan a gran velocidad, lo que implica el uso de sistemas de procesamiento en tiempo real o casi real para analizar los datos y obtener resultados inmediatos o casi inmediatos.

Variedad: Los datos masivos tienen una gran variedad de tipos y formatos, que pueden ser numéricos, textuales, visuales, sonoros, etc. Esto implica el uso de técnicas y herramientas capaces de integrar y analizar datos heterogéneos.

Veracidad: Los datos masivos pueden tener problemas de calidad y confiabilidad, ya que pueden estar incompletos, erróneos o sesgados. Esto implica el uso de métodos y criterios para validar, limpiar y filtrar los datos antes de usarlos.

Valor: Los datos masivos tienen un gran potencial y beneficio, ya que pueden aportar conocimiento, innovación o ventaja competitiva. Esto implica el uso de algoritmos y modelos inteligentes para extraer información relevante y accionable de los datos.

Los modelos de datos flexibles permiten almacenar y manipular datos que no tienen una estructura fija o predefinida, sino que pueden variar según las necesidades de cada aplicación3. De esta forma, se facilita el desarrollo rápido y la adaptación a cambios en los requisitos de los datos. Algunos ejemplos de modelos de datos flexibles son los documentos, los gráficos y el clave-valor3.

Los modelos de datos flexibles son una solución para algunos de los problemas que plantean los modelos de datos tradicionales, como el relacional, que se basa en tablas con filas y columnas. Estos problemas son:

Rigidez: Los modelos de datos tradicionales requieren definir previamente la estructura de los datos, lo que dificulta la incorporación de nuevos tipos o fuentes de datos, o la modificación de los existentes.

Escalabilidad: Los modelos de datos tradicionales tienen limitaciones para escalar horizontalmente, es decir, para agregar más nodos o servidores al sistema. Esto puede afectar al rendimiento y la disponibilidad de los datos.

Complejidad: Los modelos de datos tradicionales pueden generar consultas complejas y costosas para obtener información a partir de datos heterogéneos o no estructurados.

Por lo tanto, los modelos de datos flexibles son una opción adecuada para trabajar con Big Data, ya que permiten aprovechar las ventajas que ofrecen los datos masivos sin renunciar a la calidad ni a la eficiencia.

Datos para el entrenamiento de modelos de IA: La IA se basa en el aprendizaje automático y el aprendizaje profundo, y estos algoritmos requieren grandes cantidades de datos para entrenar modelos efectivos. Las bases de Big Data proporcionan la infraestructura necesaria para almacenar y administrar los conjuntos de datos masivos que se utilizan para entrenar modelos de IA.El texto explica uno de los aspectos clave de las bases de Big Data, que es el uso de datos para el entrenamiento de modelos de IA.

La IA se basa en el aprendizaje automático y el aprendizaje profundo, que son técnicas que permiten a los sistemas informáticos aprender de los datos y mejorar su rendimiento.

Estos algoritmos requieren grandes cantidades de datos para entrenar modelos efectivos, que son capaces de realizar tareas complejas como la clasificación, la predicción o la generación de contenido.

Las bases de Big Data proporcionan la infraestructura necesaria para almacenar y administrar los conjuntos de datos masivos que se utilizan para entrenar modelos de IA, lo que facilita el desarrollo y la implementación de aplicaciones de IA.

Procesamiento de datos en tiempo real: La IA a menudo se utiliza en aplicaciones que requieren análisis y toma de decisiones en tiempo real. Las bases de Big Data pueden proporcionar la capacidad de procesar datos en tiempo real y alimentarlos a sistemas de IA para la toma de decisiones automatizada.Las bases de Big Data son sistemas que permiten gestionar y analizar grandes volúmenes de datos, utilizando tecnologías como el almacenamiento distribuido, el procesamiento distribuido, la escalabilidad horizontal y los modelos de datos flexibles.

La IA es una disciplina que busca crear sistemas capaces de realizar tareas que normalmente requieren inteligencia humana, utilizando algoritmos como el aprendizaje automático y el aprendizaje profundo.
El texto afirma que las bases de Big Data proporcionan la infraestructura necesaria para alimentar los sistemas de IA, ya que les ofrecen los siguientes beneficios:
Datos para el entrenamiento de modelos de IA: Los algoritmos de IA necesitan grandes cantidades de datos para aprender y mejorar su rendimiento. Las bases de Big Data pueden almacenar y administrar estos datos masivos.

Procesamiento de datos en tiempo real: La IA a menudo se utiliza en aplicaciones que requieren análisis y toma de decisiones en tiempo real. Las bases de Big Data pueden proporcionar la capacidad de procesar datos en tiempo real y alimentarlos a sistemas de IA para la toma de decisiones automatizada.

Análisis avanzado: Las bases de Big Data permiten realizar análisis avanzados, como el análisis de sentimientos, la detección de anomalías y la recomendación personalizada, que son fundamentales para muchas aplicaciones de IA, como la recomendación de productos y la detección de fraudes.

Escalabilidad y flexibilidad: Las bases de Big Data están diseñadas para escalar horizontalmente, lo que significa que pueden crecer agregando más nodos o servidores según sea necesario. Esto facilita la adaptación a volúmenes de datos en constante aumento. Además, las bases de Big Data utilizan modelos de datos flexibles, como NoSQL, que pueden manejar datos no estructurados o semiestructurados, lo que aumenta la variedad y la complejidad de los datos que se pueden utilizar para la IA.

Análisis avanzado: Las bases de Big Data permiten realizar análisis avanzados, como el análisis de sentimientos, la detección de anomalías y la recomendación personalizada, que son fundamentales para muchas aplicaciones de IA, como la recomendación de productos y la detección de fraudes.El texto describe uno de los beneficios que las bases de Big Data ofrecen a los sistemas de IA: el análisis avanzado.

El análisis avanzado se refiere a la capacidad de realizar análisis complejos y sofisticados sobre grandes volúmenes de datos, utilizando técnicas como el procesamiento del lenguaje natural, el análisis de texto y la ciencia de datos.

Tres ejemplos de análisis avanzados que son fundamentales para muchas aplicaciones de IA: el análisis de sentimientos, la detección de anomalías y la recomendación personalizada.

El análisis de sentimientos consiste en evaluar el tono emocional y la opinión de un texto. Se utiliza para comprender la percepción y la satisfacción de los clientes, así como para mejorar la comunicación y la empatía. Una herramienta para realizar análisis de sentimientos es Sentiment HQ.

La detección de anomalías consiste en identificar casos o registros extraños o sospechosos que se desvían del comportamiento normal o esperado. Se utiliza para prevenir fraudes, detectar errores, monitorear sistemas o diagnosticar enfermedades. Una herramienta para realizar detección de anomalías es el nodo Detección de anomalías de IBM.

La recomendación personalizada consiste en sugerir productos, servicios o contenidos que se ajusten a las preferencias y necesidades de un usuario. Se utiliza para aumentar las ventas, mejorar la experiencia del cliente, fidelizar a los usuarios o generar valor agregado. Un ejemplo de una herramienta para realizar recomendación personalizada es QuestionPro CX.

Escalabilidad y flexibilidad: La escalabilidad y la flexibilidad de las bases de Big Data son esenciales para admitir aplicaciones de IA que pueden requerir un procesamiento y un almacenamiento de datos masivos, especialmente cuando se trata de aplicaciones que manejan datos de IoT (Internet de las cosas) o datos de sensores. El texto describe otro de los beneficios que las bases de Big Data ofrecen a los sistemas de IA: la escalabilidad y la flexibilidad.

La escalabilidad se refiere a la capacidad de aumentar o disminuir el tamaño y el rendimiento de un sistema según las necesidades. La flexibilidad se refiere a la capacidad de adaptarse a diferentes tipos y fuentes de datos.

Las bases de Big Data están diseñadas para escalar horizontalmente, lo que significa que pueden crecer agregando más nodos o servidores según sea necesario. Esto facilita la adaptación a volúmenes de datos en constante aumento.

Además, el texto afirma que las bases de Big Data utilizan modelos de datos flexibles, como NoSQL, que pueden manejar datos no estructurados o semiestructurados, lo que aumenta la variedad y la complejidad de los datos que se pueden utilizar para la IA.

Estas características son esenciales para admitir aplicaciones de IA que pueden requerir un procesamiento y un almacenamiento de datos masivos, especialmente cuando se trata de aplicaciones que manejan datos de IoT (Internet de las cosas) o datos de sensores.

El IoT se refiere a la conexión de objetos físicos a Internet mediante sensores y dispositivos inteligentes. Los datos de sensores son los datos generados por estos dispositivos, que pueden medir diferentes variables como temperatura, humedad, movimiento, sonido, etc.

Algunos ejemplos de aplicaciones de IA que manejan datos de IoT o datos de sensores son: automóviles y camiones autónomos, gestión de flotas, monitorización del tráfico, salud y wearables. Estas aplicaciones utilizan algoritmos de IA para analizar los datos recopilados por los sensores y dispositivos conectados, y ofrecer soluciones inteligentes a diferentes problemas o necesidades.

Las bases de Big Data son una parte crucial de la infraestructura que permite el desarrollo y la implementación efectiva de aplicaciones de inteligencia artificial, ya que proporcionan la capacidad de gestionar, procesar y analizar grandes volúmenes de datos, lo que es esencial para el éxito de muchas aplicaciones de IA.

29. Los clasificadores y redes neuronales en el procesamiento de lenguaje natural

Los clasificadores y las redes neuronales son componentes esenciales en el procesamiento de lenguaje natural (NLP, por sus siglas en inglés) y se utilizan para una variedad de tareas. Aquí te explico cómo se utilizan en NLP:

Clasificadores:

Los clasificadores son algoritmos de aprendizaje automático que se utilizan para asignar etiquetas o categorías a textos en función de características específicas. Los clasificadores son algoritmos de aprendizaje automático que se utilizan para asignar etiquetas o categorías a textos en función de características específicas. Por ejemplo, un clasificador puede determinar si un correo electrónico es spam o no, o si un comentario en una red social es positivo o negativo.

Los clasificadores se basan en diferentes técnicas, como el análisis estadístico, el aprendizaje supervisado o el aprendizaje no supervisado. Algunos tipos de clasificadores son Naïve Bayes, Máquinas de Soporte Vectorial (SVM) o redes neuronales.

Los clasificadores se aplican a diversas tareas de NLP, como la clasificación de texto, la clasificación de documentos, la detección de lenguaje o el análisis de sentimiento. Estas tareas consisten en asignar una o más etiquetas a un texto, como el tema, el género, el idioma o el tono emocional.

Algunas aplicaciones comunes de los clasificadores en NLP incluyen:

Clasificación de texto: Se utiliza para tareas como la clasificación de spam en correos electrónicos, la detección de sentimiento en redes sociales o la categorización de noticias en diferentes secciones (por ejemplo, deportes, política, entretenimiento).La clasificación de texto es una tarea de procesamiento de lenguaje natural que consiste en asignar una o más etiquetas o categorías a un texto, según su contenido, propósito o tono.

Por ejemplo, se puede clasificar un correo electrónico como spam o no spam, una opinión en una red social como positiva, negativa o neutral, o una noticia como deportiva, política o de entretenimiento. La clasificación de texto se utiliza para diversas aplicaciones, como el filtrado de mensajes no deseados, el análisis de sentimientos, la recomendación de contenidos o la organización de documentos.

Para realizar la clasificación de texto, se pueden utilizar diferentes algoritmos de aprendizaje automático, que aprenden a reconocer las características distintivas de cada clase a partir de ejemplos etiquetados.

Algunos de estos algoritmos son los clasificadores bayesianos ingenuos, las máquinas de soporte vectorial o las redes neuronales. Las redes neuronales son modelos computacionales inspirados en el funcionamiento del cerebro humano, que pueden procesar información compleja y no lineal. Las redes neuronales se han demostrado muy eficaces para la clasificación de texto, especialmente las redes neuronales convolucionales y las redes neuronales recurrentes, que pueden capturar la estructura y el contexto del lenguaje natural.

Clasificación de documentos: Ayuda a organizar y categorizar grandes colecciones de documentos, como los resultados de una búsqueda en un motor de búsqueda.La clasificación de documentos es una tarea que consiste en asignar uno o más etiquetas o categorías a un documento en función de su contenido o de otros atributos. La clasificación de documentos puede hacerse de forma manual o automática, y tiene diversas aplicaciones en el ámbito de la ciencia de la información, la biblioteconomía y la informática.

El texto seleccionado explica una de las posibles aplicaciones de la clasificación de documentos: la organización y categorización de grandes colecciones de documentos, como los resultados de una búsqueda en un motor de búsqueda. Por ejemplo, si buscamos "clasificación de documentos" en Bing, podemos ver que los resultados se clasifican en diferentes categorías, como "Wikipedia", "Papers With Code" o "Levity". Estas categorías nos ayudan a filtrar y seleccionar los documentos más relevantes para nuestra consulta.

Detección de lenguaje: Se usa para identificar el idioma en el que está escrito un texto.La detección de lenguaje es una tarea que consiste en identificar el idioma en el que está escrito un texto. Esta tarea es útil para aplicaciones como la traducción automática, el análisis de sentimiento, la clasificación de texto o la búsqueda de información. Para realizar la detección de lenguaje, se pueden utilizar diferentes métodos, como:

Basados en reglas: Se utilizan reglas lingüísticas, como la presencia o ausencia de ciertos caracteres, palabras o estructuras gramaticales, para determinar el idioma de un texto. Por ejemplo, si un texto contiene la letra ñ, es muy probable que sea español.

Basados en estadística: Se utilizan modelos probabilísticos, como los modelos de n-gramas, para calcular la probabilidad de que un texto pertenezca a un idioma determinado. Por ejemplo, si un texto contiene muchas secuencias de letras como "th", "ing" o "tion", es muy probable que sea inglés.

Basados en aprendizaje automático: Se utilizan algoritmos de aprendizaje automático, como las redes neuronales, para aprender a clasificar textos en diferentes idiomas a partir de ejemplos etiquetados. Por ejemplo, si se entrena una red neuronal con textos en varios idiomas, puede aprender a reconocer patrones y características que distinguen a cada idioma.

Análisis de sentimiento: Clasifica el tono emocional en un texto, como positivo, negativo o neutral. El análisis de sentimiento se usa para entender las opiniones, actitudes y emociones de las personas sobre un tema, una marca, un producto o un servicio. Algunas explicaciones adicionales son:

El análisis de sentimiento se basa en el procesamiento del lenguaje natural (PLN), que es una rama de la inteligencia artificial que permite a las máquinas entender y analizar el lenguaje humano.

El análisis de sentimiento se puede aplicar a diferentes tipos de textos, como comentarios, reseñas, tweets, correos electrónicos, encuestas, etc.

El análisis de sentimiento se puede realizar a diferentes niveles, como el nivel de documento, el nivel de oración o el nivel de aspecto.

El análisis de sentimiento se puede utilizar para diversos fines, como la gestión de la reputación, el servicio al cliente, el marketing, la investigación de mercado, la salud mental, etc.

Los clasificadores pueden basarse en algoritmos tradicionales, como Naïve Bayes o Máquinas de Soporte Vectorial (SVM), o en redes neuronales, como las redes neuronales convolucionales (CNN) o las redes neuronales recurrentes (RNN).

Redes Neuronales en NLP:

Las redes neuronales se utilizan de manera extensa en NLP debido a su capacidad para capturar relaciones y patrones complejos en datos de texto. Las redes neuronales son modelos computacionales inspirados en el funcionamiento del cerebro humano, que consisten en un conjunto de unidades llamadas neuronas que se conectan entre sí y transmiten señales.

Las redes neuronales pueden aprender de los datos y adaptarse a diferentes tareas, como la clasificación, la regresión, la generación o la predicción.

El procesamiento de lenguaje natural (NLP) es el campo de estudio que se ocupa de la interacción entre las máquinas y el lenguaje humano, tanto escrito como hablado.

El NLP tiene múltiples aplicaciones, como la traducción automática, la síntesis de voz, el resumen de textos, el análisis de sentimientos, la generación de texto, el reconocimiento de voz, las preguntas y respuestas, etc.

Las redes neuronales se han convertido en una herramienta muy poderosa para el NLP, ya que pueden capturar las relaciones y los patrones complejos que existen en los datos de texto.

Algunos ejemplos de redes neuronales que se usan en NLP son las redes neuronales convolucionales (CNN), que procesan el texto como una secuencia de vectores; las redes neuronales recurrentes (RNN), que procesan el texto como una secuencia temporal; y las redes neuronales transformadoras (BERT, GPT, etc.), que procesan el texto como una secuencia de atención.

Aquí hay algunas aplicaciones clave de las redes neuronales en NLP:

Embeddings de palabras: Las redes neuronales pueden aprender representaciones vectoriales (embeddings) de palabras que capturan relaciones semánticas entre ellas. Las redes neuronales son modelos computacionales inspirados en el funcionamiento del cerebro humano, que consisten en un conjunto de unidades llamadas neuronas que se conectan entre sí y transmiten señales.

Las redes neuronales pueden aprender de los datos y adaptarse a diferentes tareas, como la clasificación, la regresión, la generación o la predicción.

El procesamiento de lenguaje natural (NLP) es el campo de estudio que se ocupa de la interacción entre las máquinas y el lenguaje humano, tanto escrito como hablado.

El NLP tiene múltiples aplicaciones, como la traducción automática, la síntesis de voz, el resumen de textos, el análisis de sentimientos, la generación de texto, el reconocimiento de voz, las preguntas y respuestas, etc.

Las redes neuronales se han convertido en una herramienta muy poderosa para el NLP, ya que pueden capturar las relaciones y los patrones complejos que existen en los datos de texto.

Algunos ejemplos de redes neuronales que se usan en NLP son las redes neuronales convolucionales (CNN), que procesan el texto como una secuencia de vectores; las redes neuronales recurrentes (RNN), que procesan el texto como una secuencia temporal; y las redes neuronales transformadoras (BERT, GPT, etc.), que procesan el texto como una secuencia de atención.

Word2Vec, GloVe y embeddings basados en modelos de lenguaje (como Word2Vec) son ejemplos.

Modelos de lenguaje: Las redes neuronales, especialmente las redes neuronales recurrentes (RNN) y las redes neuronales transformadoras (BERT, GPT, etc.), se utilizan para construir modelos de lenguaje. Estos modelos pueden generar texto coherente, completar oraciones, traducir idiomas y realizar otras tareas de NLP.Las redes neuronales son un tipo de inteligencia artificial que imitan el funcionamiento de las neuronas biológicas, conectando unidades de procesamiento que reciben, almacenan y transmiten información.

Las redes neuronales recurrentes (RNN) son un tipo de redes neuronales que tienen conexiones entre las unidades que forman ciclos, lo que les permite tener memoria y procesar secuencias de datos, como el texto o el habla.

Las redes neuronales transformadoras (BERT, GPT, etc.) son un tipo de redes neuronales que utilizan una técnica llamada atención, que les permite enfocarse en las partes más relevantes de los datos y capturar las relaciones entre ellos, mejorando el rendimiento en tareas de procesamiento de lenguaje natural (NLP).

Los modelos de lenguaje son sistemas que pueden predecir la siguiente palabra o frase en un texto, basándose en el contexto anterior. Estos modelos se pueden usar para generar texto coherente, completar oraciones, traducir idiomas y realizar otras tareas de NLP, como el análisis de sentimiento, la extracción de información o las preguntas y respuestas.

Traducción automática: Las redes neuronales, como las redes neuronales seq2seq, se utilizan para tareas de traducción automática, donde se traduce un texto de un idioma a otro.el uso de las redes neuronales para la traducción automática, que es una tarea de procesamiento de lenguaje natural que consiste en convertir un texto de un idioma a otro.

Las redes neuronales son modelos de aprendizaje automático que imitan el funcionamiento del cerebro humano, conectando unidades de procesamiento llamadas neuronas que reciben, almacenan y transmiten información.

Las redes neuronales seq seq son un tipo de redes neuronales que se utilizan para tareas que implican mapear una secuencia de entrada a una secuencia de salida, como la traducción automática. Están formadas por dos partes: un codificador y un decodificador.

El codificador es una red neuronal que recibe la secuencia de entrada (por ejemplo, una frase en español) y la transforma en una representación vectorial de tamaño fijo que contiene la información relevante de la secuencia.

El decodificador es otra red neuronal que recibe la representación vectorial del codificador y la usa para generar la secuencia de salida (por ejemplo, una frase en inglés) palabra por palabra, usando un mecanismo de atención que le permite enfocarse en las partes más importantes de la entrada.

Generación de texto: Las redes neuronales se utilizan para generar texto, ya sea en forma de chatbots, resúmenes automáticos, generación de contenido y más.La generación de texto es una tarea que consiste en crear texto a partir de una entrada, como una palabra, una frase, una imagen o un sonido.

Las redes neuronales son modelos computacionales inspirados en el funcionamiento del cerebro humano, que pueden aprender de los datos y generar salidas. Algunas redes neuronales, como las redes neuronales recurrentes (RNN), son capaces de procesar secuencias de datos, como el texto, y recordar la información anterior. Esto las hace adecuadas para la generación de texto, ya que pueden capturar el contexto y la estructura del lenguaje.

Un ejemplo de generación de texto con redes neuronales es el siguiente:

Entrada: "El gato"
Salida: "El gato se acercó al ratón con sigilo, pero este se dio cuenta y escapó por un agujero."

Preguntas y respuestas: Se pueden construir sistemas de pregunta-respuesta basados en redes neuronales que comprendan preguntas en lenguaje natural y generen respuestas relevantes.

Estos sistemas son capaces de entender preguntas formuladas en lenguaje natural y generar respuestas relevantes a partir de una fuente de información, como un texto, una base de datos o una página web. Algunos ejemplos de estos sistemas son:

Watson: Un sistema de inteligencia artificial desarrollado por IBM que puede responder preguntas en varios dominios, como salud, finanzas o entretenimiento. Watson se hizo famoso por ganar el concurso de televisión Jeopardy! en 2011.

QnA Maker: Un servicio de Microsoft Azure que permite crear un sistema de pregunta-respuesta a partir de un documento, una página web o una base de datos. QnA Maker utiliza técnicas de procesamiento de lenguaje natural y aprendizaje automático para extraer y clasificar las preguntas y respuestas más relevantes.

BERT: Un modelo de redes neuronales transformadoras que puede aprender a representar el lenguaje a partir de grandes cantidades de texto. BERT se puede utilizar para mejorar el rendimiento de los sistemas de pregunta-respuesta, ya que puede capturar el contexto y la semántica de las preguntas y las respuestas.

Modelado de atención: Las redes neuronales como las Transformers se utilizan para modelar la atención y permiten capturar relaciones contextuales en texto, lo que mejora el rendimiento en tareas como la traducción automática y el resumen de texto.explica el concepto de modelado de atención en redes neuronales, que es una técnica para mejorar el procesamiento de lenguaje natural (NLP, por sus siglas en inglés).

El modelado de atención consiste en asignar pesos a diferentes partes del texto, según su relevancia para la tarea que se quiere realizar. De esta forma, se pueden enfocar las partes más importantes del texto y filtrar las que no aportan información. Un ejemplo de redes neuronales que usan modelado de atención son las Transformers, que son modelos que pueden generar y traducir texto de forma eficiente y precisa. El modelado de atención les permite capturar las relaciones contextuales entre las palabras y las frases del texto, lo que mejora el rendimiento en tareas como la traducción automática y el resumen de texto.

Los clasificadores y las redes neuronales son herramientas esenciales en el procesamiento de lenguaje natural y se utilizan para una amplia gama de aplicaciones, desde tareas de clasificación y análisis de texto hasta la construcción de modelos de lenguaje avanzados y sistemas de procesamiento de texto de última generación.

30. Los algoritmos evolutivos y en qué casos se aplican en IA

Los algoritmos evolutivos son un tipo de técnica de optimización inspirada en la teoría de la evolución darwiniana. Estos algoritmos se utilizan para encontrar soluciones aproximadas a problemas complejos que pueden tener múltiples variables y no tener una solución analítica fácil de encontrar. Los algoritmos evolutivos se basan en la idea de que se puede mejorar una población de soluciones candidatas a lo largo del tiempo mediante la aplicación de operadores genéticos como la selección, la recombinación (cruce) y la mutación.

Estos operadores se aplican de manera iterativa para evolucionar y mejorar gradualmente las soluciones candidatas a lo largo de múltiples generaciones. Los algoritmos evolutivos son métodos de optimización y búsqueda de soluciones que se basan en los principios de la evolución biológica. Estos métodos imitan procesos como la reproducción, la mutación, la recombinación y la selección natural para generar soluciones cada vez mejores a un problema dado. Los algoritmos evolutivos se pueden aplicar a problemas complejos, no lineales y dependientes de múltiples variables, donde otros métodos tradicionales pueden fallar o ser muy lentos. Algunos ejemplos de aplicaciones de los algoritmos evolutivos son: el diseño de redes neuronales artificiales, la planificación de rutas, la detección de enfermedades, el comercio electrónico, la informática evolutiva y la inteligencia artificial evolutiva

A continuación, se describen algunos componentes clave de los algoritmos evolutivos y cómo se aplican en la inteligencia artificial:

Población inicial: Se inicia con una población de soluciones candidatas generadas de manera aleatoria o mediante un conocimiento inicial. La población inicial es el conjunto de soluciones candidatas que se generan al inicio del proceso de optimización. Estas soluciones pueden ser creadas de forma aleatoria o basadas en algún conocimiento previo del problema. La población inicial es importante porque determina el espacio de búsqueda y la diversidad de las soluciones. Una buena población inicial debe tener una variedad suficiente de soluciones para explorar diferentes regiones del espacio de búsqueda y evitar caer en óptimos locales.

Evaluación: Cada solución en la población se evalúa en función de un criterio de aptitud (fitness) que mide cuán buena es en relación con el problema que se está abordando. La función de aptitud es específica para el problema y guía la selección de soluciones. La función de aptitud es una parte esencial de los algoritmos evolutivos, ya que permite evaluar y comparar las soluciones candidatas a un problema. La función de aptitud asigna un valor numérico a cada solución, que refleja su calidad o adecuación al problema. La función de aptitud depende del tipo y la naturaleza del problema, y debe diseñarse de acuerdo con el objetivo que se quiere alcanzar.

Por ejemplo, si el problema es maximizar una función matemática, la función de aptitud puede ser la misma función o una transformación de ella. Si el problema es encontrar la mejor ruta entre dos ciudades, la función de aptitud puede ser el inverso de la distancia o el tiempo de viaje. La función de aptitud guía el proceso evolutivo, ya que determina qué soluciones son seleccionadas para reproducirse y generar nuevas soluciones. El algoritmo evolutivo busca mejorar la aptitud promedio de la población a lo largo de las generaciones, hasta encontrar una solución óptima o satisfactoria.

Selección: Las soluciones se seleccionan para reproducirse en función de su aptitud. Las soluciones más aptas tienen una mayor probabilidad de ser seleccionadas, pero se permite cierta variabilidad para mantener la diversidad en la población. El proceso de selección en los algoritmos evolutivos, que es uno de los operadores genéticos que se aplican a las soluciones candidatas al problema.
La selección consiste en elegir las soluciones que pasarán a la siguiente generación, basándose en un criterio de aptitud que mide cuán buena es cada solución.

La aptitud se calcula mediante una función específica para el problema, que puede ser maximizada o minimizada según el caso.

La selección se realiza de forma probabilística, es decir, las soluciones más aptas tienen más posibilidades de ser elegidas, pero no se garantiza que lo sean. Esto permite mantener cierta variabilidad en la población y evitar el estancamiento en óptimos locales.

La variabilidad es importante para explorar diferentes regiones del espacio de búsqueda y encontrar soluciones innovadoras y diversas.

Recombinación (cruce): Las soluciones seleccionadas se combinan para crear nuevas soluciones llamadas descendientes. La recombinación implica la mezcla de partes de las soluciones parentales. La recombinación (cruce) es un proceso que ocurre en los algoritmos evolutivos, que son una técnica de optimización inspirada en la teoría de la evolución. La recombinación consiste en lo siguiente:
Se eligen dos o más soluciones candidatas a un problema, llamadas soluciones parentales, en función de su aptitud o calidad.

Se combinan partes de las soluciones parentales para generar nuevas soluciones, llamadas soluciones descendientes, que heredan características de sus progenitores.

Se espera que las soluciones descendientes tengan una mayor aptitud que las soluciones parentales, o al menos que aporten diversidad a la población de soluciones.

La recombinación es una forma de explorar el espacio de búsqueda de posibles soluciones a un problema, creando nuevas combinaciones que pueden ser mejores que las existentes. La recombinación también permite mantener la variabilidad genética en la población, lo que evita la convergencia prematura a soluciones subóptimas.

Mutación: Ocasionalmente, se aplican mutaciones a las soluciones descendientes para introducir variabilidad en la población. Las mutaciones son cambios aleatorios o pequeñas modificaciones en las soluciones. La mutación es un concepto que se usa en los algoritmos evolutivos para introducir diversidad en la población de soluciones candidatas a un problema. La diversidad es importante para evitar que el algoritmo se estanque en soluciones locales y pueda explorar otras regiones del espacio de búsqueda. La mutación consiste en aplicar cambios aleatorios o pequeñas modificaciones en las soluciones, por ejemplo, alterando el valor de algún gen o componente de la solución. La mutación se aplica con una probabilidad baja, para no destruir la información útil que se ha acumulado en la población. La mutación puede ser adaptativa, es decir, que varíe según el estado del algoritmo o la calidad de la solución.

Reemplazo: Las nuevas soluciones (descendientes) reemplazan a las soluciones menos aptas en la población. El reemplazo es el proceso de actualizar la población de soluciones candidatas a un problema después de aplicar los operadores genéticos de selección, cruce y mutación. El reemplazo consiste en eliminar las soluciones menos aptas de la población y sustituirlas por las nuevas soluciones (descendientes) que se han generado. El reemplazo permite que la población evolucione hacia soluciones cada vez mejores y que se mantenga un tamaño fijo de la población. Existen diferentes estrategias de reemplazo, como el reemplazo generacional, el reemplazo elitista o el reemplazo por torneo.

Convergencia: El proceso de selección, cruce y mutación se repite durante un número específico de generaciones o hasta que se cumpla un criterio de parada predefinido. Con el tiempo, la población tiende a converger hacia soluciones cada vez mejores. La convergencia es el objetivo final de estos algoritmos, que consiste en encontrar soluciones cada vez mejores para el problema que se está resolviendo.

La convergencia se logra mediante la repetición del proceso de selección, cruce y mutación, que son los operadores genéticos que permiten modificar y mejorar las soluciones candidatas. La convergencia se mide por el valor de la función de aptitud, que indica cuán buena es una solución en relación con el problema. La convergencia se alcanza cuando se llega a un número específico de generaciones o cuando se cumple un criterio de parada predefinido, como una mejora mínima o un tiempo límite. La convergencia implica que la población de soluciones tiende a ser más homogénea y a estar formada por soluciones óptimas o subóptimas.

Los algoritmos evolutivos se aplican en una amplia variedad de problemas en inteligencia artificial y otras disciplinas, incluyendo:

Optimización: Se utilizan para encontrar soluciones óptimas o subóptimas en problemas de optimización combinatoria, como el problema del viajante (TSP) o la asignación de recursos. Los algoritmos evolutivos son técnicas de optimización inspiradas en la teoría de la evolución natural, que buscan mejorar una población de soluciones candidatas a un problema mediante operadores genéticos como la selección, el cruce y la mutación. Algunas de las aplicaciones que se mencionan en el texto son:

Optimización: Los algoritmos evolutivos se utilizan para encontrar soluciones óptimas o subóptimas en problemas de optimización combinatoria, es decir, problemas que consisten en encontrar la mejor combinación posible de elementos dentro de un conjunto finito. Un ejemplo de este tipo de problemas es el problema del viajante (TSP), que consiste en encontrar la ruta más corta que visita todas las ciudades de un conjunto una sola vez y regresa a la ciudad de origen. Este problema tiene muchas aplicaciones prácticas en logística, planificación y transporte.

Aprendizaje automático: Los algoritmos evolutivos se aplican en la optimización de hiperparámetros de modelos de aprendizaje automático, como redes neuronales, para mejorar su rendimiento. Los hiperparámetros son variables que controlan el proceso de aprendizaje y que no se pueden aprender directamente a partir de los datos. Por ejemplo, el número de capas ocultas, el número de neuronas por capa, la tasa de aprendizaje o la función de activación son hiperparámetros que influyen en el resultado final del modelo. Los algoritmos evolutivos pueden explorar el espacio de posibles valores de los hiperparámetros y encontrar aquellos que maximicen una medida de calidad, como la precisión o el error.

Diseño de controladores: Los algoritmos evolutivos se aplican en la sintonización de controladores en sistemas de control automático, como vehículos autónomos o robots. Un controlador es un dispositivo que regula el comportamiento de otro sistema, como un motor o un brazo robótico, mediante una señal de entrada que depende del estado del sistema y del objetivo deseado. Los algoritmos evolutivos pueden diseñar o ajustar los parámetros del controlador para que se adapte a las condiciones cambiantes del entorno y logre un rendimiento óptimo.

Diseño de estructuras y circuitos: Los algoritmos evolutivos se utilizan en la optimización de estructuras o circuitos electrónicos en ingeniería y diseño de productos. Por ejemplo, se pueden usar para minimizar el peso o el consumo energético de una estructura, o para maximizar su resistencia o su funcionalidad. También se pueden usar para diseñar circuitos electrónicos que cumplan con ciertas especificaciones técnicas, como frecuencia, voltaje o potencia.

Diseño de juegos y estrategias: Los algoritmos evolutivos se aplican en la generación de estrategias para juegos y simulaciones. Por ejemplo, se pueden usar para crear agentes inteligentes que compitan o cooperen entre sí en un entorno virtual, o para generar niveles o escenarios que sean desafiantes y divertidos para los jugadores humanos.

Aprendizaje automático: Pueden ser utilizados en la optimización de hiperparámetros de modelos de aprendizaje automático, como redes neuronales, para mejorar su rendimiento. Los algoritmos evolutivos, son una técnica de optimización inspirada en la evolución biológica.

Los algoritmos evolutivos pueden ser utilizados en la optimización de hiperparámetros de modelos de aprendizaje automático, como redes neuronales, para mejorar su rendimiento.

Los hiperparámetros son los valores que se establecen antes del entrenamiento del modelo y que afectan a su comportamiento y resultados. Por ejemplo, la tasa de aprendizaje, el número de capas ocultas, el tipo de activación, etc.

La optimización de hiperparámetros consiste en encontrar la combinación de hiperparámetros que minimiza una función de pérdida o maximiza una métrica de evaluación del modelo, como la precisión o el F1-score.

Los algoritmos evolutivos buscan soluciones óptimas o subóptimas mediante la generación y mejora de una población de soluciones candidatas, que en este caso serían los hiperparámetros del modelo. Estas soluciones se evalúan, seleccionan, recombinan y mutan siguiendo principios similares a los de la selección natural.

Diseño de controladores: Se aplican en la sintonización de controladores en sistemas de control automático, como vehículos autónomos o robots.Los controladores son dispositivos o programas que regulan el comportamiento de un sistema, como un vehículo autónomo o un robot, para lograr un objetivo deseado.

Los algoritmos evolutivos son una técnica de optimización inspirada en la teoría de la evolución biológica, que busca mejorar una población de soluciones candidatas mediante operadores genéticos como la selección, el cruce y la mutación.

La sintonización de controladores consiste en encontrar los parámetros óptimos o subóptimos que hacen que el controlador funcione de manera eficiente y robusta ante las variaciones del sistema y las perturbaciones externas.

Los algoritmos evolutivos se aplican en la sintonización de controladores porque pueden explorar el espacio de búsqueda de manera diversa y adaptativa, y pueden encontrar soluciones que no son fáciles de obtener con otros métodos.

Diseño de estructuras y circuitos: Se utilizan en la optimización de estructuras o circuitos electrónicos en ingeniería y diseño de productos. Los algoritmos evolutivos son una técnica de optimización inspirada en la evolución natural, que se usa para encontrar soluciones aproximadas a problemas complejos que no tienen una solución analítica fácil. El texto describe los componentes principales de los algoritmos evolutivos, como la población inicial, la evaluación, la selección, la recombinación, la mutación, el reemplazo y la convergencia. El texto también menciona algunos ejemplos de aplicación de los algoritmos evolutivos en el diseño de estructuras o circuitos electrónicos en ingeniería y diseño de productos. Estos problemas pueden tener múltiples variables y restricciones, y requieren una optimización eficiente y robusta.

Diseño de juegos y estrategias: Se aplican en la generación de estrategias para juegos y simulaciones. Los algoritmos evolutivos se pueden usar para generar estrategias para juegos y simulaciones, es decir, para encontrar la mejor forma de actuar o decidir en un escenario dado, con ciertas reglas y objetivos. Por ejemplo, se pueden usar algoritmos evolutivos para diseñar agentes inteligentes que jueguen al ajedrez, al póker, a los videojuegos o a la guerra. Estos agentes pueden aprender y mejorar sus estrategias a través de la experiencia, la competencia y la adaptación. Los algoritmos evolutivos pueden explorar el espacio de posibles estrategias y seleccionar las más exitosas o eficientes. Así, se pueden crear juegos y simulaciones más realistas, desafiantes y divertidos.

Los algoritmos evolutivos son una técnica poderosa para abordar problemas de optimización y diseño en inteligencia artificial y otras áreas, especialmente cuando no se dispone de soluciones analíticas directas o cuando las soluciones son altamente complejas y multidimensionales.

31. La diferencia clave entre métodos de aprendizaje supervisados y no supervisados

La diferencia clave entre los métodos de aprendizaje supervisado y no supervisado radica en la forma en que se realiza el entrenamiento del modelo y la naturaleza de los datos de entrada utilizados.

Aprendizaje Supervisado:

En el aprendizaje supervisado, el modelo se entrena utilizando un conjunto de datos etiquetado. Esto significa que cada ejemplo de entrenamiento en el conjunto de datos tiene una etiqueta o respuesta conocida que el modelo intenta predecir.El texto describe el concepto de aprendizaje supervisado, que es uno de los tipos de aprendizaje automático. El aprendizaje automático es una rama de la inteligencia artificial que se ocupa de crear sistemas que puedan aprender de los datos y mejorar su rendimiento.

El aprendizaje supervisado se basa en utilizar un conjunto de datos etiquetado para entrenar el modelo. Un conjunto de datos etiquetado es aquel que contiene ejemplos de entrada y sus correspondientes salidas o respuestas deseadas. Por ejemplo, si queremos crear un modelo que clasifique imágenes de animales, el conjunto de datos etiquetado tendría imágenes de diferentes animales y sus nombres.

El objetivo del aprendizaje supervisado es aprender una función que mapee los datos de entrada a las etiquetas de manera que el modelo pueda hacer predicciones precisas sobre datos no vistos. Esto significa que el modelo debe ser capaz de generalizar lo que ha aprendido a partir del conjunto de datos etiquetado y aplicarlo a nuevos casos. Por ejemplo, si el modelo ha visto imágenes de perros y gatos, debe ser capaz de reconocer un perro o un gato en una imagen nueva.

Algunos ejemplos de aplicaciones de aprendizaje supervisado, son la clasificación de correos electrónicos como spam o no spam, la detección de enfermedades basada en imágenes médicas y la predicción de precios de viviendas en función de características como el tamaño y la ubicación. Estos son algunos casos en los que se dispone de un conjunto de datos etiquetado y se quiere predecir una respuesta específica para cada entrada.

El objetivo principal del aprendizaje supervisado es aprender una función que mapee los datos de entrada a las etiquetas de manera que el modelo pueda hacer predicciones precisas sobre datos no vistos. Una etiqueta es la respuesta correcta o el resultado deseado para cada dato de entrada. Por ejemplo, si queremos entrenar un modelo para reconocer imágenes de animales, las etiquetas serían los nombres de los animales que aparecen en cada imagen.

El propósito del aprendizaje supervisado es que el modelo aprenda una función que pueda relacionar los datos de entrada con las etiquetas correspondientes, de tal manera que pueda predecir la etiqueta correcta para nuevos datos que no ha visto antes. Por ejemplo, si le mostramos al modelo una imagen de un animal que no estaba en el conjunto de entrenamiento, el modelo debería ser capaz de identificarlo correctamente basándose en lo que ha aprendido.

Ejemplos de aplicaciones de aprendizaje supervisado incluyen la clasificación de correos electrónicos como spam o no spam, la detección de enfermedades basada en imágenes médicas y la predicción de precios de viviendas en función de características como el tamaño y la ubicación.El aprendizaje supervisado consiste en entrenar un modelo con datos etiquetados, es decir, datos que tienen una respuesta o categoría conocida. El objetivo es que el modelo aprenda a predecir la respuesta correcta para nuevos datos que no han sido etiquetados.

En el ejemplo, se mencionan tres aplicaciones de aprendizaje supervisado:

La clasificación de correos electrónicos como spam o no spam: Esta aplicación consiste en asignar a cada correo electrónico una de las dos categorías posibles: spam (correo no deseado) o no spam (correo legítimo). Para ello, se utiliza un conjunto de correos previamente etiquetados como spam o no spam para entrenar un modelo que pueda reconocer las características que distinguen a cada tipo de correo. Luego, el modelo puede clasificar nuevos correos que no han sido etiquetados.

La detección de enfermedades basada en imágenes médicas: Esta aplicación consiste en identificar si una imagen médica, como una radiografía o una resonancia magnética, muestra signos de alguna enfermedad o anomalía. Para ello, se utiliza un conjunto de imágenes etiquetadas con el diagnóstico correspondiente para entrenar un modelo que pueda detectar los patrones visuales asociados a cada condición. Luego, el modelo puede diagnosticar nuevas imágenes que no han sido etiquetadas.

La predicción de precios de viviendas en función de características como el tamaño y la ubicación: Esta aplicación consiste en estimar el valor de una vivienda basándose en sus atributos, como el número de habitaciones, el área construida, la zona geográfica, etc. Para ello, se utiliza un conjunto de viviendas con sus precios conocidos para entrenar un modelo que pueda aprender la relación entre las características y los precios. Luego, el modelo puede predecir el precio de nuevas viviendas que no han sido valoradas.

Estas son solo algunas de las muchas aplicaciones posibles del aprendizaje supervisado, que es una técnica muy útil y poderosa en el campo de la inteligencia artificial.

Aprendizaje No Supervisado:

En el aprendizaje no supervisado, el modelo se entrena sin etiquetas. En lugar de aprender a predecir etiquetas específicas, el objetivo principal es descubrir patrones, estructuras ocultas o agrupaciones en los datos de entrada sin la guía de etiquetas previas. El aprendizaje no supervisado consiste en entrenar un modelo con datos que no tienen etiquetas, es decir, datos que no tienen una respuesta o categoría predefinida. El objetivo es que el modelo descubra patrones, estructuras ocultas o agrupaciones en los datos sin la guía de etiquetas previas.

El aprendizaje no supervisado se utiliza para explorar y analizar los datos, encontrar similitudes y diferencias entre ellos, y reducir su complejidad. Algunas aplicaciones comunes del aprendizaje no supervisado son:

La segmentación de clientes: Consiste en dividir un conjunto de clientes en grupos o clústeres según sus características, preferencias o comportamientos. Esto permite diseñar estrategias de marketing personalizadas y mejorar la satisfacción y la fidelidad de los clientes.

La detección de anomalías: Consiste en identificar datos que se desvían de la norma o el patrón esperado. Esto puede ayudar a detectar fraudes, errores, fallas o amenazas en diversos ámbitos como la seguridad, la salud o la industria.

La reducción de dimensionalidad: Consiste en simplificar la representación de los datos al eliminar o combinar las características que son redundantes o irrelevantes. Esto puede mejorar el rendimiento y la eficiencia de los modelos de aprendizaje automático, así como facilitar la visualización y la comprensión de los datos.

El aprendizaje no supervisado se utiliza comúnmente en la segmentación de datos, donde el objetivo es dividir un conjunto de datos en grupos o clústeres basados en similitudes o características comunes. También se utiliza en técnicas de reducción de dimensionalidad, como el análisis de componentes principales (PCA), para simplificar la representación de datos.La segmentación de datos: Consiste en dividir un conjunto de datos en grupos o clústeres basados en similitudes o características comunes.

Por ejemplo, se puede segmentar a los clientes según sus preferencias de compra o a las imágenes según sus colores o formas.

La reducción de dimensionalidad: Consiste en simplificar la representación de los datos al eliminar o combinar las características que son redundantes o irrelevantes. Por ejemplo, se puede reducir la dimensionalidad de un conjunto de datos de alta dimensionalidad usando el análisis de componentes principales (PCA), que es una técnica que transforma los datos en un conjunto más reducido de variables no correlacionadas llamadas componentes principales. Estas componentes principales capturan la mayor parte de la variación de los datos originales.

Ejemplos de aplicaciones de aprendizaje no supervisado incluyen la segmentación de clientes en grupos con preferencias similares, la detección de anomalías en datos y la reducción de la dimensionalidad en conjuntos de datos de alta dimensionalidad. El aprendizaje no supervisado consiste en entrenar un modelo con datos que no tienen una respuesta o categoría predefinida. El objetivo es que el modelo descubra patrones, estructuras ocultas o agrupaciones en los datos sin la guía de etiquetas previas.

En el texto se mencionan tres aplicaciones de aprendizaje no supervisado:

La segmentación de clientes: Consiste en dividir un conjunto de clientes en grupos o clústeres según sus características, preferencias o comportamientos. Esto permite diseñar estrategias de marketing personalizadas y mejorar la satisfacción y la fidelidad de los clientes.

La detección de anomalías: Consiste en identificar datos que se desvían de la norma o el patrón esperado. Esto puede ayudar a detectar fraudes, errores, fallas o amenazas en diversos ámbitos como la seguridad, la salud o la industria.

La reducción de dimensionalidad: Consiste en simplificar la representación de los datos al eliminar o combinar las características que son redundantes o irrelevantes. Esto puede mejorar el rendimiento y la eficiencia de los modelos de aprendizaje automático, así como facilitar la visualización y la comprensión de los datos.

La diferencia clave es que el aprendizaje supervisado utiliza datos etiquetados para predecir respuestas específicas, mientras que el aprendizaje no supervisado busca encontrar patrones o estructuras en los datos sin etiquetas. Ambos enfoques son fundamentales en el aprendizaje automático y tienen aplicaciones en una amplia variedad de campos.

32. Cómo se pueden mejorar las capacidades cognitivas de las máquinas y sistemas de IA

Mejorar las capacidades cognitivas de las máquinas y sistemas de IA es un objetivo continuo en el campo de la inteligencia artificial. Aquí tienes algunas estrategias clave para lograrlo:

Mejora de los algoritmos y modelos de IA: La investigación constante en algoritmos y modelos es esencial. Esto implica el desarrollo de algoritmos más eficientes, precisos y versátiles. Modelos más grandes y profundos, como GPT-3, han demostrado ser prometedores, pero también es importante investigar arquitecturas más especializadas para tareas específicas.las estrategias para mejorar las capacidades cognitivas de las máquinas y sistemas de inteligencia artificial. La estrategia consiste en:

Realizar una investigación constante en algoritmos y modelos de inteligencia artificial, que son las instrucciones y las representaciones matemáticas que usan las máquinas para aprender y resolver problemas.

Desarrollar algoritmos más eficientes, precisos y versátiles, que puedan adaptarse a diferentes tipos de datos, tareas y objetivos.

Explorar modelos más grandes y profundos, como GPT-3, que son capaces de generar textos e imágenes realistas a partir de una entrada de lenguaje natural.

Investigar arquitecturas más especializadas para tareas específicas, que puedan aprovechar el conocimiento y las características propias de cada dominio o problema.

Aprendizaje profundo y redes neuronales: El aprendizaje profundo ha sido fundamental en los avances recientes en IA. Continuar mejorando las redes neuronales y explorar nuevas arquitecturas puede aumentar la capacidad de las máquinas para comprender y aprender de datos complejos.las estrategias para mejorar las capacidades cognitivas de las máquinas y sistemas de inteligencia artificial. La estrategia consiste en:

Utilizar el aprendizaje profundo, que es un tipo de aprendizaje automático que usa redes neuronales artificiales para permitir que los sistemas digitales aprendan y tomen decisiones basadas en datos no estructurados y sin etiquetar.

Continuar mejorando las redes neuronales, que son algoritmos vagamente modelados de la forma en que funciona el cerebro humano. Estas redes procesan los datos en un sistema coordinado y adaptativo, y aprenden de la experiencia.

Explorar nuevas arquitecturas de redes neuronales, que pueden tener diferentes capas, conexiones y funciones. Estas arquitecturas pueden aumentar la capacidad de las máquinas para comprender y aprender de datos complejos, como imágenes, textos o sonidos.

Aumentar la cantidad de datos: El rendimiento de muchos sistemas de IA mejora con una mayor cantidad de datos de entrenamiento. La recopilación de datos de alta calidad y diversificados, así como el aumento de los conjuntos de datos disponibles, puede impulsar la capacidad cognitiva de las máquinas. Las estrategias para mejorar las capacidades cognitivas de las máquinas y sistemas de inteligencia artificial. La estrategia consiste en:

Esto significa que se debe proporcionar a las máquinas más información para que puedan aprender de ella y mejorar su rendimiento. Los datos deben ser de alta calidad y diversificados, es decir, que representen bien el problema o la tarea que se quiere resolver y que incluyan diferentes casos y situaciones. Los datos son la materia prima que alimenta los algoritmos de aprendizaje automático e inteligencia artificial, ya que permiten tomar decisiones basadas en el análisis de comportamientos históricos y predecir comportamientos futuros.

Transferencia de aprendizaje: La transferencia de conocimientos de un dominio o tarea a otro es un enfoque efectivo para mejorar la eficiencia y la capacidad cognitiva de las máquinas. Los modelos pre-entrenados, como los de la familia GPT, se pueden afinar para tareas específicas con datos adicionales.las estrategias para mejorar las capacidades cognitivas de las máquinas y sistemas de inteligencia artificial. La estrategia consiste en:

Utilizar la transferencia de aprendizaje, que es el proceso de reutilizar un modelo que ha sido entrenado previamente para una tarea o dominio determinado, y adaptarlo para resolver un problema similar pero diferente. Esto permite aprovechar el conocimiento y la experiencia acumulados en el modelo original, y reducir el tiempo y los recursos necesarios para entrenar un nuevo modelo desde cero.

Aplicar modelos pre-entrenados, que son modelos que han sido entrenados con grandes cantidades de datos, generalmente de dominios o tareas generales, y que pueden servir como punto de partida para tareas o dominios más específicos. Un ejemplo de modelos pre-entrenados son los de la familia GPT, que son capaces de generar textos e imágenes realistas a partir de una entrada de lenguaje natural.

Afinar los modelos pre-entrenados, que es el proceso de ajustar los parámetros del modelo pre-entrenado con datos adicionales del problema específico que se quiere resolver. Esto permite adaptar el modelo a las características y objetivos del nuevo problema, y mejorar su rendimiento y precisión.

Mejora del procesamiento del lenguaje natural (NLP): Dado que el procesamiento del lenguaje natural es fundamental en muchas aplicaciones de IA, mejorar la comprensión del lenguaje humano, la generación de texto y la traducción automática es esencial. Algunas estrategias para mejorar el procesamiento del lenguaje natural (NLP), una rama de la inteligencia artificial que se ocupa de la comprensión y generación del lenguaje humano por parte de las máquinas. El texto destaca la importancia de NLP para muchas aplicaciones de IA, como la comprensión del lenguaje humano, la generación de texto y la traducción automática. El texto sugiere que mejorar estos aspectos es esencial para lograr una comunicación más fluida y natural entre humanos y máquinas.

Robótica y percepción: Para sistemas físicos, como robots, mejorar la percepción y la capacidad de interactuar con el entorno es crucial. Esto implica avances en la visión por computadora, la detección de objetos y la navegación autónoma.

Ética y seguridad: A medida que las capacidades cognitivas de la IA aumentan, también es importante abordar cuestiones éticas y de seguridad. Esto incluye el desarrollo de marcos éticos para la IA y la implementación de medidas de seguridad para prevenir el mal uso de la tecnología.

Colaboración interdisciplinaria: La colaboración entre expertos en IA, neurociencia, psicología y otras disciplinas puede ayudar a comprender mejor los principios cognitivos humanos y aplicar ese conocimiento para mejorar las capacidades cognitivas de las máquinas.

Computación cuántica y hardware especializado: El desarrollo de hardware específico para tareas de IA, como unidades de procesamiento de tensor (TPU) y computación cuántica, puede acelerar significativamente el entrenamiento y la ejecución de modelos de IA, lo que mejora sus capacidades cognitivas.

Aprendizaje continuo: Trabajar en sistemas de IA que puedan aprender y adaptarse de manera continua a medida que se enfrentan a nuevas situaciones y datos puede ser una forma poderosa de mejorar su capacidad cognitiva a lo largo del tiempo.Mejora de los algoritmos y modelos de IA: Se refiere al desarrollo de métodos más eficientes, precisos y versátiles para resolver problemas complejos con la IA.

Aprendizaje profundo y redes neuronales: Se refiere al uso de redes neuronales artificiales que pueden aprender de grandes cantidades de datos y realizar tareas como la clasificación, la generación y la predicción.

Aumentar la cantidad de datos: Se refiere a la necesidad de tener datos de alta calidad y diversidad para entrenar y evaluar los modelos de IA.

Transferencia de aprendizaje: Se refiere a la capacidad de aprovechar el conocimiento adquirido en un dominio o tarea para aplicarlo a otro diferente, ahorrando tiempo y recursos.

Mejora del procesamiento del lenguaje natural (NLP): Se refiere a la mejora de la comprensión y generación del lenguaje humano por parte de las máquinas, lo que facilita la comunicación y la interacción con los usuarios.

Robótica y percepción: La mejora de la percepción y la capacidad de interactuar con el entorno por parte de los sistemas físicos, como los robots. Esto implica avances en la visión por computadora, la detección de objetos y la navegación autónoma.

Ética y seguridad: La necesidad de abordar las cuestiones éticas y de seguridad relacionadas con el desarrollo y el uso de la IA, como el respeto a los derechos humanos, la privacidad, la responsabilidad y la prevención del mal uso.

Colaboración interdisciplinaria: Se refiere a la importancia de trabajar en equipo con expertos en diferentes disciplinas, como la neurociencia, la psicología y otras, para comprender mejor los principios cognitivos humanos y aplicarlos a la IA.

Computación cuántica y hardware especializado: Se refiere al desarrollo de hardware específico para tareas de IA, como las unidades de procesamiento tensorial (TPU) y la computación cuántica, que pueden acelerar significativamente el entrenamiento y la ejecución de los modelos de IA.

Aprendizaje continuo: La capacidad de aprender y adaptarse continuamente a medida que se enfrentan a nuevas situaciones y datos, lo que mejora su capacidad cognitiva a lo largo del tiempo.

Mejorar las capacidades cognitivas de las máquinas y sistemas de IA es un campo en constante evolución que involucra avances en algoritmos, procesamiento de datos, hardware y consideraciones éticas. La colaboración entre expertos en diversas disciplinas desempeña un papel importante en este proceso de mejora continua.

33.El entendimiento de contexto y cómo se aplica en la interpretación de datos

El entendimiento de contexto es la capacidad de comprender y tener en cuenta la información relevante que rodea a un conjunto de datos, un evento o una situación particular para realizar una interpretación precisa y significativa. En el contexto de la interpretación de datos, el entendimiento de contexto implica considerar factores como la información histórica, el entorno circundante, las relaciones entre variables, las condiciones actuales y cualquier otra información relevante que pueda afectar la interpretación de los datos.

Aquí hay algunas formas en las que se aplica el entendimiento de contexto en la interpretación de datos:

Antecedentes históricos: Comprender el contexto histórico de los datos puede ser fundamental para interpretar tendencias a lo largo del tiempo. Por ejemplo, al analizar datos económicos, es importante conocer eventos pasados, como recesiones o crisis financieras, que pueden haber influido en los patrones actuales.

El entendimiento de contexto se refiere a la capacidad de considerar la información relevante que rodea a un conjunto de datos, como el origen, el entorno, las relaciones, los sesgos y los objetivos de los mismos. Esto permite realizar una interpretación más precisa y significativa de los datos, evitando conclusiones erróneas o irrelevantes. Por ejemplo, al analizar datos económicos, es importante conocer los eventos pasados que pueden haber influido en las tendencias actuales, como recesiones o crisis financieras. El entendimiento de contexto se puede aplicar en otras áreas del conocimiento, como la literatura, la historia, la sociología, la psicología, la educación, la informática, etc. Algunos ejemplos de cómo se puede aplicar son:

En la literatura, el entendimiento de contexto ayuda a comprender mejor el significado y el valor de una obra, teniendo en cuenta el momento histórico, cultural y social en que fue escrita, así como la biografía y la intención del autor.

En la historia, el entendimiento de contexto permite analizar los hechos históricos desde una perspectiva crítica y global, considerando las causas y las consecuencias de los mismos, así como las diferentes fuentes y testimonios disponibles.

En la sociología, el entendimiento de contexto facilita el estudio de los fenómenos sociales y las relaciones humanas, reconociendo la diversidad y la complejidad de las culturas, las identidades, las normas y los valores que influyen en el comportamiento social.

En la psicología, el entendimiento de contexto contribuye a entender mejor los procesos mentales y emocionales de las personas, teniendo en cuenta los factores ambientales, familiares, personales y situacionales que afectan a su desarrollo y bienestar.

En la educación, el entendimiento de contexto favorece el aprendizaje significativo y personalizado de los estudiantes, adaptando los contenidos, las metodologías y las evaluaciones a las características, necesidades e intereses de cada alumno y de cada grupo.

En la informática, el entendimiento de contexto mejora el diseño y la implementación de sistemas inteligentes y adaptativos, que pueden ofrecer servicios personalizados y optimizados a los usuarios según su ubicación, preferencias, actividades e historial.

Entorno actual: El contexto actual, como las condiciones económicas, políticas, sociales y medioambientales, puede tener un impacto significativo en la interpretación de datos. Por ejemplo, el rendimiento de una empresa puede ser influenciado por factores externos como cambios en la legislación o fluctuaciones en los precios de las materias primas.

El entorno actual se refiere a las condiciones que rodean a los datos y que pueden influir en su significado. Por ejemplo, si se quiere analizar el rendimiento de una empresa, no basta con mirar sus ingresos y gastos, sino que también hay que tener en cuenta factores externos como la situación económica, política, social y medioambiental del país o región donde opera la empresa. Estos factores pueden generar oportunidades o amenazas para la empresa y afectar su competitividad. Por ejemplo, si hay cambios en la legislación que favorecen o perjudican a la empresa, o si hay fluctuaciones en los precios de las materias primas que usa la empresa, esto puede tener un impacto en sus costos y beneficios. Por lo tanto, el texto sugiere que para interpretar los datos de forma correcta y relevante, hay que considerar el contexto actual y no solo los números.

Relaciones entre variables: Comprender cómo se relacionan las diferentes variables dentro de un conjunto de datos es esencial para interpretar correctamente los resultados. Esto implica identificar correlaciones, causalidades o dependencias entre variables que puedan afectar las conclusiones. Se habla de la importancia de comprender las relaciones entre las variables que forman parte de un conjunto de datos, es decir, cómo se afectan o influyen unas a otras. Esto es esencial para interpretar correctamente los resultados que se obtienen al analizar los datos, ya que puede haber diferentes tipos de relaciones que pueden modificar las conclusiones.

Por ejemplo, el texto menciona tres tipos de relaciones:

Correlaciones: Son medidas estadísticas que indican el grado de asociación entre dos variables. Una correlación alta significa que las variables tienden a variar juntas en la misma dirección o en dirección opuesta. Por ejemplo, si hay una correlación positiva entre el nivel de educación y el ingreso, significa que a mayor nivel de educación, mayor ingreso. Sin embargo, una correlación no implica causalidad, es decir, no significa que una variable cause la otra.

Causalidades: Son relaciones en las que una variable es la causa y otra es el efecto. Una causalidad implica que un cambio en una variable produce un cambio en otra variable. Por ejemplo, si se aplica un tratamiento médico a un grupo de pacientes y se observa una mejora en su salud, se puede inferir una causalidad entre el tratamiento y la salud. Sin embargo, establecer una causalidad requiere un diseño experimental riguroso y controlado.

Dependencias: Son relaciones en las que una variable depende de otra o de varias otras. Una dependencia implica que el valor de una variable está determinado por el valor de otra u otras variables. Por ejemplo, si se tiene una ecuación matemática que relaciona dos variables, como $y = 2x + 3$, se puede decir que y depende de x.

Comprender estas relaciones entre variables puede ayudar a interpretar los datos de forma más precisa y evitar errores o confusiones. Por ejemplo, si se observa una correlación entre dos variables, se debe investigar si hay una causalidad o si hay otras variables que puedan estar influyendo. Asimismo, si se observa una dependencia entre dos variables, se debe analizar cómo varía una variable cuando cambia la otra. De esta forma, se puede obtener una mejor comprensión de los datos y sus implicaciones.

Cuestiones de sesgo y calidad de los datos: Considerar el contexto también es importante para identificar posibles sesgos en los datos o problemas de calidad que puedan afectar la precisión de los resultados. Esto incluye evaluar la fuente de los datos, la metodología de recopilación y cualquier posible manipulación de los mismos. Es importante considerar el contexto de los datos para identificar y evitar posibles problemas de sesgo y calidad que puedan afectar la precisión de los resultados. El sesgo se refiere a la tendencia o preferencia que puede distorsionar la representación o interpretación de los datos. La calidad se refiere al grado en que los datos cumplen con los estándares de exactitud, completitud, validez, coherencia, unicidad y oportunidad. El texto sugiere que para garantizar la calidad de los datos, se debe evaluar la fuente de los datos, la metodología de recopilación y cualquier posible manipulación de los mismos.

La calidad de los datos es una medida de hasta qué punto los datos cumplen con los criterios de exactitud, completitud, validez, coherencia, unicidad, oportunidad y adecuación a un propósito. La calidad de los datos es fundamental para todas las iniciativas de gobierno de datos de una organización, ya que garantiza que las decisiones basadas en datos sean fiables y eficaces. La calidad de los datos también es esencial para la adopción efectiva de la inteligencia artificial y la automatización, ya que los algoritmos dependen de los datos para aprender y clasificar. La calidad de los datos se puede mejorar mediante procesos, metodologías y herramientas que permiten aumentar el estado cualitativo de los datos que existen en una entidad empresarial u organización de cualquier índole12. Algunos beneficios de la calidad de los datos son: reducir los costos empresariales, mejorar la imagen corporativa, fidelizar a los clientes y optimizar las estrategias de negocio

Objetivos y preguntas de investigación: El entendimiento de contexto implica tener claridad sobre los objetivos de la interpretación de datos y las preguntas de investigación que se están tratando de responder. Esto permite enfocar el análisis en la dirección adecuada y evitar conclusiones erróneas. El entendimiento de contexto implica tener claridad sobre los objetivos y las preguntas de investigación que se quieren responder al interpretar los datos.

Esto significa que se debe tener una idea clara de qué se quiere lograr con el análisis de datos y qué tipo de información se busca obtener. De esta manera, se puede enfocar el análisis en la dirección adecuada y evitar conclusiones erróneas que no respondan a los objetivos o las preguntas planteadas. Por ejemplo, si se quiere saber cómo afecta el clima a las ventas de un producto, se debe formular una pregunta de investigación específica y seleccionar las variables relevantes para el análisis. Así, se podrá interpretar los datos con mayor precisión y relevancia.

El análisis de datos es el proceso de trabajar con datos para obtener información útil que pueda utilizarse para tomar decisiones con conocimiento de causa. El análisis de datos implica recopilar, limpiar, transformar, modelar y visualizar los datos utilizando diversas herramientas y técnicas. El análisis de datos se puede aplicar a diversos campos y sectores, como la economía, la salud, el entretenimiento, la educación, etc.

El análisis de datos puede ayudar a resolver problemas, descubrir patrones, predecir tendencias y optimizar estrategias

El entendimiento de contexto es esencial en la interpretación de datos, ya que ayuda a evitar interpretaciones erróneas y a proporcionar un contexto significativo para los resultados. Al considerar cuidadosamente todos los factores relevantes que rodean a los datos, los analistas pueden tomar decisiones más informadas y obtener una comprensión más precisa de la información que están evaluando.

La Inteligencia Artificial puede ayudarnos a resolver problemas complejos, generar conocimiento nuevo y crear productos y servicios innovadores. Hemos explorado las diferentes ramas de la Inteligencia Artificial, como el aprendizaje automático, el procesamiento del lenguaje natural, la visión por computador, la robótica y los sistemas expertos. Hemos aprendido a utilizar diversas herramientas y técnicas para analizar, modelar y visualizar datos, así como para diseñar, implementar y evaluar sistemas inteligentes. Hemos conocido algunos de los desafíos y oportunidades que plantea la Inteligencia Artificial para la sociedad, la economía y la ética.